Good Classroom
寻找中国好课堂

中国教育报刊社人民教育家研究院
明 远 未 来 教 育 研 究 院　组编

董一菲——著

董一菲语文诗意课堂15例

云在青天
水在瓶

开明出版社

图书在版编目（CIP）数据

云在青天水在瓶：董一菲语文诗意课堂 15 例/董一菲著 . —北京：
开明出版社，2022.8

ISBN 978-7-5131-7482-4

Ⅰ.①云…　Ⅱ.①董…　Ⅲ.①中学语文课－教案（教育）
Ⅳ.①G633.302

中国版本图书馆 CIP 数据核字（2022）第 061698 号

责任编辑：张慧明

YUN ZAI QINGTIAN SHUI ZAI PING DONG YIFEI YUWEN SHIYI KETANG 15LI

云在青天水在瓶：董一菲语文诗意课堂 15 例

作　者：董一菲
出　版：开明出版社
　　　　　（北京市海淀区西三环北路 25 号　邮编 100089）
印　刷：北京飞达印刷有限责任公司
开　本：787mm×1092mm　1/16
印　张：20
字　数：290 千字
版　次：2022 年 8 月第 1 版
印　次：2022 年 8 月第 1 次印刷
定　价：60.00 元

印刷、装订质量问题，出版社负责调换。联系电话：（010）88817647

寻找中国好课堂

丛 书 编 委 会

寻找中国好课堂

《中共中央 国务院关于深化教育教学改革全面提高义务教育质量的意见》（以下简称《意见》）指出："强化课堂主阵地作用，切实提高课堂教学质量。"那么，为什么要强化课堂主阵地作用？

第一，课堂是实施教育教学的主要场所，课堂教学是完成国家课程标准的主要形式，而国家课程标准规定的内容是落实国家教育方针，为培养德、智、体、美、劳全面发展的社会主义建设者和接班人而制定的具体的教育内容，体现了国家意志。只有达到了课程标准的要求，才能完成育人的任务。课程标准的实施，关键在教师的课堂教学。教师必须认真学习研究国家课程标准和各学科的标准要求，认真上好每一节课，教好每一个学生。课堂教学做不好，国家课程标准就会落空。

第二，课堂教学是培养发展学生思维的主渠道。《意见》要求："教师课前要指导学生做好预习，课上要讲清重点难点、知识体系，引导学生主动思考、积极提问、自主探究。"就是说，课堂教学不只是简单地传授现存的知识，而是要在教学过程中发挥学生学习的主体性，引导学生探索和思考，通过对课文的辨析，培养学生的思维能力。传统的课堂教学，往往只是老师提问，学生回答，很少让学生自己提出问题，自己探索寻求答案。有的老师把课文分析得很透彻，但学生接受多少却是一个未知数。只有会思考并能提出问题，才能培养学生的批判性思维、创新性思维。面对当前社会和经济的变革，科技的日新月异，许多研究表明，当今社会展开竞争的并不单纯是机器人，而是人类的头脑。只有不断突破思维定式，才能适应时代的变化。因此，课堂是帮助学生发展思维的主要场所。

第三，学习需要在集体中进行。当前有一种误解，认为个性化学习就是个别学习、孤立的自我学习。其实，学习需要在集体环境中进行。课堂是集体学习最好的场所，学生在课堂上与教师、同伴互相讨论、互相启发，甚至互相争论，能够促进思维的发展，以及对知识的深刻理解。同时，在与同伴共同学习中能培养学生的交流能力与合作精神。这是当今社会最重要的能力和品质。

第四，学习要靠教师引领和熏陶。教师不仅仅是知识的传授者、学习的组织者，教师的一言一行都在影响着学生。教师自身的知识魅力和人格魅力都会在课堂教学过程中展现出来，影响着学生。所以，立德树人的任务也主要通过课堂教学来实现。

课堂教学需要改革。《意见》指出："融合运用传统与现代技术手段，重视情境教学；探索基于学科的课程综合化教学；开展研究性、项目化、合作式学习。精准分析学情，重视差异化教学和个别化指导。"在当今信息化、数字化、人工智能时代，传统的课堂教学已经不能适应形势的要求。课堂教学改革的核心是把教师的教转变为学生的学。要充分估计学生的潜力，发挥他们的潜能。教师要充分认识信息技术的差异性、开放性、互动性等特点，融合运用传统与现代技术手段，改变课堂教学的模式和方法。

因此，寻找中国好课堂，是新时代教育发展的需要，是全面提高教育质量的需要，是服务于"立德树人"目标的需要，是深化教育教学改革的需要。

中国基础教育从来就有许多好老师，从来就有许多好课堂。我们有1400多万名中小学教师，他们大多数人有教育情怀，深爱教育事业，真诚为孩子成长着想，探索创造了许多有效的教学方式和策略，有的甚至形成了自己的课堂风格，并提炼出自己的教学思想，影响、引领了众多教师超越自我，走向卓越。

好课堂扎根中国优秀传统文化土壤、遍布中国大地，需要我们用心去挖掘、去提炼。但是多年来，能够充分体现教师综合素质的精彩课堂常常被忽略。有的人习惯从国外引进一些时髦的教育理念，而忽略了总结我们本土一线的教书育人的成功经验。然而，有效的教育教学思想和方法往往是从本民族的传统文化中生长出来的，生搬硬套别国的做法是不可取的，结果都不理想。只有祛除"文化自卑"心态，我们才会真正地发现李吉林、王崧舟、窦桂梅、唐江澎等老师精彩的语文教学课堂，吴正宪、华应龙、唐彩斌等老师生动的数学教学课堂……这样的课堂我们还可以举出一大串，就如"寻找中国好课堂"丛书收入的课例，每一个都闪耀着教育教学智慧。我们应该认真总结中国课堂的经验，讲好中国教育故事。

中国教育报刊社人民教育家研究院组织编写的"寻找中国好课堂"丛书，正是基于新时代、新课标、新课程改革，积极探寻符合学生成长需求和时代要求的教育教学规律，服务于全国的课堂教学改革。

"寻找中国好课堂"丛书，从"教学设计""课堂实录""课后反思"等方面（具体设计栏目每本有所差异），全景展示出优秀教师上好每一堂课的风采和他们的"工匠精神"。"寻找中国好课堂"丛书的一个可贵之处，就在于其呈现的课例都是经受深化教育教学改革的风雨，在我们中国这块广袤的土地上吸吮中华优秀传统文化的养料并与广大同行互动交流结出的硕果，因此它们不仅属于中国，也属于世界。

让我们走进课堂，走进教育的深处，走向中华民族伟大复兴的美好未来！

中国教育学会名誉会长

2020 年元月

念兹在兹

董一菲

一

我理想的语文课是一场盛会，有醇厚的美酒，有高贵的华服，每一个笑容都春风十里，每一个眼神都地老天荒。

我理想的语文课是一段织女的锦绣，有错彩镂金，有缤纷繁盛。

我理想的语文课是一座壮丽的殿堂，每一扇屏风，每一个廊庑，每一扇花窗，每一处重檐都美得无以复加。

我理想的语文课是一幅宋元山水，荡涤了五色，归于大有大无的黑与白，蕴藉风流，温柔敦厚。

在这里，文字、文学、文化融为一体。在这里，回归古典，回归自然，回归内心。

在这里，教师正心诚意，凝结精神的力量，坚守、笃信、笃行。让中国传统文化最灿烂的光辉照亮现代，照亮现实，照亮青春，燃起情感和生命的激情。呵护拥抱汉语的天籁天真。

在这里，让孩子们的心灵贴近山河大地，仰望岁月星空。与先贤对话，与万物生灵息息相关，惺惺相惜。

让语文绵延成起伏的广阔的山脉。这山脉不仅壮观，而且壮美。壮观得霸气，壮美得优雅。

让孩子们拥有中国人的心灵，对生命与世界做圆融的解释。用言辞、用智慧、用恕道、用儒家积极的入世精神。

这样的语文课堂，无须弦管丹青，无须青衫匾额。在字里行间，在平平仄仄的汉字里，在文本的万千世界里，语文教师与学生以语文的方式相遇，无须花香鸟语。在汉语的世界里，自然有墨写的黄河，有诗词歌赋的琅琅三千，有上古的皇天后土，有五千年的忠孝节义、悲欢离合……读者无疆。

二

本书所选 15 节课是近年来在全国各地所上的公开课中的一部分。这些课例主要是整本书导读课和诗歌群文阅读课。

整本书阅读和群文阅读作为新课改新教材的两大亮点，多年来我一直在选修课中实践并尝试探索。

1993 年，我所任职的牡丹江二中开设校内选修课，选修课作为课内必修课的有力补充，每周二下午第七、八节一个半小时的课时，为各科教师提供了一个自由度非常大的空间和平台。课程内容教师自主选择，走班上课，学生自由选课。我们的老校长语文特级教师刘云川，既有胆识，又有魄力，且眼光超前。

我的诗歌专题课和名著导读课非常接近现在的新课标新教材的群文阅读与整本书阅读。当时我的选修课深受学生的喜爱，人气最旺的时候，一个学年一千四百名学生，大约有一千人选修了我的课，我在这个过程中得到了历练和成长。后来这些选修课和教案收录在我的第一本教学手记——2004年黑龙江人民出版社出版的《紫陌红尘拂面来》之中。

开发这些课程的初衷很朴素很简单，我想送给学生最像语文的东西。朱光潜先生曾说："诗歌是语言的钻石、情感的铀……要养成纯正的文学品位，必须从诗歌入手。"这是我的自信源泉。于是我从诗歌入手，组织诗歌群文。这一时期我曾反复打磨一节课"'比'在诗歌中"，这一专题课试图让学生在最美最经典的一组诗歌中体会"比"的手法：让诗歌更含蓄隽永，更风流蕴藉，更东方，更中国。所选的诗歌有元稹的《离思五首》，《诗经》里的《蒹葭》，余光中的《等你，在雨中》，李后主的《相见欢》，林徽因的《你是人间的四月天》……引用节选古今中外二十多首诗。通过一次又一次的增删，我试图在这一节课中遇见自己，遇见语文，见证心灵的成长，寻求学生语文学习的高峰体验，从而形成自己鲜明的教学风格。

我曾经带着这节课在哈尔滨、牡丹江、鸡西、四平、连云港、武汉等地的初高中、中师、大学做公开课，根据不同地域、不同学情调整推进实践，切磋琢磨，百炼千锤，使它不断成熟、丰盈、灵动。

有了丰富的课堂教学经验，有了属于自己的代表性课例，稳扎稳打，开疆拓土。

2003年在牡丹江地区执教"诗的色彩与民族审美"的新课改示范课。

2004年在黑龙江省"走进新课程"大会中，执教沈从文的《边城》的小说导读课，体现了我对整本书阅读的理解。

在我开设的选修课中，名著导读课占去半壁江山。我认为不读书的人是不能从真正意义上学好语文的。叶澜教授曾说："一个人的阅读史就是他的精神成长史。"我深以为然，培养一个会读书的人是语文课的使命。

2002年6月，我的论文《让学生诗意地存在》从"诗"到"诗意"，完成了飞跃和质变。"诗"不过是载体，"诗意"才是属性和本质。2018 年，"诗意语文八种教学范式"荣获教育部基础教育成果奖。

中国人传统的思维方式重感悟、重体验，深刻的哲思往往是通过最丰美的感性形式来表达的。我们不习惯于抽象地说理。

汉语最核心的智慧与美是"意"与"象"。仓颉造字表现了自然、宇宙、万物的变化，神奇博大，表现方式又那样精彩纷呈；伏羲一画开天，形象而生动，八卦"远取诸物，近取诸身"，"物"与"身"，多么具象的思维；先秦诸子，无论是老子的玄远、孔子的娓娓，还是孟子的滔滔，都是那样诗意，那样形象，少有定义、判断与推理。

我认为，当代中学生并不缺乏逻辑思维的训练。"科学主义""功利主义"在一定程度上起到了促进的作用。"判断""推理"等逻辑思维的元素早已渗透在各学科的教学以及现实生活中。

相反，我们的民族，我们的教育缺乏的是传统的"诗意的裁判"。这也正是我强调语文教学中"诗意"部分的原因。

语文核心素养中提出的"语言建构与运用""思维发展与提升""审美鉴赏与创造""文化继承与理解"，都让语文教学拥有了"诗意"与"远方"。

三

本书的 15 个课例中，有诗歌群文阅读，有整本书导读，还有经典文本的新解析与教学再实践。与二十年前的选修课相比，这些课例在课程的开发与课程的实践方面有了以下几个特点。

第一，群文阅读的"中心篇目"均来自全国统编教材的诗歌单元篇目。

第二，阅读视野更加广阔，所组群文更具张力，更相得益彰。

第三，课程意识更加鲜明，更加理性，教学目标明确。

第四，主问题设计追求一种穿透力，避免了芜杂。

第五，用心设计有趣、有效的活动，关注不同的学情。

第六，名著导读课，问题角度小而巧。

第七，师生对话更精深。

例如，九年级上册中李商隐的《无题》，作为九年级的学生，对这首诗是很熟悉的。单篇教学很难满足学生的学习需要，我设计成群文阅读课，增加了课文的厚度、宽度、高度和广度，让课堂丰盛饱满。所组群文不仅有诗歌，还有散文和小说，此外还涉及造字法、文艺理论、历史人物等，拓展到文字、文学、文化、历史、哲学、美学等方方面面。而且，问题的设计力求简约，如"'相见时难别亦难，东风无力百花残'的时间、地点、人物分别是什么?"这个问题能让学生水到渠成地、形象地理解李商隐诗的朦胧之美。

这15节课都附有"教学设计"和"教学反思"，在"教学设计"中呈现了一节课孕育的过程、思考的链条、具体的设计思路和考量的过程。"教学反思"也力求切口小而精准。"课堂实录"则真实保存课堂的原生状态。

课堂是动态的、有生命的，是教者、文本、学生的互相叩问和应答，是唤醒与低回，见证着师生共同的生命成长。比如，鲁迅的《故乡》是传统经典的文章，在新课标的理念下尝试突破，用新法教旧文。再如，名著导读课《朝花夕拾》《水浒传》等，追求点与面的处理、详与略的斟酌、曲与直的映射。

教学永远是遗憾的艺术，这些课例只能代表我在具体时空，面对具体学生的思考与实践。教学又是一个不断实践探索的过程，教者无疆。

念兹在兹的语文，召唤着我，五千年的汉语芳华不老、历古弥新，我愿为之上下求索。

我理想的语文课堂丰美富饶，诗意美好。虽不能至，心向往之。

目录

课例1 落梅如雪，拂了还满

  ——"咏梅诗"群诗阅读(统编版语文八年级下册第六单元)

  教学设计/001

  课堂实录/005

  教学反思/013

  同行悟课/017

课例2 自然之子，白发诗哲

  ——《飞鸟集》整本书导读(统编版语文七年级上册第二单元)

  教学设计/019

  课堂实录/024

  教学反思/036

  同行悟课/038

课例3 但为君故，沉吟至今

  ——《诗经·郑风》爱情诗群文阅读（统编版语文八年级下册第三单元）

  教学设计/040

  课堂实录/043

教学反思/055

同行悟课/058

课例4　一时才气超然
　　　　——《世说新语》整本书导读之《咏雪》(统编版语文七年级上册第二单元)

教学设计/062

课堂实录/066

教学反思/074

同行悟课/076

课例5　兴衰际遇唯一梦，悲欢离合总关情
　　　　——《红楼梦》整本书导读(统编版语文九年级上册第六单元)

教学设计/078

课堂实录/081

教学反思/093

同行悟课/095

课例6　苦心孤诣觅前路，影像纷繁望故乡
　　　　——《故乡》导读(统编版语文九年级上册第四单元)

教学设计/097

课堂实录/102

教学反思/108

同行悟课/110

课例7　天寒岁暮归何处，人间更重豹子头
　　　　——《水浒传》整本书导读之林冲篇(统编版语文九年级上册第六单元)

教学设计/115

课堂实录/119

教学反思/130

同行悟课/132

课例 8　天不生仲尼，万古如长夜
　　　　——《论语》整本书导读(统编版语文七年级上册第三单元)

教学设计/134

课堂实录/138

教学反思/144

同行悟课/146

课例 9　意境绵密，旨约意深
　　　　——李商隐"追求与失落"朦胧诗群诗阅读(统编版语文九年级上册
　　　　第六单元)

教学设计/150

课堂实录/153

教学反思/165

同行悟课/168

课例 10　动荡喧嚣中宁静的光辉
　　　　——《庄子》整本书导读之《北冥有鱼》(统编版语文八年级下册第
　　　　六单元)

教学设计/170

课堂实录/173

教学反思/189

同行悟课/192

课例 11　伊有一花园，足以慰平生
　　——《呼兰河传》整本书导读之《祖父的园子》(统编版语文五年级
　　下册第一单元)

　　教学设计/194
　　课堂实录/197
　　教学反思/211
　　同行悟课/213

课例 12　今生一场荷花梦
　　——《古诗十九首·涉江采芙蓉》群诗阅读导读(统编版语文八年
　　级上册第三单元)

　　教学设计/215
　　课堂实录/218
　　教学反思/229
　　同行悟课/231

课例 13　青春的雪，黄钟大吕之美
　　——《沁园春·雪》审美鉴赏(统编版语文九年级上册第一单元)

　　教学设计/233
　　课堂实录/237
　　教学反思/246
　　同行悟课/249

课例 14　鬼才诗成动长安
　　——李贺群诗阅读(统编版语文八年级上册第六单元)

　　教学设计/252
　　课堂实录/256

教学反思/270

同行悟课/272

课例 15   温馨的回忆和理性的批判
　　　　——《朝花夕拾》整本书导读(统编版语文七年级上册第三单元)

教学设计/275

课堂实录/279

教学反思/295

同行悟课/297

落梅如雪，拂了还满

——"咏梅诗"群诗阅读（统编版语文八年级下册第六单元）

湖南省长沙市首届中国诗词教学大会

教 学 设 计

一、教学理念

2019 年初，我应邀参加"首届中国诗歌教学大会"，地点在长沙，屈原、贾谊的长沙，浪漫主义诗歌的源头长沙，诗人余光中曾细语低诉于它："蓝墨水的源头在汨罗江。"

"咏梅诗"群诗阅读，与这美丽的地方相得益彰，从材料撷取到课堂设计，都氤氲着浓郁的诗意和文人的风骨。梅花一朵，如何让它盛开得多姿多彩，沁人心脾？

(一)深浅得宜，课堂自然简约丰富，开放多元

课堂的容量既是课堂的"数"，又是课堂的"值"，既是对教师阅读视野和课程开发能力的考量，更是教师对课堂效率的担当和责任。适量、适度、分寸感地拿捏，失之毫厘，便会差之千里。

普希金的诗平易浅近，是导入也是对比，引领学生完成对东西不同文化的审美思考。正是由于这种巨大的反差，学生可以思接千载，神游万仞，联想想象，对比归纳，高阶思维训练润物无声徐徐展开。课堂的结尾化用耳熟能详的《雷雨》细节，余韵徐歇，留有余地，保有空白，把学生的目光、心灵、思维引向更大的境界和更远的远方——文化。

(二)层叠有致，课堂自会简约丰富，开放多元

精巧的课堂设计不应该让人一览无余，层层不息、叠叠有致、峰回路转，才有惊喜和挑战。

对起句"驿外断桥边"的解读，对整首词意象的揣摩，对"驿外"这个方位名词中"外"的深入探讨，对"雨"与"雪"的深层体会，一个个问题都如景点般吸引学生流连驻足。读出诗词中词语的细微差别，感受字字当行、字字入微的意趣，把诗读深读厚，让一首小令在文学中丰富、丰盈、丰满，在旁征博引中与学生漫步低回于诗人精神的天宇，辽远的文化疆域，开放多元的课堂。

(三)活色深情，课堂自能简约丰富，开放多元

绘声绘色绘影，将抽象无声的文字一一激活，让语文释放生机勃勃的生命气息，让课堂充满声音之美、色彩之美，达到 3D 电影犹不能及的效果。语文课堂通过分析、咂摸、体味、运用色彩，状难写之物如在目前的境界依稀可至。

"活色"并不是追求表面或形式上的五光十色和光怪陆离，一节有深度厚重、充实丰美的语文课，不仅是因为某种教育理念和思想之深刻，更多的时候是缘于"深情"，是深情蕴于文本，蕴于每一个汉字，是教者对母语、对文本的知深爱切。

(四)简净绚烂，课堂自是简约丰富，开放多元

一节课时光匆匆，每一分钟都如珠如宝。要想打造简净的课堂，一定要有主问题意识，万"问"不离其宗，不枝不蔓，绝不旁逸斜出。少即是多，好的主问题如线索般串联整个课堂，学生的思维能力会在发现问题、分析问题、解决问题的过程中逐步提升。

因为设计简净，得以把更多的时间留给文本，课堂一定要更有美感，诗歌的课堂教学一定要摇曳多姿：教学设计要美，教学节奏要美，教学语言要美，教学细节要美，教学互动要美，多维多元解读和情感熏染当然也要美，而且要美得有冲击力。

二、教学目标

1. 核心目标：联系诗人生平，知人论世，感受诗人借梅花所表达的高洁傲岸的节操，以及清高自诩的人生追求。

2. 条件目标：能背诵陆游的《卜算子·咏梅》，理解其中蕴含的深情；能比较古今中外不同风格诗人同中有异、异中有同的表达方式和情感倾向；深刻理解托物言志的写作手法。

三、教学过程

(一)中外名诗连读，感知蕴藉直接

1. 教师范读俄罗斯诗人普希金诗歌《假如生活欺骗了你》，营造群诗阅读课文化氛围。

2. 学生声情吟咏。

3. 师生对话，探讨普希金诗歌蕴藏的情感：生活中遇到困难，不要灰心，要对未来充满希望。

4. 由《假如生活欺骗了你》引入抒情手法迥异的《卜算子·咏梅》，感知后者的"藏"。

(二)精读陆诗咏梅，体味托物言志

1. 学生朗读诗歌，教师提示起句之难，顺理成章引出苏轼《水调歌头》的问句起篇、柳永《雨霖铃》先声夺人起篇，再读陆游看似平淡的起句"驿外

断桥边"。几番追问，引出陆诗绝妙之处——象外之象，意外之意，名不虚传，起句如爆竹。

2. 由"外"字联读李叔同名作《送别》中的"外"，细析名词的表意功能，引出同样在"驿外"的梅花。

3. 再次联读诗歌，对比普希金的大气与陆游的温婉含蓄，巧妙引出托物言志。

4. 推出本章节主问题：这首诗"托物言志"的"物"在哪里？引领学生走进中国古典诗词的深处，寻找"托物言志"之"物"：风雨、黄昏、春。赏析之中，反衬手法亦浮出水面。

(三)由花及人论世，升华作者志向

1. 学生背诵诗歌，教师抛出本章节主问题："群芳妒"，想想哪些花会嫉妒梅花？

2. 深沉的人性解读扑面而来。学生会有很多答案，总结"零落成泥碾作尘，只有香如故"，顺势引出陆游生平不得志以及岳飞等南宋诸多名人映衬，增大课堂容量。

3. 联读《钗头凤》引出陆游、唐婉沈园旧事，联读《示儿》，领略"零落成泥碾作尘，只有香如故"更深沉、丰厚、含蓄的意味。联读陆游名作《十一月四日风雨大作》、鲁迅《故乡》，将古代一尘不染之美与鲁迅的坚毅勇敢联系起来，丰富课堂内涵。

4. 给陆游 168 首咏梅诗中的梅花安置场景，学生的选择多样而深情：月下、荒山、冰雪、驿站、绝涧、野水。

(四)妙笔生花入画，融合核心素养

1. 解读文本，步步深入，引入中国画继续为梅花张本。追问学生为《卜算子·咏梅》画一幅画，如何构思？水墨画、梅花妆均为学生的奇思妙想。

2. 融入梅花纷纭意象：余光中的《乡愁四韵》、乐府木兰的"对镜帖花黄"、《聊斋志异》婴宁手中的一枝梅接踵而至，陆凯、王安石、李煜、高适的名句纷纷进入课堂，为陆游张本，美不胜收。

3. 以艾略特和林徽因的诗歌收束，再次对比中外迥异的价值观，化用

《雷雨》中周朴园衬衫上被鲁侍萍补上的一朵梅花作结，"梅花烙"余音绕梁，学生自能永志不忘。

仔细梳理，课堂脉络还是比较清晰：比较阅读，初步感知中国文人的含蓄蕴藉；细读文本，逐步感知中国诗歌意象背后的深情和托物言志的手法；对比文本，深度感知陆游诗歌意象选择的精妙和情感倾泻的精微；艺术形式转化，多维感知文学作品的无穷魅力和深远影响。

课堂实录

授课时间：2019 年 1 月 12 日

授课地点：湖南长沙"首届中国诗词教学大会"

整 理 人：陕西省宝鸡市岐山高级中学　王建红

　　　　　　陕西省宝鸡市渭滨中学　张肖侠

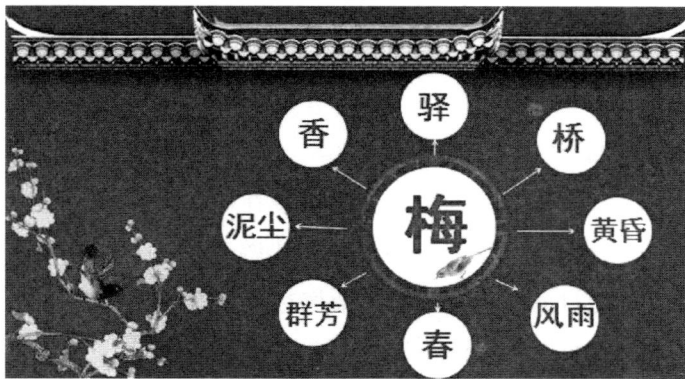

"咏梅诗"群诗阅读课件图片

师：同学们，今天我们要学的是《卜算子·咏梅》。这首词的作者是谁？

生（齐）：陆游。

师：《卜算子·咏梅》有很多人写过，今天我们要学的这首是陆游写的。我们先来看俄罗斯诗人普希金写的诗。看看能不能读懂？能不能听懂？我先试着读一遍。

（师示范朗读，生齐声跟读）

师：节奏把握得很好，感情很到位。哪位男生可以读一下？

（生声情并茂地朗读）

师：读得深沉，有男子汉的风范。你们听懂了什么？读懂了什么？

生：我觉得普希金是想告诉那些在生活中遇到困难的人，不要灰心，要对未来充满希望。

师：俄罗斯诗人的诗翻译成汉语之后，我们阅读没有太多的障碍，是因为他用了直抒胸臆的手法，直接地表达感情。假如生活欺骗了你，怎么办呢？不要悲伤，不要心急。这是西方诗歌的一个共同特征。我们中国的诗人可不是这样，我们抒情的方式非常含蓄，非常温婉，非常婉转曲折，他甚至不会说破一个字。这是间接，将那份情感深藏。

下面我们来看陆游的这一首《卜算子·咏梅》。抒情的方式有两种，一种像同学们说的直接地抒情，直抒胸臆。那么，另一种呢？

生：间接抒情。

师：也就是托物言志、托物抒情。"托物抒情"这四个字里跟"情"对应的是哪个字？

生：相对应的是"物"。

师："情"怎么抒？放在一个事物里，藏在一个事物里。"藏"是一件非常迷人的事，不直接说，我把它藏起来。陆游爱抒情，但他不像普希金一样直接抒情，他把自己的感情放在一朵梅花里，也许是一枝，也许是一束，也许是一座梅林。可以一起读一下这首诗的题目吗？

生：《卜算子·咏梅》。

师："卜算子"是词牌，"咏梅"是对梅的赞歌。有没有同学可以来读一读这首诗？有没有不认识的字？

（生抑扬顿挫地朗读）

师：有两个字音要稍微注意下。"寂寞开无主"的"寞"要读得很圆，"更著风和雨"中"著"是通假字。这首词很短，是词中的小令。这短短的词是如何写成的呢？一部鸿篇巨制，或者是一首短诗，非常难办的就是起句。我们回顾一下，苏轼有一首词这样开篇，这样起句："明月几时有?"苏轼用什么开头?

生: 问句开头。

师: 苏轼这是在问天，这是奔放的、潇洒的。柳永的词开头是这样写的:"寒蝉凄切。"在这里你听到了什么声音?

生: 我听到了蝉在叫。

师: 声音——先声夺人。我不去问天，我不去问月，我问蝉，蝉声承载所有悲秋离别。一首小诗，一首小令，开篇各有其不同。陆游的《卜算子·咏梅》是如何开头的?

生: 驿外断桥边。

师: 请一个同学来翻译一下，什么是"驿外断桥边"?

生: 驿站旅馆外面的断桥旁边。

师: 古文字词掌握得真好。知道这是驿站，驿站又是旅馆。这是地点，这是环境。这种小令开篇用这样的表达方式。老师还要追问:桥就是桥嘛，何为断桥?

生: 桥从中间断裂了。

师: 你的想象力很有画面感。梅花长在驿站的外边，断桥的旁边。他仅仅是说桥断了吗?

生: 不是。其实是说他很寂寞，因为桥都断了，人就不会从这儿走过。

师: 象外之象，言外之意——"驿外断桥边"。起句当如爆竹，再一起读一遍。

(生齐读)

师: 这里边有两个特别普通的词，"驿外断桥边"(读时突出:外，边)。大家听说过一首送别词吗? 是李叔同写的，后来他出家了成为弘一法师。"长亭外，古道边"，这就是离情里抒写的地方——外。什么是"外"? "外"是确定的事情吗? 是实指吗?

生: 不是，是虚指。

师: 永远有"外"，是"外"的 N 次方，是无边无际。"断桥边"——处在

"边"的人是什么样的?

生:是孤独寂寞的。

师(引导):梅就这么出场了。大家别小看这么一个名词,在古诗词里名词非常重要。我们说江南的婉约之美时会说——

生:小桥流水人家。

师:名词很多时候可以表达很多种类的象征。陆游的风格,和俄罗斯诗歌的"太阳"、俄罗斯文学之父——普希金完全不同,他绝不会运足气,如普希金的《假如生活欺骗了你》。陆游非常温婉、非常含蓄地说那株梅长在——

生:驿外断桥边。

师:这首词不是托物言志吗?不是托物抒情吗?这首词有许多字,如驿、桥,请你做这样一项工作:一个同学读,另一个同学找托物言志的"物"在哪儿。

生(读):已是黄昏独自愁。

生:黄昏。

生(读):更著风和雨。

生:风、雨。

生(读):无意苦争春。

生:春。

生(读):一任群芳妒。

生:群芳。

生(读):零落成泥碾作尘。

生:泥和尘。

生(读):只有香如故。

生:香。

师:借梅写情感,把情感藏进去。"驿外断桥边,寂寞开无主,已是黄昏独自愁。"尝试把时间词换一下,想一下如果不用"黄昏"可以吗?比如说"黎明","已是黎明独自愁,更著风和雨",行吗?

生:不行,黄昏是愁苦的感觉。

师："黎明"代表的是什么？

生：代表希望，"黄昏"代表惆怅。

师："黄昏"是中国古典诗词的又一个密码。只有我们农耕民族，才会在黄昏时刻涌起无尽的惆怅，"日之夕矣，羊牛下括。"在古典诗词当中最动情的时刻、最惆怅的时刻、最忧愁的时刻是黄昏。"已是黄昏独自愁，更著风和雨。"读这首词的时候，我百思不得其解，为什么是"更著风和雨"？我改成"更著风和雪"，不行吗？"雪"不是更冷吗？

生：我觉得"雨"比"雪"更加委婉。因为雨是飘忽的、不定的，象征如雨丝般连绵的愁。

师（赞许）：这种语言表达本身就是诗的语言，很美。

生：我觉得"风"和"雨"是相对的词语。

师（点头）：它们平仄相反，相依相伴，有风便有雨，风是雨之头。这个解读很好，我没有想过。

生："雪"是冬天，"雨"是春天，春天的话，其他的花也会开。

师：读诗不能只看一个句子，要上下联系起来。你很会读书，很会读诗。

生："风"和"雨"更写出了那种愁苦。

师："雨"更愁，"雪"是精灵的化身。而"风"和"雨"明明就是凄风苦雨。我们接着看，"无意苦争春"，这个"春"我也不明白，在《卜算子·咏梅》当中写了梅的孤独寂寞，我认为在一年四季当中，"春"不该这么提，应该写"冬"，为什么用"春"这个意象？

生：因为梅花长在冬天，其他好看的花长在春天。冬天也有它别样的美丽，它不愿意去争那绚烂的春天，要留在冬天。

师："春"和"梅"之间构成一种什么关系？

生：反衬的关系。

师：想把诗写得有弹性吗？想把文章写得有厚度吗？同学们，别忘记了衬托，尤其是反衬。用整个繁花似锦的春天来反衬梅的孤独寂寞和它彻骨的寒冷。一起背诵——

（生较为流畅地背诵）

师："群芳妒"，群芳也出场了。他不说百花，偏偏说群芳，这是什么修辞手法？

生：拟人，只有人才会有忌妒的情感。

师：同学们，以我们的生活经验和阅读经验，想一想哪些花会忌妒梅花？

生：牡丹花。

师："花之富贵者"也要忌妒梅花。

生：桃花。

师：三月的桃花，也有此意。

生：杏花。

师：二月的杏花。

生：菊花。

师：九月的菊花。

生：芙蓉。

师：六月的水芙蓉、荷花。

生：喇叭花。

师：那不知名的喇叭花，也忌妒梅的存在、梅的盛放、梅的清香。

师：同学们，这就是中国的古典诗词，三个字"群芳妒"令我们想出来那么多的情，那么多的感，那么多微妙的心理，那么深沉的人性。有人说陆游把他八十四岁长长的人生，经历的所有残酷、残忍都写进了这首词里。

生（齐）：零落成泥碾作尘，只有香如故。

师：陆游把自己的生命"零落成泥"还不够，还要"碾作尘"。为什么？

生：陆游多次被贬。

师："被贬"这个词并不准确，"被贬"的前提应该是做高官。陆游生活在南宋。他出生不久，遇到一件大事。

生：靖康之耻。金军攻破东京，俘虏了北宋的两位皇帝（宋徽宗和宋钦宗）以及其他贵卿、朝臣。

师（追问）：如果象棋中的帅和将都被杀掉，满盘皆输。作为一个臣子，生活在这个世上。南宋人有永远的情结——还记得岳飞精忠报国吗？还记得岳母刺字吗？还记得南宋人永远高呼"还我山河"吗？陆游是主战派还是主降派？

生：主战派。

师：主降派却占了上风，便有了"零落成泥碾作尘"。一首词里有这么多的故事与情怀，谁知道《钗头凤》？

生（读）：红酥手，黄滕酒，满城春色宫墙柳。东风恶，欢情薄。一怀愁绪，几年离索。错、错、错。春如旧，人空瘦，泪痕红浥鲛绡透。桃花落，闲池阁。山盟虽在，锦书难托。莫、莫、莫！

师：能说一下意思吗？

生：陆游与妻子唐婉很相爱，但陆母棒打鸳鸯。

师：一生一世，生离死别。陆游四次到沈园，写下无数的诗给他的一生所爱——唐婉，直到八十四岁。这回同学们懂了哪句？

生（读）：零落成泥碾作尘，只有香如故。

师：此时的"香"是他对爱情的忠诚。"零落成泥碾作尘"——

生（读）：只有香如故。

师：此时的"香"是他作为爱国的臣子永远的情怀，陆游会说"僵卧孤村不自哀"——

生（读）：尚思为国戍轮台。

师：陆游会在他临终的时候说"死去元知万事空"——

生（读）：但悲不见九州同。王师北定中原日，家祭无忘告乃翁。

师：此时的"香"是那绵绵不绝的爱国情怀。一生一世"心在天山，身老沧洲"。中国诗人抒发情感的方式与西方完全不同，我说是含蓄的，你说——

生：委婉的。

师：是山隐隐、水迢迢的。

生：是深藏不露的。

生：若隐若现地穿插在诗句当中，可以感受情感，但是说不出。

师：神龙见首不见尾，时而露，时而隐。露出的部分使得隐的部分更神秘。陆游爱梅，就像陶渊明爱菊一样。陆游写了一百六十八首咏梅诗，他喜欢把梅放在这样的环境里，选一个你喜欢的。

生：淡月，淡淡的月色下寒梅开放，给人一种美感。

生：荒山，普通的花草树木长在茂盛的山上，只有梅在荒山。

师：环境的恶劣，反衬梅意志的坚强。

生：冰雪，象征梅花的纯洁，一尘不染，它有傲骨。

师：写冰雪，又何尝不是在写梅？

生：小驿，生在旁边，不与其他事物一起。道不同不相为谋。

师：小隐隐于野，大隐隐于市。

生：绝涧，看出地势险恶，在悬崖峭壁之间有勇气、有毅力闯出一条路。

师：无忧无惧，就像鲁迅先生说："其实地上本没有路，走的人多了，也便成了路。"

生：野水，不是我们常见的潺潺小溪，它是尖锐的。被梅花磨平了棱角。

师：梅花温柔了野水。如果让你为陆游的《卜算子·咏梅》画一幅画，你怎么画？

生：水墨画，画出梅的品质。

师："不要人夸好颜色，只留清气满乾坤"，你懂得王冕。

生：画梅花落下的样子。

师：落梅，留得一片清香，亘古长存。陆游这样形容自己："何方可化身千亿，一树梅花一放翁。"梅花不同的象征，如"折花逢驿使，寄与陇头人。江南无所有，聊赠一枝春。"此时此刻梅花代表整个江南的春天，速读后告诉我你体会到的梅的意象。

生：我选择"梅花妆"，古代梅花妆是将朱砂点在额头上，显得娇媚。

师："对镜帖花黄"的是木兰，花黄的形状就是梅花的形状，尽显少女之美。

生： "遥知不是雪，为有暗香来"，品质坚强在心间萦绕。

师： 在心间萦绕的永远是蜡梅香。像台湾诗人余光中所说："给我一朵蜡梅香啊蜡梅香，母亲一样的蜡梅香。"乡愁的滋味是蜡梅香。其实，我喜欢蒲松龄的《婴宁》，蒲松龄写了那么多容华绝代的妖怪，仅仅把梅赠予他笔下最爱笑的婴宁。可以感知，梅可以代表——

生（此起彼伏）：美丽的女子、愁绪思乡、气韵品格、相思思念、美好事物。

师： 中国人心中的梅是这样，不同于西方人心中的梅。中国的四月，林徽因会说"我说你是人间的四月天"，青春、朝气、憧憬、向往、生机勃勃。我们看英国诗人艾略特，他把四月说成这样——

（出示艾略特的诗）

师（总结）：四月最残忍，冬天最温暖，这是来自异域的价值观。而在我们中国人的心灵之上有颗朱砂痣，它叫"梅花烙"。所以，很多文人墨客沿袭这样的情愫，读曹禺先生的《雷雨》发现，鲁侍萍用一双巧手在周朴园被烟蒂烫坏的衬衫上绣了一朵梅花。于是，三十年岁月轮转，周朴园永远不能忘记那朵梅花，我希望在同学们小小的心灵之上也有一朵朱红的——梅花烙。

教学反思

中国是悠久的诗歌民族，十二到十八岁的中学时代是诗歌学习的黄金时期，中学生也是目前中国接触诗歌最庞大、最青葱的一支生力军。一般来讲，在十二岁之前，不管是语文教材或者校本课程，抑或是源于不少父母对于我们民族文化的认同与传承心理，都会让孩子在"床前明月光"和"明月几时有"的唐风宋韵里启蒙，那片月光会在小小孩童的心里一直荡漾。

孩子进入中学以后，随着心智成长、知识积累、求知欲提升，显然不能满足于孩童时期的读一读、背一背，他们既需要诗歌量的继续积累，更需要鉴赏方法的提升。我们的诗歌课堂教与学的时间总是有限的，能够涉及的篇目也只是"那一瓢"，但究竟饮哪一瓢，又该如何饮，则是为师者需要思考的问题。

《卜算子·咏梅》是词中小令。小令是词中前辈，五代时期即盛行，同时，小令既摇曳多姿又典雅精粹，中国诗词之所以那般让人沉醉迷恋，就是因为"最小即是最多"的魔力。但是这随之也成了学生读诗的难点，当然，这更是一个人文学血统的干细胞，能否在小天地里读出一个古老民族的文化密码，读出华夏五千年代代传承的伟大精神，也就在这掠过尺幅之间的眼光下了。

课堂一开始，我先设计了与俄罗斯诗歌《假如生活欺骗了你》的整体阅读感知比较。被誉为"俄罗斯诗歌太阳"的普希金，八年级的学生并不陌生。这首作品他们在七年级下学期已经学习过，放在此处，目的是让学生一开始便可以整体感知"直抒胸臆"和"托物言志"会带来一番怎样不同的阅读感受。同时，这也是我们明确需要学习的一种非常普遍且重要的诗歌写作手法，不只是陆游，也是宋词作者乃至整个中国古典文学的经典手法。这既是一种手法，甚至也是一种中国式的文人风格，凡事讲求的就是那份"爱而不见"，那份山隐水迢。但是初步鉴诗的学生对此手法的认识和运用是有障碍的，甚至到了高三，还有太多的学生讲不清什么是"托物言志"，什么是"借景抒情"，等等。

怎样让学生真正从诗词气韵脉络的"曲"里，自然而真实地通达诗人那份不想外露或者不便外露的"幽"，则是我重点考虑的执教思路。考虑到八年级的学情，实在不宜抛出太多复杂的文学术语或者前人笺注，就扎扎实实地在作品里去感受诗人挑选哪样的"物"，而这些"物"又是通过怎样的描写，最终才能托出那一生一世的"志"来。

从课堂效果来看，学生不难找出词中所托之物，八年级学生需要在读诗时学会感知并梳理意象。怎么强调中国诗词中的意象都不为过，我们是一个几千年来都与花木虫鱼沾亲带故的民族，我们比任何一个民族都更热爱家园，细数我们最古老的文学作品，哪一部不是从江河湖海中走来，哪一部不是深情凝视一草一木，哪一部离得开我们身边的鸡、鸭、猪、狗，甚至一轮明月与太阳，我们都可以咏出永不重复的诗句。对意象的关注，既是解决我们本课的学习任务，也是永恒的解诗正道。

难点在于，找到词中意象，并要结合词、句、篇品悟出那份意象中的陆游风格或者说心路历程，才是我们学习这一篇时要落地的鉴赏任务，也是我们真正品出诗歌味道的不二法则。容许我略挑几处做出一些说明，也供方家指正。

"好的开端是成功的一半"这句带有励志风格的话特别适合鉴诗。一首不朽的绝唱，开头一定是千古佳句。因为那是诗人的血脉在偾张，那是诗人多少次月下独酌的第一舞，焉能不贯注浓烈的诗心与诗情？苏轼于密州思念曾经风雨对床的弟弟，"明月几时有"劈空奇问，虽然明显化用了他最崇拜的太白诗句，词人痴问永无回音，却能永久直抵人心。同样，最遭苏学士看不起的柳永着实也是词中圣手，"寒蝉凄切"的开篇在中国文学中就那么呜咽了一千多年，浅斟低唱中确实白衣也能成卿相。如果要举例，实在还有太多精彩的开篇，但课堂不是个人才情的肆意发挥地，需要恰到好处地托出我们这节课的学习任务。所以，在教学中，我并没有过多地去引入精彩的开篇。目的是把更多的时间留给学生品味"驿外断桥边"。"驿站"，多么古典，多么有诗情的名字，多少名篇就是那风尘仆仆的驿站壁头诗，简直可以不长不短地写一本名为"驿站诗"的书了。"断桥"也是太富有中国风格的地名了，不只西湖断桥天下闻名，中国每一座有年代的桥几乎都有装满一篓的故事。学生通过感悟、品味、言说，已经在抵达诗境的路上了。但是，宋词小令真可谓落英缤纷，每一个字的背后都藏着诗心、诗眼。一个"外"、一个"边"字怎么能放过呢？方位名词里，往往暗藏着作者最有意的匠心。何况，这是一首千古以来令人绝倒的咏梅绝唱。好的课堂，也要讲究草蛇灰线，伏脉千里，这样的境界兴许我永在追求的路上，但乐此不疲，且行且努力。

故此宕开一笔，在此略做简述，后不复言。

引导学生循序渐进、水到渠成地读诗，为师者心中要有一节课整体的考量。托物言志诗的最终阅读目标是读出所言之志来，但绝不是笼统地最后打一个包做一个结，或者贴上一些术语结论，而径之"曲"完全被刻意拉伸拉直，学生可以通过读参考书就得到的东西还在挤占我们的课堂，这实在是需要我们教读诗歌时注意的。除了旁征博引，我们做一些细致精读是为了最后更好地收阖。所以，这个"边"字的解读才需要在无疑处生疑，它作为教师的解读心得是对学生的有意引导，是我们去读懂放翁先生一生况味尽在"一树梅花"之中的关键啊。"断桥边"是边缘化的，它就不是主流的，叫边缘人。陆游出身名门，文质天成，然而奸臣弄权，权臣苟安，个人感情遭阻，他也只能僵卧孤村，夜听风雨了。

然而，为师者的知识储备并不适合广而告之，我们读诗读的就是那份字字见风流的韵味，也是从汉字里感受其深情的能力。所以，在这一"边"字上，有意引导学生去玩味、去品悟，实则是为最后收束课堂，也就是为陆游在全词所言之志做一铺垫。

后面，重点引导学生去感受很中国化的一些古典之物、古典之象，比如黄昏，比如风、雨，再如由各种花组成的群芳队伍等。这是陆游的表达，也是宋词的表达，甚至可以说是中国式的表达，实在值得我们去一遍又一遍地咀摸玩味。但课堂毕竟是有限的，我们要懂得适可而止，见好即收。因为我们这节课重点是学习"托物言志"，"零落成泥碾作尘，只有香如故"重锤敲音，为全词作结，也可谓陆游为自己人生作结。所言之志就自然在这一句的况味里，时代的阵痛导致主战派只能栏杆拍遍，挑灯看剑；个人生活的游园伤情，既伤了自己，更伤了那个曾经山盟海誓却又无力护她周全的人；然而陆氏一族，可谓满门忠烈，即便身老一隅，但也要心系苍生。这就是一个标准的中国士大夫，即便被边缘化，即便零落成泥，也要香满乾坤。我们学诗，又何尝不是学精神、学风骨。

不过，要让我们把一首小令教授得不那么单薄，可以适度且适当地进行拓展。我选择了用陆游自己的咏梅作品进行快速比较鉴赏，这也是鉴诗的一条重要途径。陆游自谓"六十年间万首诗"，今尚存诗九千三百多首，可见他所言非虚。而他的咏梅之作不管是数量还是质量都可谓古今独绝。"我与梅花有旧盟，即今白发未忘情。"陆游为梅花设置了各种生长环境，实则也是塑造不同的梅之形象，这样让学生速读并鉴赏，既是对《卜算子·咏梅》的补充丰满，也是拓宽读诗的广度。

最后，让学生用画梅的形式来表达自己对《卜算子·咏梅》的感受，是想借助于艺术的相通性，将内化的理解外化为形象的表达。感受不同作家不同作品中梅之象征，也在于进一步体会具象与抽象，"物"最后是为言"志"，所有的自然之物实则都是中国诗人笔下会唱歌的音符，我们既要懂得每一个音符，更要会欣赏连缀而成的乐章，甚至乐章背后的"乖"与"和"。

同行悟课

才有梅花便不同

陕西省宝鸡市姜谭高级中学　张肖侠

我观董一菲老师讲授《卜算子·咏梅》，是沁人心脾、绵绵不绝的梅之香味，是烙在中国人心灵深处之梅文化，是诗意汩汩的语文课堂。

一、抓物象品意境，读诗句悟情感

董一菲老师说："让学生在诗意的语文课堂上，感受语文的千般美丽。想达此境界，其核心在于诗意心灵，并以之感悟文本，解读生命。"她的课堂、她的诗歌教学无不是在践行她的诗意语文教育观。

《卜算子·咏梅》是一首托物言志的词，董老师让学生找到了托"情"之"物"，托"情"的载体，这一个个"物"如同梅的花瓣围绕在"梅"周围：驿、桥、黄昏、风雨、春、群芳、泥尘、香。学生在董老师的问题引导下，体会着、品咂着陆游的情感。董老师尤其突出"零落成泥碾作尘，只有香如故"这句，适时地延伸到陆游生活的时代背景，加入《钗头凤》等诗歌，学生水到渠成地领悟了诗人的情感：如故的梅香是绵绵不绝的爱国情怀。

二、首尾合话抒情，梅文化烙心中

以普希金《假如生活欺骗了你》导入，让学生明白了外国诗歌的直抒胸臆，有别于我国诗歌间接抒情的委婉曲折；以艾略特的残忍的《四月》结尾，有别于林徽因笔下的"人间最美的四月天"。首尾圆合的比照，是中西方文化的比照。董一菲老师说："语文教学不仅使学生拥有语文的底子、语文的血脉，还使学生拥有一份自己民族的记忆、一个文化的背景，并使他们成为幸福、优雅、真诚、充满爱的中国人。"

陆游喜欢把梅放置的环境：篱落、淡月、孤城、小驿、雪冰、荒山、野水、绝涧。"江南无所有，聊赠一枝春""遥知不是雪，为有暗香来""借问梅花何处落？风吹一夜满关山"，古代女子喜爱的"梅花妆"，鲁侍萍绣的梅花，就连蒲松龄都把梅花赠予爱笑的婴宁，都巧妙地融入董老师的课堂，囊括古今文学作品。董老师带着学生畅游在梅的诗海里，解开了一个个关于梅的密码，挖掘着中国文化里蕴藏丰富的梅花。"美丽的女子、愁绪思乡、气韵品格、相思思念、美好事物"，梅的文化特征水落石出。

这节课以语言建构与运用为坚实基础，巧妙地完成了思维发展与提升、审美鉴赏与创造的学习，自然地达到了文化理解与传承的目的。

自然之子，白发诗哲

——《飞鸟集》整本书导读(统编版语文七年级上册第二单元)

《飞鸟集》整本书导读山东济南授课现场

教学设计

一、教学理念

英国诗人布莱克有一句诗翻译成汉语很是美妙：

> 从一粒沙子中窥探世界
>
> 在一朵野花里寻觅天堂
>
> 掌中握无限

刹那成永恒

拿到讲课题目"泰戈尔《飞鸟集》"时，脑中不期然浮现的便是它，优秀的诗歌一定息息相通又互相印证。如果我能和学生一起从一粒沙砾中窥探出泰戈尔塑造的世界，在一朵野花里寻觅出泰戈尔创设的天堂，这节课也算是求仁得仁了。

泰戈尔的《飞鸟集》讴歌母爱童心，辉映世间善美，对自然界的一花一叶一沙一石充满了温柔的凝视，亦深思着人性和世界的复杂深邃，物我合一。小巧的"身躯"里孕育着惊人的力量，如何把这惊人的力量传递给学生？这是个问题。

浏览课程标准，对学生的要求十分明确：通过感受、理解、欣赏、评价语言文字及作品，获得较为丰富的审美经验，具有初步的感受美、发现美和运用语言文字表现美、创造美的能力。在这个过程中，学生的审美创造、思辨能力等核心素养都能得到有效提升。基于此，《飞鸟集》整本书导读课的目的不仅是激发学生阅读兴趣，更是要引领学生在有限的时间和空间里尽可能丰富地激扬文字、碰撞情感、琢磨技巧、体味哲思，最终从内心真正接纳、珍视这部经典作品。

首先，要选择最能再现大师神韵的译本。

郑振铎先生翻译的《飞鸟集》至今已有近百年的历史，长盛不衰，被视为经典译作。

其次，要撷取最能体现大师风格的作品。

《飞鸟集》共 325 篇，一节课无论如何承载不动这么多诗篇，选择是一种功夫，也是一种智慧，找出精品中的精品，择取最动人心弦的、最富有哲理思辨的、最美好和诗意的诗篇。这可以见仁见智，但读者是最有智慧的，我们耳熟能详或一知半解的，口耳相传一读便觉是故友重逢的，一般都为上品。

最后，还要能体味最能展现大师情感的佳句。

黛玉说："我是为我的心。"一句中人心，学生就以"我喜欢"为话题，展开对泰戈尔诗歌内涵的解析、争辩、欣赏、联想，不知不觉间，优美的诗歌已然印在心间。

最终是为了如同大师一般运用修辞和字句，细致入微地表达自己对这万事万物最本初智慧的感悟。

创造性仿写是一个不错的方法，提出第124则也对太阳的呓语引发学生的思考：夜给太阳的情书写的是什么？情窦初开的少男少女自然会展现出稚嫩的手笔，贴近生活的，才是最语文的。顺势勾勒出泰戈尔常用的修辞方法，继续为"我手写我心"送上技巧和法则，庄子、尼采的正衬也更让诗人的格调熠熠生辉。

妙语拾珠，亲近大师，有什么比一句诗多样化的翻译更让人意难平？

Nothing，but my heart. 浅易平淡，谁都会翻译，又有谁能说出其中的三味，仿佛北大的未名湖，宛若埃及阿布·辛贝神庙遗址的墙壁上拉美西斯的那句"当你轻轻走过我的身边，就带走了我的心"，任何时候读这些句子都是别有一番滋味在心头，还有易安那句经典的"才下眉头，却上心头"。这些文字，都能让我们暂时忘却人世间的喧嚣和不安，倾听内心的最真实呼唤，感受宁谧，向往美好，获得自由飞翔的力量。

泰戈尔一定深谙这些句子，所以他的《飞鸟集》的结尾亦是如此：我相信你的爱。再没有比这句话更适合做这节课收束的文字了，余韵徐歇。

二、教学目标

1. 核心目标：通过欣赏导读的诗歌，激发学生们阅读整本书的兴趣，培养思维品质，提高审美情趣。

2. 条件目标：形成对诗集整体的初步认识；了解诗集主要内容和艺术特色；细赏精选诗歌的语言；感悟诗歌的诗情与哲思。

三、教学过程

(一)起：设置曲问，初步感知

开启之问，重在"起"，如何恰到好处地设问，是中学语文教师永远的哈姆雷特之问。

1. 了解作者，欣赏诗集名。教学对象是八年级学生，故紧贴学情，通过曲问，由平中见奇，用"你喜欢泰戈尔《飞鸟集》的名字吗"来取代"泰戈尔的《飞鸟集》的题目有何含义"，开启学生与诗集的初识。

《飞鸟集》一题更是深情绵邈，有对生命的叩问，有对终将飘逝生命的赞叹与无奈。

2. 精选诗集中第一则诗歌作为题记或注释，先由学生朗读，并引导学生对其欣赏，加深对诗集的整体感知。

"飞鸟"是泰戈尔的人生态度，自由、洒脱、诗意自然，而《飞鸟集》开篇的第一则便是："夏天的飞鸟，飞到我窗前唱歌，又飞去了。秋天的黄叶，他们没有什么可唱，只叹息一声，飞落在那里。"让学生触摸文字感，悟意境，凝望诗魂，散点透视，各言其思，各圆其说。

(二)承：滴水见海，把握风貌

就整本书阅读而言，一定会关涉到书的主要内容和艺术特色，如能"曲"问以尽致，善莫大焉。这是承接，承继之问，重在"承"。

1. 精选诗集中十则小诗，学生朗读，正音。

2. 设置曲问"你喜欢哪一则"，学生自由欣赏。

在郑振铎先生翻译的《飞鸟集》325 则中精选 10 则小诗：

无限的沙漠热烈地追求一叶绿草的爱，她摇摇头笑着躲开了。（第 5 则"爱的艺术"）

我不能选择那最好的，是那最好的选择我。（第 20 则"选择"）

绿草求她地上的伴侣，树木求他天空的寂寞。（第 78 则"追求"）

使生如夏花之绚烂，死如秋叶之静美。（第 82 则"生与死"）

太阳只穿一件朴素的光衣，白云却披了绚烂的裙裾。（第 112 则"朴素"）

夜对太阳说道："在月亮中，你送了你的情书给我。""我已经在绿草上留下了我的流着泪点的回答了。"（第 124 则"爱情"）

绿叶恋爱时便成了花，花崇拜时便成了果实。（第 133 则"恋爱崇拜"）

果的事业是尊贵的，花的事业是甜美的；但是让我做叶的事业吧，叶是谦逊地、专心地垂着绿荫的。（第 217 则"奉献"）

鸟翼系上了黄金，这鸟便永不能再在天上翱翔了。（第 231 则"金钱"）

黑云受光的接吻时便变成天上的花朵。（第 249 则"爱的意义"）

3. 追问：《飞鸟集》主要描写了哪些事物并用了哪些修辞手法？引导学生把握泰戈尔《飞鸟集》的基本风貌，体会艺术特色。

用自然界的小草、落叶、飞鸟、星星、太阳、河流、雨滴等等，借助比喻、拟人、对比的手法，表达对人生的主题，生与死、爱与恨、选择与错过、爱恋与赞美、名誉与金钱等等的思考，体现了一位诗人的诗情与哲理，激发读整本书的兴趣。

4. 背诵代表性诗歌。

（三）转：触摸语言，溯游审美与哲思

"转"向课堂深处沉潜，向语言的深层去叩问，途经审美、思维与文化，在这四个维度中顾盼、流连、致意。于是课堂的第三问应是整节课的华彩、咏叹，是师生文本的多重对话，是灵感乍现，是思维碰撞。

1. 创造性仿写，延伸阅读欣赏。

夜对太阳说道："在月亮中，你送了你的情书给我。""我已经在绿草上留下了我的流着泪点的回答了。"

思考并仿写：夜给太阳写的情书是什么？

写是阅读的延展、延伸，这一问题的设置足让学生对泰戈尔式的独特表达有更深刻的理解。

2. 学生展示仿写作品，师生共同欣赏。

夜把"对太阳的爱写在绿草上，流着泪点，在月亮中"，多么唯美，多么深情，孩子们在这一片美的流荡中升华成长，思索表达。

3. 对比欣赏，加深对诗集的了解。

补充对比诗句：（1）尼采的两句哲理诗"谁终将声震人间，必长久深自缄默；谁终将点燃闪电，必长久如云漂泊"（周国平译）；

（2）庄子的"相濡以沫，不如相忘于江湖"；"肌肤若冰雪，绰约如处子，不食五谷，吸风饮露；乘云气，御飞龙，而游乎四海之外"。

在横向的比较中引领学生再次体认泰戈尔《飞鸟集》的特点。

4. 对比总结：泰戈尔的艺术魅力。

泰戈尔《飞鸟集》的东方色彩，含蓄隽永温暖，那份美与哲理此时已呼之欲出。

(四)合：巧设情境，对话诗人

"合"是关合，是合拢，是收尾，是言有尽而意无穷。这个问题，一定要新，要奇，要巧，一定要有"留白"之效，一定要言有尽而意无穷，一定要有穿透力，虽不能至而心向往之。

1. 设置情境。

1924 年泰戈尔访华，徐志摩和林徽因做翻译，临别徐志摩问诗哲："您此次访华还有什么遗憾?"泰戈尔说："Noting，but my heart." 请同学们翻译这个句子。

2. 学生展示翻译作品，师生欣赏，引导学生体会语言翻译的艺术。

学生翻译的过程，就是推敲句式和语言的过程，也是创造的过程。没有最好，只有更好。

3. 齐读《飞鸟集》第 325 则(最后一则)："我相信你的爱。让这句话做我的最后的话。"

一语双关，课堂的收束也便有了弹性和张力。

课堂实录

授课时间： 2018 年 10 月 13 日
授课地点： 山东省济南市历城区鲍山学校
整 理 人： 山东省新泰市福田实验学校　公维桂

师： 你喜欢泰戈尔《飞鸟集》这部诗集的名字吗? 为什么? 泰戈尔是印度大诗人，东方第一个获"诺贝尔文学奖"的诗者。请同学们踊跃举手发言。

生： 我很喜欢这部诗集的名字，我感觉"飞鸟"就是鸟在天上飞，无拘无束，代表着思想的自由，所以我很喜欢这个名字。

师：好一个自由、无拘无束。表达非常流畅，要言不烦。还有同学想说自己的见解吗？

生：我觉得这部诗集的名字非常具有画面感，看到这个名字后，让人有一种对这本书的期待和向往。更能体现出泰戈尔在这本书里对自由或者生命的一些见解。

师：这位同学读出的是画面感，诗如画，好的诗就是一幅好的画；诗如乐，好的诗歌就具有音乐之美。她读出来了，真的了不起！我们可以再想，读了泰戈尔的《飞鸟集》的片段后，你还有怎样的解释？刚才，是学生对《飞鸟集》的一种想象、一种感悟，那么泰戈尔如何解释自己的《飞鸟集》的含义呢？这是泰戈尔 325 则小诗当中的第一则，也是《飞鸟集》的题记或注释，哪位同学喜欢？请为大家朗读。

（女生读）

师：请坐。刚才有一个词，这位女同学读的时候一不小心没读准——"歌唱"，后来发现是"唱歌"。能不能体会一下"歌唱"和"唱歌"细微的差别？我们读诗，语言细微的差别就是一种别样的情感表达、别样的思维体现。想一想，"歌唱"和"唱歌"有什么区别吗？

生：我觉得"唱歌"是一种很快乐、很活泼的感觉，"歌唱"不一定是为快乐而歌唱，也可能为别的情感而歌唱。所以说这里的"夏天的飞鸟，飞到我窗前唱歌"，就可以说飞鸟很快乐、很活泼。

师：你真棒！"唱歌"是口语，是活泼的，我借用这位女同学的话。她的感觉是多么敏锐啊！有一颗诗心，善于倾听感悟。而"歌唱"太郑重了，"歌唱"也许是一种悲伤，"唱歌"是一种快乐。可以从感情色彩、词语的书面口语色彩两个角度去赏析。同学们一定知道一部世界名著《飘》，其中的女主人公叫斯嘉丽，同学们有没有听说过这部名著呀？

（生摇头）

师：没关系，同学们刚读初二，以后有机会再去读。《飘》的另一种译名就叫《随风飘逝》。《飞鸟集》的含义是什么呢？请看这一则再去思考，他描写了两种事物，一起说。

生：夏天的飞鸟。

师：真好，善于抓住语言的主要信息，另一种事物是——

生：秋天的黄叶。

师：真准确。夏天的飞鸟，秋天的黄叶。它们的生命状态截然不同，飞鸟一生都在——

生：飞。

师：都在飞，又都在怎么样？请找动词。

生：飞鸟一生都在唱歌。（在"唱歌"两个字处加重了语气）

师：唱歌是一种非常快乐、自由的生命状态。那么，黄叶的生命状态是什么样子的？

生：黄叶是一种枯死了、飘落了的状态。（右手比画叶子飘落的状态）

师：你理解得非常好，找一个什么动词呢？

生：落。

师："和"飞"相对的是"落"，一种飘落，和"唱歌"相对应的是什么呢？

生：叹息。

师：真准确，鸟儿的生命方式是飞和歌唱，黄叶的生命方式是落和叹息。这就是芸芸众生中两种不同的生命方式。那么泰戈尔，他没告诉我们应该怎么活着，但是我们懂得，我们应该像黄叶一样活着，还是像小鸟一样活着？

生：像小鸟一样活着。

师：像小鸟一样活着，应该怎样活着？

生：很自由、很欢快地活着。

师：非常准确。这就是诗哲，这样的轻柔，这样的教诲，就这样声声入耳。读一读，泰戈尔《飞鸟集》总共多少则？

生：325 则。

师：真会听课，抓住关键。我们从中选 10 则左右，这节课我们一起来读。你喜欢哪一则？我们先齐读第 5 则。

生（齐）：无垠的沙漠热烈地追求一叶绿草的爱，她摇摇头笑着躲开了。

师：有这样一个故事，请一个男同学读第 20 则。

生（男读）：我不能选择那最好的，是那最好的选择我。

师：表达方式上是记叙、描写、抒情，还是议论？请告诉我。

生：抒情。

师：再想一想，你认为是什么呢？

生：议论。

师：非常准确，何为议论？阐明观点。请同学继续读第 78 则。

生（女读）：绿草求她地上的伴侣，树木求他天空的寂寞。

师："寂寞"的"寞"读得多好，读得多圆呀。请继续读第 82 则。

生（男读）：使生如夏花之绚烂，死如秋叶之静美。

师：屏幕上展示的这些诗中，你最熟悉的是哪一首？

生（齐读）：使生如夏花之绚烂，死如秋叶之静美。

师：好，我们一起来看第 112 则的太阳。

生（男读）：太阳只穿一件朴素的光衣，白云却披了灿烂的裙裾。

师："裙裾"的"裾"都读得这么好。这 5 则小诗，大家默读。同学们稍稍地做一下准备，你喜欢哪一则？为什么呢？这 10 则中都可以选。

（生思考）

师：选择一句你最喜欢的。我给你们提个建议，如果你们要买《飞鸟集》一定要买郑振铎翻译的《飞鸟集》，《吉檀迦利》一定要买冰心翻译的，一定要注意译者。相遇是诗意，我们因泰戈尔的诗相聚在这里，我们边说边想。

生：我最喜欢的一句诗是第 231 则："鸟翼系上了黄金，这鸟便永不能再在天上翱翔了。"我感觉这句话用鸟来比喻人，如果一个人满足于他的功名和小的成就，那他就不能去追求更大的成就。

师："系(xì)"读得多准啊！这个字也读"jì"，这是口语，如"系上鞋带"。书面语读"xì"，可以看出这是比喻，那黄金代表什么？

生：世俗的功名。

师：世俗的功名，就是世俗中一切的利益、一切的功利。于是心胸就因此永远不会再辽阔了，再没有了那种天真，再没有了那份浩瀚。你喜欢的话，就请试着背下来吧！

生（背诵）：鸟翼系上了黄金，这只鸟便永不能再在天上翱翔了。

师：你所背的是你翻译的《飞鸟集》，不是郑振铎翻译的，二者差一个字"只"。在写作中，可以化用。什么叫知识？把东西记下来是知识。什么是才华？运用起来是才华。希望你成为一个才子。哪位同学还想说？

生（女）：我也喜欢这句话，可是我跟刚才那位同学有不同的见解。我对这句话的理解是："如果你用世俗的眼光，看他身上的名利和钱，单单从这几方面看这个人，就不能看见这个人的灼灼跳动的真心。"

师：这个视角是这样的，你怎么看待一只鸟？一只鸟身上系着黄金，你就看不透生命的本真、生命的自由。这真是一个别样的解读，有胆有识。可以这么解读，阅读的过程是一种再创造的过程。每一本名著和经典，在阅读的过程中，都融入我们的个性和生命、我们的理解、我们的温度。于是，就有了不同，经典就代代流传。在阅读的过程中不断丰富，就像红学，研究《红楼梦》的学者各成一派。请继续——

生：我喜欢的是第 82 则："使生如夏花之绚烂，死如秋叶之静美。"我感觉活着就应该轰轰烈烈，死了就安安静静地离开。

师：说得真好！大到一个"生"和一个"死"，世间就两件大事——生与死。泰戈尔谈到这么大的两件事，却如此举重若轻。还是回归自然那一朵——

生：夏花。

师：回归自然谈死亡，就那一片——

生：秋叶。

师：真是四两拨千斤，值得仰望。能背下来吗？

生（齐背）：使生如夏花之绚烂，死如秋叶之静美。

师：绚烂是活着的姿态，静美是死亡的态度。还喜欢什么呢？

生：我也喜欢这一则，感觉画面感特别强。"生如夏花之绚烂"，夏花开得很热烈，"秋叶之静美"，秋叶落下来很凄美。人活着就应该像夏花之绚烂，轰轰烈烈地活着，死也留有自己生命的本质。

师：对于死亡的态度，你们还小，很少思考这个问题。但是文学家和哲学家永远思考着这个问题，对于死亡的态度正可以照见他活着的态度。中国的历代皇帝，他们面对死亡的境界显得太狭窄了。从一登基的那天起，他们就干什么？

生：修陵墓。

师：修陵墓，轰轰烈烈地死。泰戈尔说，不，死亡的姿态应该是——

生：秋叶之静美。

师：用一个形容词来说。

生：静美。

师：何为静美？

生：安静，优美。

师：可以优美的、优雅的、安静的，不必轰轰烈烈，不必追求所谓的不朽，更不必追求传统观念所说的"事死如事生"。这是一种洒脱、一种淡然，泰戈尔教会我们应该怎么活着，但他说得如此之亲切。齐背——

生（齐背）：使生如夏花之绚烂，死如秋叶之静美。

师：好，我们继续。

生：我喜欢第 133 则："绿叶恋爱时便成了花，花崇拜时便成了果实。"绿叶如果喜欢一个人，它就会去学习那个人身上的优点，不断完善自己，最终从一片小小的叶子变成了花。"花崇拜时便成了果实"，就是说崇拜一个人时，也会看到那个人身上的缺点，对比自己身上的缺点，不断完善自己，最终变成了果实。

师：在这里，泰戈尔同样是举重若轻的，前面用一个非常轻盈灵动的比喻谈了生和死，那这则诗在谈一种什么样的情感 ？

生：崇拜。

师：人心的力量有多强大，"恋爱"，爱是一种多么强大的力量。绿叶可以成为花，崇拜的力量有多大，它可以使花——

生：成为果实。

师：分解我们自己的心灵。我们心灵当中是否盛满了爱和恋？爱就是恋，恋就是爱。这里爱不是狭义的男女之爱，而是爱万物。当你的心盛满爱的时候，我们的生命会怎么样？升华。第二句话说的是什么？崇拜，敬畏。敬畏很重要。记忆力是智商的第一块基石。康德说："这个世界上，让我敬畏的只有两件事，一件是头上的星空，一件是心中的道德律。"谁能背下来？

生（背）：这个世界上，让我敬畏的只有两件事，一件是头上的星空，一件是心中的道德律。

师："梨花院落溶溶月，柳絮池塘淡淡风。"曾经的过眼云烟，都曾在星空下得以见证。星空，自然也。道德律自然是人类心中的道德。我们的心应该充满崇拜和敬畏，生命才能走向崇高。

生：我最喜欢的是第 217 则："果的事业是尊贵的，花的事业是甜美的；但是让我做叶的事业吧，叶是谦逊地、专心地垂着绿荫的。"这句话让我感觉到泰戈尔对人生的一种领悟。他不想像花和果那样崭露头角，而想像叶那样静静地衬托着它们，专心服务着它们。

师：谁还有补充？

生：我觉得这个"绿荫"不仅仅是为自己、为它们衬托，绿叶可以为人们服务，为人类默默地奉献自己。

师：人生最大的意义在于奉献，正如这位女同学读出来的。

生：我觉得从这句诗里，可以看出泰戈尔淡泊名利的心态。不追求尊贵甜美，而是默默奉献出自己的价值，给世界带来一些宝贵的财富。

师：这里有一个关键词，叶子的美德是"谦逊"，"谦逊"和"谦虚"哪个程度更深？

生："谦逊"。谦逊表现出来一种才华，但不轻易地跟别人炫耀，感觉自己还是逊色于别人。

师：谦逊的确是一种美德。《飞鸟集》刚刚读了 8 则，下面第 124 则全班读。

生（齐）：夜对太阳说道："在月亮中，你送了你的情书给我。""我已经在绿草上留下了我的流着泪点的回答了。"

师：多含蓄，在月亮上送给我情书，是什么都没说，留了一大堆省略号。第二句，"我已经在绿草上留下了我的流着泪点的回答了。"为什么要流着泪点回答？没有直接说。如此之含蓄，爱，永远与痛苦相伴；爱，永远与眼泪相伴。我们创造性地仿写一下。泰戈尔把生和死都写得那么简短，我们凭什么把情书写得那么长。最炽热的情感绝不是用长篇大论抒发出来的，那大家代"夜"给"太阳"写一封情书吧！

（生默默思考，动笔写）

师：谁想好了？请举手示意。其他同学也可以边听边想自己的。

生（读）：我和你于晨昏两端相恋，思念着彼此，却终不能相见。

（生掌声）

师：和泰戈尔的《飞鸟集》风格这么相似，温柔敦厚，风流蕴藉。

生（读）：你用光明给了我去努力的资本，那我就用勤奋的汗水去回复。

师：好一个"用勤奋的汗水去回复"，用"夜"的特点再想想，可以用比喻句啊！

（生思考）

师：写得非常长又直抒胸臆的爱情诗是《莎士比亚十四行诗》，是西方式的热恋，是满纸、满腔的爱。泰戈尔不会这么写，东方人不会这么写。只有盛唐的李白才会这样说"吾爱孟夫子，风流天下闻"。

生（读）：夜对太阳说，你是那般光芒万丈，我只有选择用沉默接受赞美。

师：沉默也是一种爱，"沉默"这个词用得非常好！

生（读）：我喜欢你，太阳，虽然我们两个永不可能在一起，但我乐意接管你的工作，在曾经属于你的工作中幸福地笑着。

师："幸福地笑着"，非常含蓄；"我喜欢你"，直抒胸臆，可以再改一改。

生（读）：亲爱的太阳，我热爱你的一切，即使不能相见，但仍然能"山有木兮木有枝，心悦君兮君不知"。

师：太有诗才了，还引用了《越人歌》里的诗句。前面的话稍微有点直露，还可以再含蓄一点，贵在含蓄。东方之美，不道破一字，句句都是爱。字字都是情，但绝不会说破。这是我们努力的方向——多读书。

生（读）：你我虽然相隔甚远，也永不能相见，你不能像月亮那样凄美，但你却是世界上最美的光。

师：运用了对比的手法。《飞鸟集》主要描写了哪些景物？我没敢用"意象"这个词。所谓"意象"就是在诗词中满含情感的景物。《飞鸟集》的世界是自然的世界，在这个世界中都有什么？

生：有植物，有动物。

师：概括稍微具体一点，《飞鸟集》中的意象都有什么呢？

生：有生命的意义。

师：好，我把概念重新说一下，意象就是诗词中的景物。比如，飞鸟就是景物。

生：太阳，月亮。

生：花，草，叶，瀑布，云，鸟。

师：一下说了这么多。还有补充吗？

生：有一则还写了兔子。

师：可见你对整本书是读过的，有感受的，在你的表达和写作中，老师都能感受到。"我是我读过，并记住的东西的总和。"不读书，精神的世界多么干瘪。我们齐背——

生（齐背）：我是我读过，并记住的东西的总和。

师：今天就有成长，今天就背了很多东西。《飞鸟集》主要用了哪些修辞手法呀？在这里鸟会唱歌，黄叶会叹息，这是什么修辞手法？

生：拟人。

师：此外，鸟和黄叶之间这是什么修辞手法？

生：对比。

师：回答正确。还有什么修辞手法？

生：比喻，夸张。

师：尼采是谁？读读他的诗。第一句诗，议论为主的长句子。谁试着读一下。

生（读）：谁终将声震人间，必长久深自缄默；谁终将点燃闪电，必长久如云漂泊。

师：周国平翻译。有两个字读得不够准："谁"（shuí）口语读"shéi"，书面语读"shuí"；第二个"缄（jiān）默"。再找个男同学读一读。

生（男读）：谁终将声震人间，必长久深自缄默；谁终将点燃闪电，必长久如云漂泊。

师：你觉得他读得好不好？

生：我认为他读得非常好，把"谁"停顿得很好。

师：尼采这句诗里面有太多的痛苦，太多的焦灼，太多的彷徨，太多的呐喊。这不是泰戈尔的《飞鸟集》，不是东方的小巧和蕴藉含蓄。这是直抒胸臆式的情感，是炽热的情感。再齐读——

生（齐）：谁终将声震人间，必长久深自缄默；谁终将点燃闪电，必长久如云漂泊。

师：这是一种痛苦，生命的痛苦不是简单的善恶而已。于是把这种痛苦写得非常缠绕，写得"剪不断，理还乱"。下一句，再读——

生（女读）：每一个不曾起舞的日子，都是对生命的辜负。

师：对生命的要求真高，太高了，非常高的期许。这又是一种炽热的痛苦的情感，尼采对自己的要求也是对人类的要求。再读一遍——

生（齐）：每一个不曾起舞的日子，都是对生命的辜负。

师：他不会像泰戈尔平和地说："使生如夏花之绚烂，死如秋叶之静美。"

生（读）：使生如夏花之绚烂，死如秋叶之静美。

师：我们的诗者庄子，整天和自然无比亲密，天地有大美而不言。他可以跟花朵、草叶、河流、星星对话。他说过这样一句话："泉涸，鱼相与处于陆，相呴以湿，相濡以沫，不如相忘于江湖。"你懂得"江湖"的由来了吗？你懂得《水浒传》中"江湖"的由来了吗？"江湖"的源头在哪里？

生：在《庄子》里。

师：他给了我们一个浩瀚、辽阔的人生世界，这是一个大的世界，背下来。

生（背）：泉涸，鱼相与处于陆，相呴以湿，相濡以沫，不如相忘于江湖。

师：是呀，中国人的心灵有了美，有了辽阔，有了鲲鹏，有了大浪漫。这是庄子，再看看庄子对一个人的描写，一个理想人的描写。谁给大家读一下？

生（读）：肌肤若冰雪，绰约如处子，不食五谷，吸风饮露；乘云气，御飞龙，而游乎四海之外。

师：这就是庄子理想的人格，为中国人画了一幅理想的人格画卷。"肌肤若冰雪，不食五谷，吸风饮露"，庄子的理想在金庸的书中随处可见。读过金庸作品的举手。

（三个同学举手）

师：他们之间有什么区别？老师给大家呈现结果。

（大屏幕出示英文句子）

师：这几个单词都认识吧？"白发诗人，自然之子"——泰戈尔，他访华的时候两个人给他做翻译，一个是徐志摩，另一个是林徽因。三个人照了一张相，相片中，泰戈尔居中，林徽因人艳如花，徐志摩人淡如菊。泰戈尔要回国时，徐志摩问他："诗翁，您在中国还有什么遗憾吗?"泰戈尔说了这些话。

生（读）：Nothing, but my heart.

师：读得真好，我崇拜你的时候我就变成了果子。

（一男生读）

师：模仿泰戈尔的方式翻译这句话。翻译多么重要，翻译考查的绝对不是外语的功底，翻译考查的永远是你母语的本事。读傅雷，他翻译法国的文学作品，包括巴尔扎克、伏尔泰、罗曼·罗兰等，考查的是他母语的、国学的底子。这简单的单词怎么翻译才是泰戈尔式的表达？

（生思考）

师：翻译有三个层阶：第一"信"，第二"达"，第三"雅"。

生：没有什么东西，但是我的心在这里。

师："我的心在这里"，真正的大诗人是有一颗诗心的人。风也是诗，雨也是诗。蜂也是诗，叶也是诗，太阳更是诗。

生：没有什么，我心犹存。

师："我心犹存"，多讲究，为什么好？用比喻的修辞了。

生：没有什么，我的心如约而至。

师："如约而至"，比"永远和你在一起"更加委婉，更加含蓄。

生：没有什么，我的心仍然在此地。

师：状语后置，强调"在此地"。诗永远不是常式句，应是变式句，比如，"多情应笑我，早生华发"。

生：没有什么，但是我的心仍存。

师：更简单了。

生：没有什么，我的心永存。

师：一个"永"字，是那么长长久久，与山川岁月同在。

生：没有什么，但我的心已经爱上这里。

师：这是创造性的翻译，大胆，艺术就需要大胆。

生：没有什么，但是我带不走我的心。

师：写出心之执着，写出心心念念。

生：没有什么，但我心的归属在这里。

师：好一个归属，对中国的一种认同。

生：除了我的心在这里，也没有什么了。

师：第一个创新的孩子，她把后面的话提前了，强调没有什么了。

生：没有什么了，但我想带走我的心。

师：这是最好的翻译。我想带走我的心，所有的余力都留下来，我的心不肯跟我走，多含蓄，真正的泰戈尔。看《飞鸟集》第 325 则，最后一则，泰戈尔是这样收尾的，全班齐读。

生（齐）： 我相信你的爱，让这句话做我的最后的话。

师： 同学们，"我相信你的爱，让这句话做我的最后的话"。下课。

教 学 反 思

我在大学时代就喜欢泰戈尔的《飞鸟集》，也曾反复诵读。再后来，给学生作课外的补充教材，又通读过。如今再读之后精心筛选 10 则最具泰戈尔特色的诗句呈现给学生。因诗篇皆短小隽永，故对八年级学生来说，《飞鸟集》作为整本书阅读，难度并不是很大。而且泰戈尔的《飞鸟集》更跃动着生命的灵动，诗意的哲思，涵泳它，欣赏它，真正接纳并珍视它，循序渐进为学生心中的审美城堡奠基。

一、紧贴学情，体现学科素养

1. 涵泳语言。

"在所有的语言中，诗歌是语言的钻石"，因此，涵泳品鉴语言成为导读欣赏的"明线"。从措辞搭配到词语想象，再到修辞欣赏，最后到推敲句式和语言，无不还原语文的本性。对诗歌的欣赏应缘起语言，进而向语言的深层去叩问，去真正感受泰戈尔的诗意与哲思。

2. 巧设曲问，深层探究。

整个课堂教学是借助四种"曲问"来搭建的立体完整体。"大道至简"之起，如诗集名字一般，自由而执着，着眼于初识诗集，巧妙采用散点透视，让学生触摸语言，各言其思，各圆其说。把握基本风貌之承，这是就整本书阅读而言的宏观问题，关涉了书的主要内容和艺术特色的，如能"曲问"以尽致，让学生们体会泰戈尔的"诗情与哲思"是如何抵达的。溯游内心之转，创造性仿写，比较阅读，两种方法叠加使用，与诗人深层交流，用语言、情感、思想和文化向诗人致敬。念念不忘之合，结合背景，设置情境，带给诗歌生命的是诗人，是无二的独立灵魂，透过文字，创造与诗人"面对面"的情境，亲近他，思考他，言有尽而意无穷。

四个曲问，层层叠叠，言在此而意在彼，引导学生走入诗集欣赏的四维空间，完整而不乏温馨，缜密又不乏创新。

3. 以读促写，引导生成。

《义务教育语文课程标准（2011 年）》中反复强调语言文字的运用，阅读与写作始终不可分离的。因此，在十则小诗的铺垫之后，我设置了"创造性仿写"和"比较阅读"两个环节，仿写是学生进一步走近文本的有效途径之一，能够加深作者和文本对学生的深刻影响，在仿写中，经典文本中的文字、情韵、手法都会在学生的作品中或隐或显地呈现出来。学生运用智慧逆流而上，探寻泰翁诗歌的含蓄隽永的魅力。

二、倾听交流，注重过程引导

理想的语文课堂氛围是充满文学气息和浪漫情怀的。于是在课堂中，教师以缤纷的语言引领学生走向对文化的膜拜，课堂永远是我们传播诗情画意的主阵地。立于兹，我和学生互相倾听；立于兹，我和学生共同欣赏；立于兹，我和学生一起思考。在教学中，认真倾听他们对诗歌的欣赏和思考，从而我会用"情""理""思"结合的教学语言去评价，去引导，可以铺陈，可以启发，极大地调动他们的积极性，让学生有话可说，有情可抒。随着我对他们的回答的评价，自然而然地入情入境，更使他们思接千载，纵横万里，张扬他们的深度和广度。

三、一曲终了，余音未息

"我相信你的爱，让这句话做我的最后的话"是《飞鸟集》最后一则诗歌，我也以此作为这堂导读的结束语，一曲终了，但余音未息，细细回味，课堂中有师生的自由共生，有纵横捭阖的思想碰撞，有读写结合的个性生成。

课堂是遗憾的艺术，最好的课堂永远是下一个。因时间的限制，我未能读到学生之间互相欣赏，有许多学生意犹未尽。短短一节课，容不下更多元化的评价方式，在某些环节未能引领学生向"青草更青处"慢溯。课后，有一个学生与我交流，说他感觉泰戈尔某些方面很像他同样深爱的宫崎骏，对生活有着别样的热忱和睿智，如果假以时日，这个学生一定可以在课堂中大放异彩，这些虽然给课堂留下了些许遗憾，但也为我今后的备课和备学生提供了很有价值的借鉴意义，让学生懂得更深刻地表达自己，更懂得欣赏他人，慢慢欣赏生活的美，将是我今后更加努力的方向。

同行悟课

溪水淙淙流，榜样自天成

云南省曲靖市民族中学　李艳春

你听过董一菲老师的课吗？如果无缘观摩现场课，你要像我一样对着视频品读。她那如瀑的黑发、举手投足、一颦一笑、一言一语都散发着浓浓的诗意，那诗意的形象、诗意的语言、诗意的情感流溢在每一节课里。她的课没有死板的模式套路，没有热闹的场面，总是娓娓道来，亲切对话，自然生成，犹如那山间淙淙流淌的溪水，浑然天成。

《飞鸟集》导读课也一样。课堂设计天衣无缝，师生对话优雅自然，流畅无滞。

课堂从"你喜欢泰戈尔的《飞鸟集》这部诗集的名字吗"开始，引导学生解读"飞鸟集"的含义，解读诗集名的师生对话，诗意浓郁，学生领会出"像鸟一样，很自由、很欢快地活着"的深意。董老师以"非常准确，这就是诗哲，这样的轻柔，这样的教诲，就这样声声入耳。读一读，泰戈尔的《飞鸟集》总共多少则"承上启下，开始第二个环节，诗意诵读几则精心挑选的经典原作。学生越读越美，董老师不失时机地夸赞学生的同时，引领学生解读各自喜欢的诗句。学生越读越入境，于是学写诗的环节就自然出现。董老师点评习作时，又引导学生比较泰戈尔的诗与尼采的诗，介绍庄子的理想。于是又自然地用翻译泰戈尔英文原句来体会诗歌的变式句的表现力。最后董老师让学生齐读《飞鸟集》的最后一则，并用最后一则"我相信你的爱，让这句话做我的最后的话"来结束课堂。整堂课设计精巧而不露痕迹。

师生对话也避免了生硬地问答，点评妙语连珠。"诗如画，好的诗歌就是一幅好的画；诗如乐，好的诗歌就具有音乐之美""大到一个'生'和一个'死'，世间就两件大事——生与死。""泰戈尔把生死都写得那么简短，我们凭什么把情书写得那么长"……这样诗意的点评俯拾即是。

董老师能做到以上这些，是因为她有深厚的积淀，她读过并记住了很多古今中外经典作品，并引导学生将读过的、自己喜欢的背下来。一节课就给学生如是引领，试想，有幸做她的学生，三年耳濡目染，将终身受益。

"我是我读过，并记住的东西的总和。"董老师引用布罗茨基的这句话，鼓励学生多读书，背句子。

读书不为装点门面，也不为炫耀卖弄，而是要让书的营养长到骨髓里，长到肌肤上，长到呼吸里，最后化成缕缕清香令你吐气若兰，化成道道柔光，令你温情脉脉。这样的老师站在讲台上，课堂自然诗意盎然。

课例 3

但为君故，沉吟至今

——《诗经·郑风》爱情诗群文阅读(统编版语文八年级下册第三单元)

《诗经·郑风》爱情诗群文阅读授课现场

教学设计

一、教学理念

《诗经·郑风·子衿》这首诗选自八年级下册，是《诗经》众多爱情诗歌作品中较有代表性的一篇。

全诗三章，每章四句。描写一个女子思念她的心上人。每当看到颜色青青的东西，女子就会想起心上人青青的衣领和青青的佩玉……全诗五十

040

字不到，但女主人公等待恋人时的焦灼万分的情状宛然在目前。

这也是一首非常美丽的小诗，一、美在"青青"这种颜色及其寄寓的情思与意蕴；二、美在情感的纯粹与含蓄；三、美在女主人公的形象热烈而优雅。由这一篇出发，走向相类似的爱情诗歌群文阅读。

群文阅读教学作为一种新型阅读教学模式，是指在单位时间内，围绕议题开展多文本阅读的教学活动。群文阅读教学的关键是核心议题要有很强的整合性与启发性。

同期的作品《诗经·郑风·将仲子》以及《诗经·郑风·狡童》也是两首很有意思的小诗，与《诗经·郑风·子衿》相比，三首爱情诗的女主与男主性格各不相同。这是核心的议题。

《义务教育语文课程标准(2011 年)》指出："欣赏文学作品，有自己的情感体验，初步领悟作品的内涵，从中获得对自然、社会、人生的有益启示。对作品中感人的情境和形象，能说出自己的体验；品味作品中富于表现力的语言。"因此，在本课的教学设计中，我从品味语言出发，经由多种比较，体悟情境，感受形象，丰富学生的情感体验。

二、教学目标

1. 核心目标：通过对《诗经·郑风》中三首同时期的爱情诗歌比较阅读，围绕学科核心素养的培养目标，品味语言，感悟形象，提升审美品质。

2. 条件目标：读懂三首诗歌，对诗歌的情感与形象有一定的理解，细赏精选诗歌的语言；感悟诗歌的诗情与哲思。

三、教学过程

(一)起：品味语言，以读带赏

《义务教育语文课程标准(2011 年)》中明确指出："语文课程是学生学习运用祖国语言文字的课程，学习资源和学习实践无处不在，无时不有。因而，应该让学生日积月累，在大量的语文实践中体会、把握运用语文的规律。语文课程应特别关注汉语言文字的特点对学生识字写字、阅读、写作、口语交际和思维发展等方面的影响。"所以此课第一个环节就是品味语言、以读带赏。

1. 读准字音。

比如，"宁"什么情况下读四声？做副词时，表示宁可、宁愿；什么情况读二声？做形容词时，表示安宁、宁静。

2. 辨析字形。

语文教学是母语教学，很多字词都带有明显的文化基因。基于此，我设计了这样的问题：子衿的衿，什么偏旁？衣部还是示部？和什么有关？等等。

3. 填定语。

这里让学生补充定语：_____的思念。

诗歌中女子对于心中的男子有着怎样的思念呢？优雅、狂野还是其他？文本既是固化的又是灵动的，灵动就在于文字。因此，我通过让学生给"思念"加定语，考查学生对文本的理解。

(二)承：品析色彩，感知文化

青青子衿，"青"到底是什么颜色？学生对于这个词有着怎样的理解？他们知道哪些"青"？"青"，是东方春位，代表时序中的春季，人们称年轻人为"青年"；颜色中有豆青、梅子青、粉青、雨过天青。

再通过对古代瓷器、天干地支、诗句的引用和介绍，让学生对"青"字有一个深刻的印象，增强学生对优秀传统文化的了解和热爱。

(三)转：同类比较，深度鉴赏

为了使学生增强对人物形象的理解，更好地审美与鉴赏作品，我设计了如下对比：

1.《子衿》和同期作品《将仲子》《狡童》，三部作品中的三位女子分别具有什么性格？三位男子又是怎样的男子？

2. 中外文学作品对比。《子衿》与《我要从所有的时代，从所有的黑夜那里》(苏，茨维塔耶娃)同样表达女子的思念之情，其中又有怎样的差异呢？

3. 加背景。让学生给画作《青》中的女主人公衣服选择色彩，要选择什么颜色呢？为什么这样选择呢？通过对比，让学生体味诗歌的意境和语言美，因为在我心中，诗歌的赏析过程就是对文本意境和诗歌语言美的感知过程、享受过程。

(四)合：延展内涵，提升高度

语文教学以"审美与鉴赏创造"为核心素养。在我看来，诗歌的教学，要提升课堂的高度，延展课堂的内涵，打开学生的感觉，调动学生学习的积极性，让学生直达"有话可说、无话不说"的地步。这样的课堂，才是有深度、有广度、以学生为主体的厚重的课堂。

由此，我提出了创造性读写：曹孟德赋予《子衿》全新的意义，这取决于曹操的时代性。那么，你们应该用什么样的感情，来读出其中蕴含的意味呢？读出不同的《子衿》，我们还要续写诗句，请学生写出自己心目中的《子衿》。

这样的处理，利于学生参与课堂，真正实现了鉴赏的同时进行创造，学生必将真正成为课堂的主人。

课堂实录

授课时间： 2018 年 11 月 4 日

授课地点： 江西省南昌市广南学校

整 理 人： 江西省景德镇市第六小学　仲小燕

　　　　　　江西省景德镇市第十六中学附属小学　蓝湘萍

　　　　　　江西省上饶师范学院　孙玉桃

　　　　　　湖南省长沙市竞思悦教育培训学校　龙潇

　　　　　　福建省泉州市南安一中　张贺

师： 同学们，今天我们学习的是《诗经·郑风》中的一首诗《子衿》。谁可以读一下？

（一女生读）

师： 字正腔圆，但有几个字需要正音。"子宁（nìng）不嗣（yí）音"，"宁"

什么时候读 nìng？做副词，宁可、宁愿；什么时候读 níng？安宁。为什么读"不嗣(yí)音"？"嗣"是通假字。还有，"挑(tiāo)兮达(tà)兮，在城阙(què)兮"。其他都不错。

师：同学们，"子衿"的"衿"字是"衣"部，还是"示"部？

生："衣"部。

师："衣"部和什么有关系？

生：衣服。

师：这个词的意思是"衣领"。"青青子佩"，做个选择题：中国古代的君子是喜欢佩玉呢，还是喜欢佩金呢？

生：佩玉。

师：回答正确。我们的民族是一个尚玉的民族。君子一日，玉不离身。黛玉、宝玉、妙玉……

师：同学们看屏幕。"子宁不嗣音"，"嗣"是个通假字，通的是哪个字？

生：诒、贻。

师：观察一下第二个字——"贻"，它是什么旁？

生："贝"字旁。

师：意为赠送，和利益有关系常用"贝"字旁。最古老的钱币是贝币。读读最后一个词。

生：城阙。

师：咱们填填诗词的上下句。"城阙辅三秦"，下句。

生：风烟望五津。

师：何为"城阙"？

生：高高的城楼。

师：(音乐起)有人说，《诗经·郑风·子衿》是一场风花雪月的优雅的思念，同学们静静地听这首歌，如果让你为"思念"添个修饰语，你会添什么呢？

（生在唯美、空灵的音乐《子衿》中静静思考）

生：痴迷的思念。

师：情深者为痴。情深至浅，此时一定是情深了，"开辟鸿蒙，谁为情种"。还有哪位同学可以说，你读出了什么？

生：我觉得是一种无可奈何的思念。

师：四字短语，无可奈何。"奈何天，伤怀日，寂寥时"。

生：我觉得这是一场孤独的思念。

师：孤独。天地间的一份孤独，因"天地之悠悠"的孤独。

生：我觉得这是一场惆怅的思念。

师：惆怅的思念，使我想起了纳兰性德，"我是人间惆怅客"。

生：我觉得这是一场望穿秋水的思念。

师：好一个"望穿秋水的思念"，这里有太多的明净，太多的纯洁。于是，《诗经》跨越了两三千年，至今叩击着我们的心扉，敲打着我们青春的岁月。

生：这是一场跌宕起伏的思念。

师：这位同学的语感真好！他将抽象的思念赋予了节奏，那是一种平平仄仄、曲曲折折、美丽的思念。真会读诗。

生：这是一场缠绵的思念。

师："缠绵"是什么旁？

生：绞丝旁。

师：是春蚕的吐丝，是"剪不断，理还乱"的丝，真美！同学们会读书，能感悟，善表达。诗的开篇第一句是……

生（齐）："青青子衿"。

（文中的句子出现句号、问号、感叹号，叫一句话。诗歌则不同，遇到逗号就是一句。师说请读第一句，生读完"青青子衿"戛然而止。生有着良好的素质）

师：周代最高的学府叫"太学"。"子衿"，太学生的学生服衣领，"青青"是什么颜色？

（生沉默）

师：同学们听听这句的"青青"是什么颜色？"青青河畔草"。

生：绿色。

师：就是这绿色，堪比那湛湛青天。天是什么颜色？

生：蓝色。

师：学过朱自清先生的《背影》吗，同学们？父亲的背影，永远的背影，那份亲情，那份父爱，父亲穿着深青色布棉袍。"青"应该是什么颜色？

生：深绿色。

生：我觉得是灰色。

生：我认为这件棉袍是深蓝色的。

师：我认为它是黑色的。有人说，"举觞白眼望青天"。另有人说，董老师对我青眼相加。董老师的眼睛是什么颜色？或者说，我们的眼睛，炎黄子孙的眼睛是什么颜色的？

生：黑色的。

师：是的，这么多颜色，这是中国颜色的色彩密码，它是原色中的调色板。很多诗人擅长用色彩，最擅长用色彩的诗人是中唐时期的诗人李贺。他写过这样一首诗，我们一起背：黑云压城——

生（齐）：城欲摧。

师：甲光向日——

生（齐）：金鳞开。

师：这两句诗有哪两个主色调？

生：黑和金。

师：黑色和金色，太奇异了。这样的配色，是李贺式的诗鬼的配色，李贺用色彩表达自己心中的情感。好了，再回到这首《子衿》上来。"青青子衿，悠悠我心"，看大屏幕，谁能读出上面横框里的话？

生：青，东方春位，其色青也。（王逸）

师：作者王逸，汉代人。他是个大学者，是个大人物。他写的这几句话，谁愿意给大家翻译一下？

生：青，这个颜色，是东方春天的位置。它代表的是东方春天的位置。

师：下一句该怎么说？

生：这种颜色是绿。

师：如果用一个颜色来描绘春天，它的颜色就是什么？

生：青。

师：是用"青"来描绘春天的颜色。是这个意思吗？

生：是。

师：自古以来，天地有方。"青"代表东南西北的哪个方位？

生：东边的方位。

师：一年有四季。"青"代表哪个季节？

生：春季。

师：关于"青"，《子衿》当中是这样开篇的——

生（齐）：青青子衿，悠悠我心。纵我不往，子宁不嗣音。青青子佩，悠悠我思。纵我不往，子宁不来。挑兮达兮，在城阙兮。一日不见，如三月兮。

师：同学们，我们的古人太优雅了，我们的汉语太精致了。如果我不走寻常路，给"青"加上修饰语，会怎样？

生：豆青、梅子青、粉青、雨过天青。

师：你发现这些词语从性质上来说，都是什么词？

生：这些都属于名词。

师：最大的形容词，有时候不是形容词，它是名词。记得林徽因说过一句"你是人间的四月天"，她是指一个人朝气蓬勃，充满了春天的气息。她不用形容词，而是这样说："你是人间的四月天。"再听听余光中先生的这句"今晚的天空很希腊"，句子中的哪个词用得很特别？

生：希腊。

师：古"希腊"是自由浪漫的、诗意的、人性的狂欢。我们中国汉语的包容性太强了！来，一起读——

生：豆青、梅子青、粉青、雨过天青。

师：（看幻灯片）中间有一件宋代的瓷器，是宋代四大名窑中追求极致的瓷器。瓷身是青色。宋瓷是我们民族的骄傲。它晶莹剔透的特点，集中代表了中华民族的那份诗性与优雅。它叫什么名字呢?

生(齐):雨过天青。

师:什么叫"雨过天青"?

生:好像是下过了一阵雨,天空就像洗过了一样。

生:是蔚蓝。

师:这是你们的理解,可能是白和蓝,也有可能是更多的颜色。"雨过天青"这件瓷器在台北故宫博物院展出,展现的是含蓄的、淡雅的纯净之美。关于青色,它可以是黑色,但又不是一般的黑色。如果它是黑色,要具备什么条件?

生:光泽。

师:应该说是黑中带亮。接下来,我们一起看,一起读。

生(音乐响,齐读):青青子衿,悠悠我心。纵我不往,子宁不嗣音?青青子佩,悠悠我思。纵我不往,子宁不来?挑兮达兮,在城阙兮。一日不见,如三月兮。

师:《诗经》中的《子衿》是选自"十五国风"中的哪一个呢?

生(齐):《郑风》。

师:《郑风》有许多爱情诗。二十一首诗中,爱情诗就有十七首。请看幻灯片,齐读——

生(齐):将仲子兮,无逾我园,无折我树檀。岂敢爱之?畏人之多言。

师:《诗经·郑风·将仲子》,李白的劝酒歌叫《将进酒》。诗文中"将"是一个音,都读"qiāng"。"将仲子",好奇怪的题目。"仲",排行第几?

生:第二。

师:伯仲叔季。请求你呀,爱哥哥。我发音准不准?

生:二哥哥。

师:你发音很准,但你是个无趣之人。大观园中的史湘云追着贾宝玉叫——

生:爱哥哥。

师:你太解风情了!史湘云天生有一点大舌头,她只对一个音发音失误，她把"二"读成"爱"。真好，真俏皮！为什么叫"将仲子"？为什么不叫"将伯子"？"将伯子"是不是有一种大哥哥的严肃？我希望一个女孩子来读，因为这是一首女主角的抒情诗。

（女生读，师正音，同时翻译）

师（正音）："将仲子""无逾""无折"。你知道在关键的地方读准，前面的地方都是铺垫，关键的地方字正腔圆。（译）我亲爱的爱哥哥，你不要跨过我的树园、花园、菜园，千万不要把我们家名贵的树弄折了。我怎么敢爱你呢？我是担心别人说我的闲话。

（师生会心一笑）

师：合作愉快！带着问题读书，《诗经·郑风》当中的《狡童》，谁来读一读？

生（读）：彼狡童兮，不与我言兮。维子之故，使我不能餐兮。

师（译）：那个小坏蛋，最近不跟我说话，你不理我。就因为你，我都吃不好饭了！

（所有生开心地笑起来）

师：郑风啊，郑风，在我们古时的中州，在我们认为最代表中国的地方，在中原的地带，在古老的黄河流过的地方。那个时代的爱情是这样多姿又多彩。任选一道题回答，同学们。

（大屏幕出示）

第一个问题：这三位女子分别具有什么性格？

第二个问题：三位男子又是怎样的形象？

生：我选第一个问题。第一位女子是十分内向的，性格不是很开朗。第二位显得十分优雅，有一种女性的温柔。

师：我求你了，你没事穿过我们家的树园子，你别把我们家的树弄坏，因为别人该说我们的闲话了。多么优雅。

生：她十分调皮。

师：没关系，你可以表达你的想法。第三位——《狡童》里的女孩子呢？

生：这位十分调皮。

师：在那个男尊女卑的时代，她竟然给自己的小男友取了个外号叫"狡童"。中国的汉字，尤其是古汉语，十分优雅，现在咱们用什么词语表达这份爱恨情仇？"狡童"。还用了一个"彼"，意思是"那个"，表示一种不亲切。不用"此"，意思是"这个"，表示一种距离上的亲近。

生：我选第二个问题。《子衿》里的男子是风度翩翩的。

师：你居然能看出《子衿》里的男子风度翩翩，非常有阅读能力，有一双慧眼。你怎么看出来的？

生（读）：青青子衿。

师：在周朝的时代，凤毛麟角的太学生，比今天的天之骄子还要稀有，他怎能不是一个优雅的学霸呢？请继续说。

生："无逾我园，无折我树檀"，《将仲子》里的男子是比较外向的。

师：他飞檐走壁，穿越一座花园，为了爱勇往直前，在他的心里是没有礼法的。

生：《狡童》里的男子是调皮的。

师：他所做的事情是近日对女子爱答不理。所有的海誓山盟，爱你到天涯海角，到地老天荒，说过就忘了，他是一个什么样的人？

生：多情。

师：多情反被无情恼。

生：我选的是第一个问题。《子衿》中的女子内向，内敛。《将仲子》中的女子害羞。

师：岂敢爱之？畏人之多也。

生：《狡童》中的女子比较泼辣。

师：泼辣，那个时代的乡野之风，带着平原的长风，自然生长的女子，可以当得起"泼辣"。

（大屏幕出示一幅画作）

师：这是意大利的一位叫波提切利的画家的作品，画的名字叫《春》，看他如何表现春。中间的是爱神维纳斯，背景是维纳斯的花园。左侧的是真、善、美三位女神，右侧的从左到右是春神、花神、风神。上面飞舞的是小爱神丘比特，他拿着一把永恒的武器——爱神之箭，它有两种，一种是金箭，被射中的人会不可救药地爱上一个人；还有一种是青箭，假如你被射中，将不可救药地回绝一个人。

师：请看《子衿》，如果你是画家，以《子衿》为素材要作一幅画，你这幅画的名字叫什么？

生：《春》。

师：也叫《春》，好无创意啊！

生：《思》。

师：太直接了，能不能间接一点？

生：《青》。

师：《青》，还记不记得王逸里怎么解释的？青，东方春位，其色青也。如果你是画家，画一幅表现春天的画，我们不必学画家波提切利，据说他画了七十多个品种、五百朵花，写实的时代啊！我们的《诗经》时代，我们中国人的思维，好像不需要这样。我们要画一幅画，这幅画的名字叫《青》，这幅画只要画一位女子就可以了。这位女主人公需要像爱神维纳斯、美神、春神、花神、风神一样穿着透明的薄纱吗？

生：不需要。

师：如果需要画这幅画，她的衣服你想选择什么样的颜色？

生：青色。

师：青色是多原色，你说的青色是哪一种啊？

生：绿色。

师：绿色，春天的颜色。

生：素白。

师：白色代表纯洁。你和张爱玲一样有才气，一样会用颜色来描绘。张爱玲的散文《爱》里，"春天，桃树下，穿着月白衫的女子见到她命定的男子，他们也没有什么话可说。男子只轻轻地问一声：'噢，你也在这里吗？'"这是中国式的爱情。

生：淡蓝色。我觉得淡蓝色是一种纯明、透彻的颜色。

师：她不仅在说颜色，还在说光泽，有感觉！

生：我觉得应该是粉色的。

师：为什么？

生：我觉得粉色可以表达很多种内容。

师：少女的情怀，公主的情结。我们再看波提切利这幅画，表达青春、表达觉醒、表达爱情、表达蓬勃的希望、表达美好、表达自由、表达舒展。用了如此之多的神来助阵，如此之多的花盛放。最左边的少年是宙斯的神使赫尔墨斯。一幅画要有背景，如果你给这幅叫作《青》的画画背景，你要添加什么样的背景？

生：我认为要添加一棵树，旁边还要有一条河，底下要有一片草原。因为草原、河流和树都代表生命，都是春。

师：河流，柔情似水；草，"记得绿罗裙，处处怜芳草"。

生：我觉得可以加月亮、树，还有河，当月光照下来的时候，照在河里，然后树也被照进去了，有一种孤寂的美感。

师：光与影！同学们，"光与影有着和谐的旋律，如梵婀玲上奏着的名曲"！

生：我觉得可以加"飘着白云的天空"，因为天空可以让女主人公无尽地畅想，也可以怀念她的恋人。

师：如云一般的思念，如月光一般的美丽。这都是中国传统诗歌的文化符号，你懂得！

生：我觉得背景应该是一个女主人公倚靠在一棵树下，骑着一匹马，马停下来，月光照在草地上，草地上有花，她拿着花在那里掰，想她的情人为什么没有到。

（众生笑）

师：这很显然是一个中西合璧的女子，她是一个文化混血的产物。绝不是那个遥远时代真正的汉民族女子，也许是一个马背上的民族的女子。这种性格中有一种豪放，这种豪放使得这个女子的生命更具魅力。就像《红楼梦》中，史湘云一定有一个经典的情节——醉卧芍药茵，史湘云的美，魏晋的风骨尽在其中，为什么不可以呢？

有一幅名字叫《青》的画来自两三千年前，那是我们这个民族最古老深情的吟唱。女主人的衣衫或明或暗，或冷或暖，中国式的女子，她有了不同的背景，你还想再添加吗？

生：我觉得背景可以设在葡萄架下，因为古诗里面葡萄架下是男女约会的地方，可以表现她在等待恋人时的急切。

师：这个故事于是发生了位移，在历史的长河中，从《诗经》时代转移到了汉武帝以后，为什么？葡萄，是汉武大帝征西域才引进的一种水果。虽然画面很中国，很典雅，但是它属于唐宋明清，不属于《诗经》时代。请全班同学齐读最后一个章节。

生（齐）：挑兮达兮，在城阙兮。一日不见，如三月兮。

师：你知道要加上什么东西了吗？

生：城楼。

师：为什么说一位女子的爱情守候是在城阙之上？我说它是最中国的符号之一，你同意吗？

生：同意，因为她可以在城楼上望她的恋人。

师：是登高以望远，望月当归；"无言独上西楼，月如钩"中"楼"是用来干什么的？用来眺望，用来思念的。"城"是我国墙文化的标志，如万里长城。同学们说得特别好，特别有想象力。这是苏联的茨维塔耶娃的一首诗，这位女同学，请读——

（大屏幕出示）

我要从所有的时代，从所有的黑夜那里

［苏］茨维塔耶娃

我要从所有的时代

从所有的黑夜那里

从所有金色的旗帜下

从所有的宝剑下夺回你

我要决一雌雄把你带走

你要屏住呼吸

（女生读得较平和）

师：看看这位苏联的女子，她们面对爱情和《子衿》抒情女主人公完全不同，让我们读出其中的霸气。

（一生读得较激动）

师：所有的事都由我来做，你只做一件事——

生（读）：屏住呼吸。

师：热情似火的女子使用绝对的命令式语气，这就是东西方的差异。"青青子衿"从两千多年前的岁月深处唱响，曹孟德在赤壁之战前夕面对滚滚的长江横槊赋诗，赋予"子衿"全新的意义，他说——

生（读）：青青子衿，悠悠我心。但为君故，沉吟至今。

师：赤壁之战的胜利将使"我"成为天下的霸主，"安得猛士兮守四方"，"我"在渴求人才。"子衿"已不是天下的男子，而是天下的雄才。同学们，读出不同的"子衿"，来书写你的"子衿"。

《诗经·郑风》爱情诗群文阅读课件

生（读）：青青子衿，悠悠我心。昔我往矣，你在哪里？

师：经典的《采薇》篇，很有创意。

生（读）：青青子衿，悠悠我心。君若海角，吾便天涯。

师：赋予"海角天涯"新的寓意。

生（读）：青青子衿，悠悠我心。爱之此深，责之彼切。

师：爱之深，责之切，加上虚词"之"，与《楚辞》有异曲同工之妙。

生（读）：青青子衿，悠悠我心。振兴中华，倾君之力。

师：超越小女子的儿女情怀，这是有家国情怀的伟丈夫。

生（读）：青青子衿，悠悠我心。绿林初见，乱我心去。

师：这又来到了金庸的江湖，金庸不在，江湖永存。"一日不见，如三秋兮。"这样的声音穿越了三千年，让我们一起来吟唱。

生（吟唱）：青青子衿，悠悠我心。纵我不往，子宁不嗣音？青青子佩，悠悠我思。纵我不往，子宁不来？挑兮达兮，在城阙兮。一日不见，如三月兮。

师：从此我们的思念拉开了序幕，下课！

教学反思

孔子说："《诗》三百，思无邪。"这个评价很精准，《诗经》作品情感真挚，文字纯粹而美好。

学生读《诗经》，可以了解到很多成语的渊源，提升语感和语文素养，为文言文的学习和写作水平的提高奠定坚实的基础。

学生总会慢慢成长，长大之后，他们还会读《诗经》。在有了生活阅历之后，他们也会发现，《诗经》的文字之美、韵律之雅，特别能治愈心灵，各种人间世情更容易感同身受。

如果我的这节课，能让学生领略到《诗经》的一点风致，激发起他们对中国传统文学特色的兴趣和爱好，那也算是实现了一个小目标。

一、汉字，意味深长

很多人对《诗经》爱而不读，是因为有太多生僻字。

我有意挑出这些生僻字给学生正音，通假字、多音字一一列出，又把汉字的偏旁含义一一道来，学生很快会发现，我们的汉字是这么博大精深，意义丰富。其中，我重点阐释了"城阙"一词，将知识前勾后连，与王勃"辅三秦"的"城阙"对照呼应，以诗歌解释诗歌，自然美好。

"西北有高楼，上与浮云齐。"高高的城楼有人默然伫立，眉梢眼底尽是思念，我让学生初读诗歌后说出思念的情感基调是什么，空灵的音乐的确给了孩子们很多灵感，初读时的稚嫩感和第一反应让人惊喜。虽然他们开始时用词比较朴拙，学生大多使用"痴迷、无可奈何、孤独、惆怅"这种显性感很强的词语，其实是与《诗经》那种含蓄深婉的意境有隔膜的。但逐渐有人咂摸出望穿秋水、跌宕起伏、缠绵等张力感十足的词语，真是让人惊喜。

二、色彩，活色生香

为了让更多的学生进入更高层次的审美区域，我们开始研读诗歌中的关键字"青"，"青青"是什么颜色？

这个问题实属角度刁钻，语文课堂中充斥着太多的做题套路、应试秘籍，一旦有这种直击学生核心素养的问题，学生就产生迷惘，我立即抛出大量的诗词名句帮助他们重拾属于少年的活泼和妙趣横生："青青河畔草""堪比那湛湛青天"，《背影》里"深青色布棉袍""欲上青天揽明月"。学生蓦然领悟，"青"是这么一个复杂得令人惊心动魄的词语啊！

趁着学生眼睛泛光，我迅速提出汉代大学者王逸的色彩论："青，东方春位，其色青也。"学生迅速判断出"青"这个颜色，代表的是东方春天的位置，代表春季。

学生的思路匐然中开，跟随老师在美丽的"青"色中漫步，发现"豆青、梅子青、粉青、雨过天青"都是名词。还发现最大的形容词，有时候不是形容词，它是名词。

林徽因的"你是人间的四月天"，余光中的"今晚的天空很希腊"，晶莹剔透的宋瓷"雨过天青"都与我们今天的学习息息相关。

将神秘、纯净、幽雅的青色刻入心底，学生情不自禁又开始吟咏，这次，情感的层次又加深了一步。他们朗读时已经有了自己的思考和感悟，那貌似单纯的色彩背后，居然有着那么徘徊回味的心事和欲说还休。

三、人物，比较鉴别

厚重了色彩，我们接着来厚重诗歌中的人物形象。对比是我惯用的技法，有对比才有情感的厚薄，有对比才有人物的厚重，有对比才有主旨的奔涌。

就用《诗经》中相类似的诗篇互读，我不说《子衿》含蓄优雅，就让学生去读《将仲子》这个风一般的男子的热烈和奔放；我不说《子衿》庄重内敛，就让学生去读《狡童》的率真和坦白。三首诗歌，三个不同的男子，三个迥异的女子，爱情有甜蜜又有忧愁。

三篇诗歌联读，学生眼中的光芒更甚，纷纷议论：《诗经》这么有意思。

当时我心中暗暗思忖：同学们，如果你们再深入读下去，你会发现，你所喜欢的很多文学大家，都深受《诗经》的影响呢。金庸的武侠小说，无人能出其右，你若去潜心细读，你会发现他对《诗经》的引用和化用，真是出神入化，炉火纯青。

四、文化，交流碰撞

语文有音乐美，比如《阳关三叠》；语文有建筑美，比如新月诗派就强调"建筑美"；语文还有绘画美，比如苏轼评价王维"诗中有画，画中有诗"。

所以，我精心选择了意大利画家波提切利的《春》：柔和的色调，纷繁的画面，优美的人物，精巧的细节。

学生看得仔细，我顺势问学生以《子衿》为素材作一幅画该如何构思。学生的思路已经被打开，开始侃侃而谈，对画作的命名、画作的构成、人物衣着色彩的搭配、背景的协调等。

这个环节，学生对画作有着很多独特的看法，有点控制不住想要表达的愿望，这说明他们对诗歌有了更深的理解，属于个人的理解。语文课上，学生想说、愿意说，能说出珍珠般的句子，表达出深邃的思想，这是多好的一件事。

但是，我还是想让他们更直观地看到思念的真实模样。

现在，忽然发现，《子衿》这首小诗与泰戈尔的《最遥远的距离》有着很近的联系，情感的表达和抒发如出一辙，含蓄婉转，一唱三叹。只不过，《子衿》更内敛，《最遥远的距离》更晓畅，但手法确实很近似。

今后，如果再上这节课，一定要引入泰戈尔的诗歌。

当时的课堂，选了苏联的茨维塔耶娃的一首诗《我要从所有的时代，从所有的黑夜那里》，学生读完之后，也很喜欢。但文中喷发的激情，势不可当的气势，不自由毋宁死的决绝，与东方人真的不一样，中外文化的差异，学生越早领略越好。每一种文化都自有精髓，如果学生能够融会贯通，那就再好不过了。

这一堂课，我上了几次，不同的学生会展现出不同的状态。但无一例外的是他们既为《诗经》的绝美而倾倒，又为世界上不同地域的艺术精华而赞叹，包容而开放的心态逐步形成。

课堂结束之前，我们再次吟诵全诗和赋予"子衿"全新意义的曹操的《短歌行》，进行创造性仿写，

学生的仿写很像这节课——中外糅合、古今交融，学生的思路被打开。

同 行 悟 课

听，那诗意的传唱

云南省曲靖市第一中学　任　玲

一、慢慢走，欣赏啊

好的诗歌教学，从来不是知识讲解式的，更不是试题解答式的，而应该是欣赏式的。一菲老师的这堂群文阅读课，就是关于《诗经》的诗歌欣赏课。整堂课如高手作画一般，用"点染"手法，不急不躁，不紧不慢，徐徐展开，水到渠成。这"点染"的功夫，重在两处，一是选择值得浓墨重彩处并切中诗歌精髓，二是用多样方式去肆意铺张并合乎学理。

《子衿》的欣赏，值得浓墨重彩处，正是"青青"二字。"人莫不饮食也，鲜能知味也。"一菲老师是诗歌品评的美食家，深谙其美味之所在。"青青"，是颜色，是"子衿"和"子佩"的修饰，更是抒情主人公挥之不去的影像，是氤氲情思和万般念想的触发物，那个心事重重的人儿，所有的动作与情绪，从这里生发，如抽丝，一缕缕拉长；如细雨，一幕幕延绵。捕捉到"青青"的要紧，是一种美感的直觉，这种直觉需要以深厚的底蕴为基础。而让学

生能体会这"青青"的意味，无疑意在培养诗歌鉴赏中对词语及意象的敏感。意象的背后，是文化内涵的挖掘。"子衿"即你的衣领，"子佩"即你的佩饰，借着一点点，代指的是整个的你，独特的意象透着隐秘、内敛，透着含蓄、深沉。整堂课，"青青"贯穿始终，抓牢汉字，从容"点染"，这堂课教得"很汉语"，也"很诗歌"。

抓到了要害处，如何去浓墨重彩，需要教学法的学理支撑。一菲老师的课堂没有单单从理论上探讨诗歌的好，而是充分刺激学生体验。在理解关于"这是怎样一种思念"的解说里，引领学生体会着"青"的颜色与"青"的魅力。又充分调动学生的想象，在《青》的画面设想里，体会古代诗歌的独特意境与张力。我们都知道，古诗词阅读最大的障碍是学生与诗歌往往"有隔膜"，不打通这隔膜，始终"望文生畏"于"诗是诗，我是我"的距离，难以走近，更难以欣赏。体验和想象，是引导学生"入境"的最佳通道。在此课的推进中，我们看到学生随着这"点染"，一步步走进了诗歌。这个过程，正涵养了学生对文字、对诗歌的感受力。那个阿尔卑斯山惊险处的标语，正合这"点染"和"发酵"，继而渐入佳境"慢慢走，欣赏啊"！

二、有趣，原来是这样的

朱光潜先生在《谈读诗与趣味的培养》中说："真正的文学教育不在读过多少书和知道一些文学上的理论和史实，而在培养出纯正的趣味。"此课在几首诗歌的处理上，可谓轻巧、灵动，显着智慧，透着趣味。

《子衿》一诗，学生深情朗读，教师诗意对话，播放古韵十足的歌曲来营造氛围，然后是尽情地挥发与点染。《将仲子》一诗，两位同学合作，一读一译，轻巧点拨，勾连有趣。《狡童》一诗，学生读一句，教师译一句。"那个小坏蛋呀"这句翻译，故意在诗歌的古典雅致里，掺和些调侃，透着调皮劲儿，透着活泼劲儿，透着生气与趣味。熟悉一菲老师的人就知道，这正是端庄的她在生活中的另一面，机敏、调皮、有趣。这场师生合作，精短紧凑，妙趣横生。而女诗人茨维塔耶娃的诗歌《我要从所有的时代，从所有的黑夜那里》，是两个女子轮流交替的激昂宣言，读之元气淋漓，听之铿锵决绝。

朱光潜说："诗是培养趣味的最好的媒介，能欣赏诗的人们不但对于其他种种文学可有真确的了解，而且也决不会觉到人生是一件干枯的东西。"读诗歌，本是为熏陶一个有趣的灵魂。试想，把诗歌教枯燥了，又如何培养出趣味？我们常说，教学是需要设计的，这"设计"除了内容的选择之外，用怎样的方式去展开，去互动，都很有讲究。什么方式是好的？标准只有一个——适切。既有方法上的讲究，又贴合"乐而不淫，哀而不伤"的基调，自然而然，鲜活生动，就是好的。这几首爱情诗，或深沉，或内敛，或热烈，本就充盈着青春气息，与学生的年龄与心理十分接近。这庄谐互现的处理方式，让人心领神会，禁不住感慨：啊，古诗竟也可以教得如此有趣！

三、如此，大不同

这堂课最大的亮点，是群文阅读的组群。"1＋X"是统编教材的阅读理念，以此方式可以较为自如地完成由一篇向多篇的发散，进行同题材、同主题、同体裁、同作者、同风格的类文阅读，或者同主题、同题材、同体裁的文本不同作者、不同风格的比较阅读。此课的比较鉴赏非常成功。

首先，同出自《诗经·郑风》的三首爱情诗，以《子衿》为"1"，以《将仲子》《狡童》为"X"，在同题材的扩展阅读中，比较主人公的性格。三首诗主题一致，形象各异，热烈程度有别，在"三位女子分别具有什么性格？三位男子又是怎样的形象？"的对话中，不仅深入体会了《子衿》的深沉悠远，更为之后的中外爱情诗比较做足了铺垫。

其次，以画证诗。这个跨媒介的比较特别有意思，用波提切利所画的《春》来诠释西方的热烈与奔放，四组人物、一百七十种植物、五百朵花、繁复鲜艳的色彩，是西方人对青春与爱情的表达，自然引出对《子衿》画面的想象，落脚非常清楚，即体会中国古典诗歌，尤其是爱情诗的含蓄、隽永。

最后，以苏联女诗人茨维塔耶娃的诗歌《我要从所有的时代，从所有的黑夜那里》相比较，这首诗与三首古诗同题材、同主题，但俨然狂吼怒啸式的、热烈的宣言，意在体会中国古典爱情诗的内敛与含蓄。《诗经》是我们先民的吟唱，是"根文学"，此番周折转圜，只为倾听她的原声，凝望她的底色与神韵。几番比较，学生恍然有悟："啊！如此大不同！"

　　比较，既是充分理解文本的要道，又是激活思想、训练思维深刻度的途径。群文阅读"组群"的意义正在于此。然而，拿什么去比较，是最考验学识与眼界的地方，是最见真功夫的地方。这一切在一菲老师那里，看似轻巧自如，实是厚积薄发。恰当地延伸与比较，为学生张开的是广阔的审美背景。如朱光潜先生言："一切价值都由比较得来⋯⋯研究文学也是如此，你玩索的作品愈多，种类愈复杂，风格愈纷歧，你的比较资料愈丰富，透视愈正确，你的鉴别力（这就是趣味）也就愈可靠。"

　　四、爱了，爱了

　　好的课堂，不靠技术的堆叠，而是艺术的呈现。一菲老师的课堂不仅是好的课堂，更是美的课堂。

　　首先，美在"诗意"。诗意的语言，是一菲老师腹有诗书的外显。是执教者秉性、特质、学养的散发。整堂课，一组诗画，犹如一扇扇窗，让学生的心灵飞向更广阔的原野。一堂课，是一曲歌，一首诗，一怀诗意，气韵贯通，如行云流水。

　　其次，美在丰富。课中以有意的设计，在比较中走向丰富，走向深刻。课中还有无意的勾连。与学生的对话中，一菲老师旁征博引，信手拈来，延伸勾连，或映衬，或印证，或补充，或诠释，画龙点睛，恰到好处。除了设计中的那几个"X"，如林徽因的《你是人间的四月天》、朱自清的《背影》⋯⋯仿佛半生积淀，满腹诗书，只为这一课的碰撞，一切的点拨延伸，展示的是文学殿堂的美轮美奂。

　　枯燥的字词解释式的，或者试题解答式的古诗教学，一上，学生就怕了。而这样的古典呈现，学生意犹未尽，纷纷在品咂吟咏之后赞叹：爱了，爱了！

　　朱光潜先生说："要养成纯正的文学趣味，我们最好从读诗入手。能欣赏诗，自然能欣赏小说、戏剧及其他种类文学。"中国古典文学，假如没有了诗歌，定然顿时苍白失色。一菲老师是诗意语文流派的领军人物，诗意语文，是诗的内容，是诗化的语言，更是传唱诗歌经典的情怀。

　　用课堂灌溉学生的诗心，延绵诗意的传唱，在吟咏中同声相和，同气相连，让千年的律动，传承于血脉。你说，还有什么比这更美好呢？

一时才气超然

——《世说新语》整本书导读之《咏雪》

（统编版语文七年级上册第二单元）

《世说新语》整本书导读之《咏雪》授课现场

教学设计

一、教学理念

魏晋名士倾心于简约玄淡、超然绝俗的哲学，《世说新语》以简劲的笔墨勾画出魏晋时代的精神面貌、若干人物的性格。

课本从《世说新语》所选的两则记录了有关儿童的智慧故事，可以说是从儿童视角展示这些名士幼年时的才华与德性。孩子的样貌和气骨与其生活的家庭氛围息息相关，魏晋士人意趣超越，深入玄境，尊重个性，生机活泼，更重要的还是他们的"一往情深"！无论对于友谊，对探求哲理，还是对于自然。这种"一往情深"不仅对宇宙人生体会到至深、无名的哀感，对快乐的体验也是深入肺腑、惊心动魄的。

魏晋士人向外发现了自然，向内发现了自己的深情。

《咏雪》似乎就是这样一次"发现"，借助于一次家庭雅集，向外探讨自然之美，向内呈露自己的深情，引导学生通过"说文解字"来关注谢道韫的家庭氛围，这可能会成为抵达魏晋风流的津梁。同时为立体了解谢道韫这个人的全貌，我又遴选了《晋书》里有关她的小故事，历时性地鉴赏这个圆形人物：有才华、有胆识（丈夫气）、有林下之风。

为更好地从核心素养的维度开展研读，我另外补充了《世说新语》几个有趣的小故事，赏析其简约玄淡又能传神的文笔，试图开掘出其他魏晋名士的风神样态，引领学生走近《世说新语》的 1133 个小故事，感受最富智慧、最热情的时代。

二、教学目标

1. 核心目标：通过欣赏导读的文本，激发学生阅读整本书的兴趣，提升思想道德修养，提高审美情趣。

2. 条件目标：形成对《世说新语》整体的初步认识；感悟《世说新语》短小精悍的叙述中蕴藏的无限智慧和感动；感受古代家庭生活中弥散的亲情氛围；仔细品味重要词句在语境中的作用。

三、教学过程

（一）引：开篇直问，聚焦语言

开门见山，指涉人物。小说的核心元素是天地间挺立的人，围绕文本引导学生关注人（作者和文中人）以及人物的关键言语神态，成为需要迫切关注的要义。

1. 了解作者，知晓小说的具体样态。教学对象是七年级的学生，立足学情，通过直问开端，以追问、选择问等方式交替推进，拉近学生与作者、文本、人物心理的距离，开启学生与文本交融的美好旅程。

2.《咏雪》中谢太傅是故事中的灵魂人物，也是谢氏家族的中枢人物，他的雅致正塑造谢氏一族青年的旨趣，聚焦他的言语、他的神态，可以一定程度上理解他们家庭生活的精神追求。学生朗读回味，推敲"内集""雪日""大笑乐"等词语，可以充分感受这个家族的魅力，进而对魏晋风韵形成初步的感知。

(二)议：知人论世，同情共振

就小说文本而言，一定要关注到人物，专注人物的此在，关心到人物的彼岸(命运)，这样才能全面地了解小说人物，以期共情人物，进而达成净化灵魂、陶冶性灵。比如，师生能历时性地品评文中人物，知人论世，共议德性。

1. 补充《晋书》中谢道韫选段，学生朗读、正音。

2. 紧贴文本，循序推进，层层设问，和学生一起细细鉴赏文本。

"谢道韫，和她相关的是谁为贼所害？"

"被害的都有谁？'诸子'怎么解释？"

"什么叫'肩舆'，谁还记得？"

"接下来她做出了什么动作？"

"'手杀数人'，'手'怎么翻译？"

"'亲手'一词写出了谢道韫什么样的性格特征，什么样的风采？"

3. 追问：谢道韫小时候有文采，长大后风度如何？引导学生感受谢道韫"林下之风"，试图帮助学生去建构圆形人物的认知图景。

由少女时代温婉的"咏絮之才"到勇毅地"手杀数人"，再到爽朗的"林下之风"，呈现了谢道韫的全景式圆形人物形象，并用梁思成和林徽因的婚联印证魏晋士人谦谦风度和天然之美，激活学生阅读其他故事的兴趣。

(三)联：真性情，同台竞风流

"联"串起更多魏晋人物，让书中人物从历史深处走上前台来展现他们的风骨，展露他们的真性情。通过学生接续诵读涵泳，体察出场人物的真风流，正是这样的人物成就了魏晋风流。通过对语言的审美，重构自我对文化的体认，进而濡染的思辨能力，从根本上提高学生的核心素养。通过感悟人物性格及感受时代的特征，师生展开文本的多重对话，在核心素养的四个维度中顾盼生姿、翻转流连，从对话中发现一幅愉悦的精神图景。

1. 诵读《世说新语·伤逝》，品味真性情。

王仲宣好驴鸣。既葬，文帝临其丧，顾语同游曰："王好驴鸣，可各作一声以送之。"赴客皆一作驴鸣。

人物性情的真醇，皆在这驴的嘶鸣中淋漓尽致地彰显。

2. 领读《世说新语·容止》，领受美崇拜。

何平叔美姿仪，面至白。魏明帝疑其傅粉，正夏月，与热汤饼。既啖，大汗出，以朱衣自拭，色转皎然。

人们对美的崇尚，由内及外，重章叠唱，螺旋攀升。

3. 涵泳《世说新语·言语》，感受妙才华。

钟毓、钟会少有令誉。年十三，魏文帝闻之，语其父钟繇曰："可令二子来。"于是敕见。毓面有汗，帝曰："卿面何以汗？"毓对曰："战战惶惶，汗出如浆。"复问会："卿何以不汗？"对曰："战战栗栗，汗不敢出。"

两兄弟的不同反应昭示了那个时代尚贤、尚才的特点，也可见两人的才华横溢，不可方物。

4. 对比赏读《世说新语·容止》，明辨美丑貌。

潘岳妙有姿容，好神情。少时挟弹出洛阳道，妇人遇者，莫不连手共萦之。左太冲绝丑，亦复效岳游邀，于是群妪齐共乱唾之，委顿而返。

在对比中引领学生再次体认《世说新语》的人物特点，天然率真，敢爱敢恨，疑为天人。

(四)结：续说传奇，致敬经典

"结"是缩结，是收束，是卒章显其意且意味悠长。

1. 创设情景，深情渲染。

嵇康临刑前弹奏的《广陵散》，既是那个时代的最强音，也是那个时代的谢幕曲。他和阮籍的情谊，续写了高山流水的传奇，也成就了绝唱的悲情。试图为课堂铺陈了淡淡的忧伤和浅浅的思考。

2. 咏叹绝唱，致敬经典。

宗白华先生看似矛盾的论断，为魏晋那个最坏的时代、最好的时代作了最传神的注脚。学生在诵读中深情回溯那个时代，致敬那些真实、天然、敢爱敢恨的圆形人物。再次激活学生走进文本的兴趣，达成整本书阅读的可能性。

课 堂 实 录

授课时间：2011 年 12 月

授课地点：广东省深圳市外国语学校

整 理 人：黑龙江省牡丹江市教育局　史世峰

一、开篇直问，聚焦语言

师：上课，同学们好！

生：老师好！

师：请坐。今天，我们一起来学习《世说新语·咏雪》。提问一下，《世说新语》的作者是谁？

生（齐）：刘义庆。

师：《世说新语》是什么题材、什么形式的小说？它是笔记体的小说，是志人还是志怪的小说？

生（齐）：志人的小说。

师：《世说新语》是志人的小说。记载的是魏晋时期一些名士的言谈举止、人生境界等。我们今天学习的是《世说新语·咏雪》。我请同学先读一下，谁来读一下？

（大屏幕出示）

咏　雪

谢太傅寒雪日内集，与儿女讲论文义。俄而雪骤，公欣然曰："白雪纷纷何所似？"兄子胡儿曰："撒盐空中差可拟。"兄女曰："未若柳絮因风起。"公大笑乐。即公大兄无奕女，左将军王凝之妻也。

（一生读）

师：这里注意一下发音，"白雪纷纷何所似"的"似"，"公大笑乐"的"乐"。"似"在这里是"像"的意思。"公大笑乐"的"乐"在这里是"欢乐"的意思。读了这段文字我就想问一个问题。这里面的谢太傅，即大名鼎鼎的谢安，在历史上曾指挥过哪一次非常著名的以少胜多的战役？

生（齐）：淝水之战。

师：魏晋时期，在中国有两个值得骄傲的家族。中唐的刘禹锡有诗云："旧时王谢堂前燕，飞入寻常百姓家。"好，这两个家族就是——

生（齐）：王家和谢家。

师：好，我最想问一问，"大笑乐"是一种什么样的状态？什么是"大笑乐"？请同学回答一下。

生："大笑乐"是笑得很开心。

师：笑得很开心，开怀大笑。"大笑乐"只有三个字，你们怎么理解？

生：笑得开心，而且发自内心。

师：这是一种赞赏，赞赏谁？

生：赞赏的是无奕女。

师：无奕女是谁？

生：是谢道韫。

师：谢奕，字无奕，谢道韫是谢奕的女儿，所以叫无奕女。大家都知道，在中国传统文化中，都是男尊女卑。还有一句话，"女子无才便是德"。而谢安为一个女孩子的什么"大笑乐"？

生：她的才华。

师：具体来说是什么样的才华？哪方面的才华？诗才！通过"大笑乐"，我们似乎懂得谢家之所以为谢家，能成为一个文化璀璨的家族的原因了。

谢安为一个女孩的诗才而"大笑乐"。谢安出了一个什么样的问题？

生（齐）：白雪纷纷何所似？

师："白雪纷纷何所似"是在一个什么样的时间、什么样的地点、什么样的场合？

生：是在家里。

师：怎样看出是在家里呢？文中找找。

生（读）：内集。

师："内集"怎么解释？

生：家庭聚会。

师：一个普普通通的家庭聚会，时间是——

生：是在冬天。

师：你怎么知道是在冬天？

生（读）：雪日。

师："雪日"怎么翻译？

生：下雪天。

师：下雪天在家里聚会。同学们想想，作为一个政治家，东晋著名的宰相谢安，能在一个冬天的普普通通的家庭聚会上对晚辈吟诗，出了一个上句让大家填下句。你们有什么感受？这就是家庭教育。人们经常说，魏晋是我们这个民族最遥远的绝响！在人们纷纷晒豪车、豪宅，晒一切物质享受的今天，我们回望东晋，回望谢安的家。对旧时的王、谢家族你有什么感触？对着雪，谢安引导众晚辈："白雪纷纷何所似？"

生：当时人的精神生活远高于现在。

师：当时人的精神生活远高于现在，令我们回望，令我们敬仰。你们有什么样的感悟、感受？

生：文化底蕴深厚。

生：精神境界层次高。

生：能够根据环境作诗是一种境界。

师：所有的诗都来自心灵，来自体验，来自感受。在一个下雪天，谢安召集众儿孙侄男义女等晚辈进行家庭聚会，主题就是对诗。在这里，我们看到了男孩子和女孩子的平等。在这里，我们也看到了一个慈爱的长辈，一个有精神高度的宰相对女孩子答对的感受。那三个字是什么？

生（齐）：大笑乐。

师：那是发自内心的感叹和赞赏。我们知道有着"咏絮之才"的谢道韫只能生活在那样一个时代，一个崇尚精神生活的时代。遥遥呼应的是《红楼梦》当中林黛玉的判词，谁还记得那句诗？

生（齐）：可叹停机德，堪怜咏絮才。

师：我们就懂得"咏絮之才"是诗才，并且是女子中的诗才。王、谢是怎样的两户人家？大家来读一读。

生：王、谢两家人才辈出，才华横溢，诗词、歌咏、书法皆流布后世。

师：再读《咏雪》，你看出谢道韫的家庭氛围怎么样？

（生有感情地朗读）

师：正因为有这样的家庭氛围，才会有那样一个时代。人们说，我们这个民族怀念两个时代。一个是魏晋的时代，一个是盛唐的时代。家庭氛围是一个国家和民族的缩影。你认为这样一个魏晋时代里，家庭氛围是怎样的？用一个形容词来说。

生：和谐。

生：充满了文学气息。

师：大家说得很好，继续说。

生：家庭成员之间十分融洽。

生：思想上有深度。

师：有深度，是思想栖居者。这个家庭是以精神层面存在的。

生：有书香气。

师：有书香气，非常棒。继续，后面一位同学。

生：非常欢乐。

师：欢乐与幸福是多么重要。这是家庭一次很普通的聚会，正是这样的氛围成就了魏晋风流。魏晋时期是我们这个民族的觉醒期。在这个时代，人们睁开了眼睛发现了自然之美。大家表达了自己对白雪的深情，也是对美的深情。同学们说，谢道韫这样的一个才女，一个名门闺秀，你想知道她后来的结局吗？因为魏晋时代不同于盛唐时代，盛唐时代万国来朝，是政治、经济和文化鼎盛的时代。而谢道韫生活的时代，是一个大黑暗、大动荡的时代。她的命运与时代是息息相关的。我们来读一读下一个故事。

二、知人论世，同情共振

师：这样一个才女，名门闺秀，你们想知道她后来的结局吗？通过下面这段文字你能读出一个怎样的谢道韫？同学们来读一读。

生（齐）：《晋书》："（道韫）及遭孙恩之难，举措自若，既闻夫及诸子已为贼所害，方命婢肩舆抽刃出门。乱兵稍至，手杀数人，乃被虏。"

师：这是《晋书》的记载，是正史的记载。有几个字要读准。"为贼所害"，为贼人所害，为乱军所害，为孙恩的叛军所害。这是一个黑暗的时代、动荡的时代、杀人如麻的时代、没有任何安全感的时代。所以我们更羡慕王、谢两家的那种家庭氛围，那份书香气，那份文化的厚重。老师问同学们，谢道韫，和她相关的是谁为贼所害？请看主语。

生（读）：既闻夫及诸子。

师：被害的都有谁？"诸子"怎么解释？

生：她的孩子们。

师：她的孩子们，不是一个人。好的，同学请坐。丈夫和孩子被杀了，这是人间的至痛。刚才我们说了，谢道韫是个不折不扣的才女。她创造了中国历史上的一个典故，叫"咏絮之才"。在这段短短的记载中，在《晋书》冷静的记载中，你又读到了什么？我们继续看。"方命婢肩舆抽刃出门"，把这句翻译一下。

生：命令婢女抬着轿子拿着刀出门突围。

师：什么叫"肩舆"，谁还记得？

生：用肩抬着轿子。

师：用肩抬着小小的轿子。大家知道，在古代打仗的时候，男性是要乘战车的。那么作为女子的谢道韫，在人生这种不幸大难临头的时刻，让婢女用肩抬着小小的轿子。接下来她做出了什么动作？

生： 出门杀敌。

师： 好的，请坐。是这样的一个时代、这样的一个家庭，孕育了这样一个卓绝的女性。她可以赋诗，也可以"抽刃"杀敌。"乱兵稍至"，贼人渐渐地来了。"手杀数人"，"手"怎么翻译？

生： 亲手的意思。

师： 很好，翻译成"亲手"，亲手杀敌。为什么不翻译成"用手"，而是翻译成"亲手"？

生： 在表现她的悲痛。

师： 后面的同学继续来说一下，"亲手"一词写出了谢道韫什么样的性格特征，什么样的风采？

生： 写出了谢道韫的英勇。

师： 写出了一位女子的英勇，因为她从未经受过这样的训练和考验。当生命中大难来临之际，她不是流泪，而是不怕流血。写出了她的什么样的精神风采？

生： 写出了她的临危不惧、镇静从容。

生： 写出了她的勇敢、悲愤和慷慨从容。

师（追问）：谢道韫小时候有文采，长大后风度如何？读下面一段文字，用现代汉语描述一下。

生（读）：王夫人神情散朗，故有林下风气。

师： 哪位同学来翻译一下？

生： 王夫人神情洒脱，确实有竹林名士的风度。

师： 在此，谢道韫嫁给了王羲之的第二个儿子王凝之，所以叫王夫人。"神情散朗"，这个"朗"是天朗气清之朗，爽朗之朗。"故有林下风气"，这是《世说新语》的一大特征。它喜欢用自然界的万物来比喻人的神采，如嵇康，魏晋名士、"竹林七贤"之一的嵇康，在写他的神采的时候仍然用的是自然界万物之一的山；在写他的醉态时，"其醉也，傀俄若玉山之将崩"，这是一个崇尚美的时代，精神气象非凡的时代。所以在写一个女子美的时候，说她"有林下风气"，后来有个成语叫"林下之风"。哪位同学来回答一下，根据你们的理解，谢道韫的"林下之风"是什么样的风采？

生：清风爽朗。

师：后面的同学请继续。

生：潇洒，豁达。

师：潇洒、豁达、自然、天然。大家不是说吗？最高的境界是一片自然，最高的境界是天然。"天籁"的"天"就是自然的意思。"林下之风"，天然的、自然的风骨。金岳霖曾经给梁思成和林徽因夫妇写过一副婚联："林下美人，梁上君子。"这副联特别漂亮，你们说为什么这么漂亮？

生："林""梁"用了双关的修辞手法。

师："林"是谁？

生：林徽因。

师：又是什么？

生：林下之风。

师："梁"呢？

生：既是梁思成，又是"梁上君子"之意。

师：好了，回过头来。"王夫人神情散朗，故有林下风气。"《世说新语》的写法，写出了谢道韫的风采。我们来总结一下，通过前面三组句子、三组文章。你觉得谢道韫是一个什么样的人？

生：她是一个很有才华的女人。

生：她是一个性格爽朗的人。

生：谢道韫是一个临危不乱，有着天然之美的人。

师：好，我们继续往下学习。

三、真情性，同台竞风流

师：哪位同学来读一下？

生（读）：《世说新语》是一部有趣的书，1133 则小故事，分 36 章。

师：多少则故事？

生：1133 则小故事。

师：多少章？

生：36 章。

师：《世说新语》是一部有趣的书，我们读几个小故事怎么样？请前面这位同学来读第一则《世说新语·伤逝》。

生（读）：王仲宣好驴鸣。既葬，文帝临其丧，顾语同游曰："王好驴鸣，可各作一声以送之。"赴客皆一作驴鸣。

师：哪位同学来回答，读完这则故事后有什么感受？魏晋是一个什么样的时代？

生：他们活出了一个"真"字，活出了一种平等，活出了灵魂的一种自由。

师：回答得很好。下面老师来读下一则《世说新语·容止》："何平叔美姿仪，面至白。魏明帝疑其傅粉，正夏月，与热汤饼。既啖，大汗出，以朱衣自拭，色转皎然。"好了，你觉得魏晋时代的人崇尚什么东西？

生：崇尚美。

师：魏晋时代是一个把美作为宗教的时代，是一个可爱的时代。一个男子因为美，让大家这么崇拜，是多么难得。但让大家崇拜的前提是，必须修养高，有才华。好的，我们再来看下一则《世说新语·言语》。

生（读）：钟毓、钟会少有令誉。年十三，魏文帝闻之，语其父钟繇曰："可令二子来。"于是敕见。毓面有汗，帝曰："卿面何以汗？"毓对曰："战战惶惶，汗出如浆。"复问会："卿何以不汗？"对曰："战战栗栗，汗不敢出。"

师：大家来看，谢安一个东晋的大宰相在家庭里是怎么样的？一个皇帝在朝堂上又是怎么样的？一个皇帝召见两个少年，就是因为他们有才华。你们读完了有什么感想？

生：人与人之间崇尚平等。

生：这是一个尚贤、尚才、才华横溢的时代。

师：自古英雄出少年。少年强，则国强。少年智，则国智。一个小孩子如此擅长辞令，如此应答自若，运用的都是工整的四字句。再往下来看《世说新语·容止》："潘岳妙有姿容，好神情。少时挟弹出洛阳道，妇人遇者，莫不连手共萦之。左太冲绝丑，亦复效岳游遨，于是群妪齐共乱唾之，委顿而返。"大家回答一下，"左太冲"是谁？

生：左思。

师：左思"绝丑"，长得特别丑。他也学着潘岳去游逛，"于是群妪齐共乱唾之"，吓得赶紧跑了。大家告诉我，"妪"是什么样的人？

生（齐）：老年妇女。

师：这是用对比手法写的一则故事。给你最直接的感受是什么呢？请同学回答一下。

生：人们很率真、天然。这样的故事也只能发生在那样一个时代。

师：这是一个令人捧腹的故事，这是一个男人版的"东施效颦"的故事。这样的故事也只能发生在那样一个时代。令我们感动的不仅是潘岳和左思，还有那一群妇女。她们敢爱敢恨，太率真了，太天然了。

四、续说传奇，致敬经典

师：接下来是嵇康之死。嵇康之死奏响的是什么？

生：《广陵散》。

师：临死之前，刑场之上，不是哭声而是《广陵散》。这是一个时代的绝响。来，同学们，大家齐声朗读下面一段文字。

生（齐）：汉末魏晋是中国政治上最混乱、社会上最苦痛的时代，然而却是精神史上极自由、极解放、最富于智慧、最浓于热情的时代。（宗白华）

师：好，下课，同学们再见！

生：老师再见！

教学反思

一、落实核心素养方面

语文的核心素养包括语言建构和运用、思维的发展和提升、审美的鉴赏和创造、文化的理解和传承四方面。而语言建构和运用应该是关键，思维、审美、文化的落脚点是语言。品味语言是从根本上提高学生的核心素养。

　　《世说新语》是中国魏晋南北朝时期笔记小说的代表作，是我国最早的一部文言志人小说集。《世说新语》的语言精练含蓄，隽永传神。胡应麟说："读其语言，晋人面目气韵，恍忽生动，而简约玄淡，真致不穷。"这节课能抓住独特的言谈举止分析独特人物的独特性格，如"大笑乐""白雪纷纷何所似""内集""雪日"等几个关键词句，让学生把握小说的语言风格，在品味语言过程中落实语文核心素养的培养。

　　教学中也有遗憾，在于对语言的揣摩品析不够，如对两个比喻雪的句子的赏析不够深入。应再抓住几个耐人寻味的词语和句子细细咀嚼，反复琢磨，让学生仔细体味作品含义隽永的语言风格。

二、问题设计方面

　　整本书阅读是多于教材内容的阅读，从单篇阅读扩展到全书阅读，阅读文字量大，信息复杂。教学要根据学生学情设计任务，融合资源。这节课的教学设计具有创新特色，无论是选取《世说新语》的故事，还是延伸到《晋书》中记载谢道韫的材料，以及金岳霖、宗白华的评价，呈现出内容丰富的特色，开拓了学生的视野。问题的提出要引导学生发现、思考和表达。

　　这节课的遗憾之处在于设计的问题前后出现了雷同，影响了课堂的节奏，教学不够流畅，导致学生没有充分的时间展开。

三、教学内容方面

　　这是一节群文阅读的教学，借《咏雪》，引入《世说新语》的其他小故事，对整本书阅读做了有益和大胆的尝试，让学生走近"咏絮之才"谢道韫，走近魏晋时期的家庭，感受谢家的家庭氛围。学生对《世说新语》有了全新的认识，对汉末魏晋有了深刻的了解，理解魏晋时期是中国政治上最混乱、社会上最苦痛的时代，然而是精神史上极自由、极解放、最富于智慧、最热情的时代。从这个角度看，这节课实现了预期的教学目标，扩大了知识面，既增加了宽度，又增加了广度和深度。

　　这节课的教学内容是呈层级式上升的，由"咏雪"到谢道韫，再到《世说新语》，环节紧紧相扣，由浅入深，引导学生探寻"碧波深处的奇珍"，激发学生阅读《世说新语》的兴趣。教学内容的选定依据七年级学生的学情特点、课文内容等因素，对课文和整本书整合选择，教学内容简约而不简单，简约而丰富。

但是以一个课时完成整本书阅读是吃力的，时间略显紧张，课堂时间未能尽显《世说新语》的艺术魅力和艺术价值，未能展现出整本书的风貌。在处理教学内容的时候要"删繁就简三秋树，领异标新二月花"。

《世说新语》善用对照、比喻、夸张与描绘的文学技巧，不仅保留下许多脍炙人口的名言佳句，更为全书增添了无限光彩。《世说新语》这部书记载了自汉魏至东晋的奇闻逸事，是研究魏晋风流的极好史料。这些特点需留待学生课下品味和鉴赏。

同行悟课

沐浴文化，涵养精神

河北省张家口市怀来县沙城中学　靳海彦

《义务教育语文课程标准（2011 年）》强调："语文课程还应通过优秀文化的熏陶感染，促进学生和谐发展，使他们提高思想道德修养和审美情趣，逐步形成良好的个性和健全的人格。"董一菲老师的《世说新语·咏雪》教学以语文课堂承载文化内核，用诗心诗意清化个体精神。

一、一篇，一本，一个千年，一个文化传承

这只是一篇几十字的小短文，语文教师用多久可以讲完文言知识？用多久可以完成人物形象分析？如果一节课的任务仅此而已，对于已有初步文言文阅读能力与人物分析能力的初中生来说，讲与不讲又有多大的区别？余文森老师说："凡是学生自己能读懂的内容，坚决不讲、不教，教师讲的、教的必须是学生读不懂的知识。"董老师在这节课上，略过学生可以懂的知识，把文化向纵深挖掘。在《咏雪》的个像画和《世说新语》的群像画中，人与文觉醒，名士展风流，美在黑暗中绽放。初中生也由此认识到：人可

以在精神层面存在；家庭的文化可以厚重到沉淀千年，在现世依然传递"林下风采"。

语文教师要把一篇篇课文读成一本本书，然后用书的厚度与文化的厚度去讲一篇课文。

二、一提，一思，一片诗心，一种人生启迪

教师作为学习的引领者和学习资源的组织者，在课堂教学中，如何把预设变成生成？学生作为学习主体怎样在教师的锦心绣口中，享受诗意并最终实现语文素养的形成与发展？有效课堂在董老师的"提"与学生的"思"的螺旋式交互中实现。

如对"雪日""内集"，董老师说："这就是家庭教育。人们经常说，魏晋是我们这个民族最遥远的绝响！在人们纷纷晒豪车、豪宅，晒一切物质享受的今天，我们回望东晋，回望谢安的家。对旧时的王、谢家族你有什么感触？"董老师把一次对谢道韫来说是很普通的家庭聚会提升到了精神的层次，引出学生的古今之思，学生才会认识当今人们的生存状态，思考与寻求正确的生活方式。"内集"后"手杀数人"，后"驴鸣""齐共乱啼之"，董老师用"活出了灵魂的一种自由""很率真、天然"的诗意评价提升《世说新语》在学生心中的文化品位，于是引导学生思考：谢道韫作为一个"有着天然之美的人"，她的生命状态是否才是最好的生命状态？如何保持"天然之美"？

对于初中生来说，让他们能理性而诗意地认识生活的教育，才是他们享受的最贵的教育。

要在文化的传承与理解中做审美鉴赏教学，因为我们培养的是活生生的人。人要感知生命的蓬勃美，人应辨出生存的价值美，董老师的《世说新语·咏雪》告诉我，语文课堂可以这样展开。

兴衰际遇唯一梦，悲欢离合总关情

——《红楼梦》整本书导读（统编版语文九年级上册第六单元）

《红楼梦》整本书导读授课现场

教 学 设 计

一、教学理念

"开谈不说《红楼梦》，读尽诗书亦枉然"。《红楼梦》堪称中国古典小说的顶峰之作，也是一部值得我们用一生去品读的作品。

红楼一梦，大观世界，缠绵的爱情故事、反叛的抗争精神、卑微的孱弱灵魂……如一树繁花飘零于历史的星河。如此厚重而深沉的作品，名著导读可选的角度、可讲的内容早已如花渐欲迷人眼。但我们中学生名著阅读的现状的确是堪忧的。有的学生读名著只为他懂我知而浮光掠影地读，有的只为应付考试而急功近利地读，有的只为看个热闹而浅尝辄止地读……而如《红楼梦》这样大部头的经典名著，许多学生更是望而却步，怕读、不读。

在这样的阅读生态背景下，我们整本书导读课，避免以概念化、脸谱化分析贴标签，更拒绝以文论术语替代逐层对话，以知性分析置换语言的品味推敲。而是在"起""承""转""合"间，引导学生展开对话，掌握读书之法。

文字是作者真情的释放，而作家正是通过文字表达的内容传达生命的感动。

朱熹云："就诗上理会意思。"所以，整个导读过程就是教师引导学生直接与文本语言对话，挖掘文字表层及深层含义，逼近作者的内心世界。脂砚斋评《红楼梦》时曾云："凡看书人从此细心体贴，方许你看，否则，此书哭矣。"说的就是这个道理。整本书导读的一个重要目的就是为学生提供合适的读书方法。通过逐层设问，引导学生逐步了解掌握"循序渐进""对比阅读""熟读深思""虚心涵泳"等读书之法。

引导学生阅读民族经典，就是和学生一起在民族语言的诗情画意中，发展语言思维，提升阅读品位，探寻母语自身的生命气象。

二、教学目标

1. 核心目标：建构《红楼梦》整本书阅读的经验和方法，提升阅读鉴赏的能力，理解和传承中华优秀的传统文化。

2. 条件目标：初步了解《红楼梦》的文学和文化意义，了解典型人物形象，整体把握赏读人物形象和故事情节的方法。

三、教学过程

(一)以黛为目"起"情趣：渐入佳境

选取小说中最有诗人气质、最充满浪漫理想的黛玉这一形象为切入点，看看在《红楼梦》中曹雪芹如何塑造出一个别样的她。从林黛玉的"姓名、生日、故乡、花语、居所、葬花、称号"等角度入手，这些便是解读林黛玉形象的初级密码，从而以小见大，让学生对黛玉有了初步的了解。

学生从黛玉这一最有代表性的人物形象入手，提线穿针，渐入大观园的万千世界。同时指导学生学习掌握"循序渐进"的读书之法。

(二)钗黛相映"承"赏析：丰富形象

对比是一切文学赏析的不二法门。在整体了解黛玉的人物形象后，把宝钗引入进行比较，让学生感受雪芹先生双峰对峙、二水分流的衬托手法。在此处扩大学生的想象联想，让他们选择两种不同的事物来丰富黛玉和宝钗二人的形象内涵。

1. 宝钗距离黛玉有多远？双峰对峙，二水分流。如果说宝钗是山，黛玉就是水；如果说黛玉是冷的(面冷)，宝钗就是热的(面热)。她俩实在是难解难分，思考一下《红楼梦》共有多少回，判词在第几回？

2. "十二金钗"有多少首判词？

3. 哪两个女主人公，只给了一首判词？

教师引导学生在"对比阅读"过程中，尝试多角度、更宏观地来整体把握林黛玉这一典型人物形象。进而引导学生了解学习"二元对立，一元为主"的阅读方法。

(三)设境批注"转"品读：多维提升

课堂教学的第三个环节重在"转"，转向文字的深处，转向更广阔的天地，转向师生的多维对话。以黛玉的才与情为燃点，启发学生深入阅读，"熟读深思"理解黛玉的情痴、情绝。

1. 宝黛的爱情悲剧是《红楼梦》的主线，我们怎么理解黛玉的情真、情深、情痴、情绝，黛玉为怎样的命与运来人间走一遭？

依据小说内容，创设典型情境，引导学生进行批注活动，让学生了解和学习"批注阅读"的方法。

2.《红楼梦》有大量的诗意化的场景或细节，请用一个字为下列经典的场景批注。例：黛玉葬花(伤)

然后给出了几个经典的场景：

宝钗扑蝶　　　湘云醉卧　　　晴雯撕扇

香菱学诗　　　妙玉品茗　　　龄官画蔷

通过设置丰富情境，把问题由单一地理解黛玉，引导学生扩展到整本书的人物、情节中来。学生也能根据自己的理解，用自己的语言去批注概括，这样一来，思维的碰撞、个性的多维生成就呈现出来。

(四)读文入字"合"归途：读书指津

最后一个环节是"合"。这里设计两个问题，是由小说人物过渡到情节，既是扣题，更是为了把学生引入整本书的阅读。精选小说中与宝黛二人有关的精彩片段，指导学生"虚心涵泳"，体会其中的语句奥妙，引导学生进一步析文入情，品读文本。

1. 比如说探春，她写诗的时候偏要写那风筝。探春的结局如何？

2. 前生前世，今生今世，三生石畔，永远的情人，就是这样写出来的。《红楼梦》当中有两个线索，一个是木石前盟，一个是金玉良缘。宝玉从不说爱黛玉吗？黛玉从不说爱宝玉吗？

引导学生认识整本书阅读的真谛："读书去"。

当然，《红楼梦》之博大、深邃不是一节导读课就说透的，在不同的年龄读《红楼梦》，会读出不同的味道。而导读课的意义在于唤醒学生的诗心慧眼，给学生提供读书的方法建议，然后和学生一起在读书中慢慢成长。

课堂实录

授课时间： 2018 年 10 月 12 日

授课地点： 山东省济南五中

整　理　人： 山东省青岛市西海岸新区实验高级中学　张艳艳

福建省泉州市南安一中　张贺

师： 同学们好，上课！

生： 老师好！

师：有一个学者说过这样一句话，他说："《三国演义》是一部智书，《水浒传》是一部怒书。"如果让你用一个词来评价《红楼梦》，你会说什么呢？

生：情书。

师：好一个"情书"，在中国古代的价值天平上有各种各样的砝码，但是五千年的岁月当中，五千年的文化当中，最缺少的便是那一个字——"情"。方才这个女孩子脱口而说"情书"，《红楼梦》是写给中国文化，写给中国女子，写给中国五千年历史的一份"情书"，它道尽了一个"情"字。此外，还有什么样的理解？

生：批判之书。

师：没有批判就没有重建。同学们，小说讲究的是哪三要素？

生（齐）：人物、情节、环境。

师：这三要素当中，重中之重当然是人物。今天，就让我们一起走近《红楼梦》的女主人公——林黛玉。看看在《红楼梦》当中曹雪芹如何塑造出了一个别样的她。我们从林黛玉的"姓名""生日""故乡""花语""居所""葬花""称号"入手。据说在遗失的后 40 回当中还有一个榜，被称为"情榜"。在这情榜之上黛玉奋笔写着"情情"。

一、黛玉姓名

师：先说名字吧，林黛玉姓什么？

生（齐）：姓林。

师：是"木秀于林"的"林"。黛玉的名字是什么？

生：林黛玉。

师：是黛玉，远山如黛。让我们一起回溯中国古代描写女子的手法，它往往不写眼睛而写眉毛。"黛玉"是女子用来画眉的美玉，有这样一个名字的女子，她会是一个什么样的女子？

二、黛玉生日

生：林黛玉的生日是农历的二月十四日花朝节，她和花神是同一天生日。

师：中国古代文化是深厚得不能再深厚的所在，我来纠正一下，是农历的二月十二日。黛玉出生在这一天，她是花仙子，是百花之群主。花，女子也，大观园有无数青春诗一样的女子，谁是花主？

生：林黛玉。

师：曹雪芹正面描写的是宝钗，倾国倾城之貌，任是无情也动人。这是直接写的，但他说黛玉生于——

生：花朝节。

三、黛玉故乡

生：她的故乡是在苏州，那是一个非常美的地方，那里有非常多的故事。

师：黛玉是一个有故事的女子，是个有故事的女孩，是个有故事的女儿，这是你所读出来的。你是曹雪芹的知音，正如张爱玲所说"因为懂得，所以慈悲"。苏州是水城，还记得宝玉的名言吗？

生（齐）：女儿是水做的骨肉。

师：黛玉来自苏州，一个有着"吴侬软语，小桥流水"的地方。那一片杏花春雨的江南就是黛玉精神生命的背景。

四、黛玉花语

生：黛玉的花语是芙蓉花。

师：那么老师想追问，芙蓉花有水芙蓉和旱芙蓉，你想黛玉应该是——

生：水芙蓉。因为她说过女人是水做的。

师：想一想，女人、女子、女孩和女儿是有区别的，你同意吗？

生：同意。

师：那"女儿"为什么好？

生："女儿"是纯真的。

师：纯洁是那份真正的青春，《红楼梦》被翻译成俄语的时候译作《青春梦》。

五、黛玉居所

师：在《红楼梦》的大观园当中林黛玉住在什么地方？

生：潇湘馆。

师：潇湘为现在的湖南，林黛玉来自苏州，为什么她的居所叫潇湘馆？潇湘馆最多的植物是什么？

生：竹子。

师：竹影萧萧，凤尾细细，一枝斑竹千滴泪。还记得妙玉的栊翠庵吗？栊翠庵白雪之中红梅怒放，妙玉是一株红梅。那为什么黛玉是斑竹，上面为什么有眼泪？

生：因为林黛玉在《红楼梦》中以柔弱的形象出现。

师：好一个"柔弱"，她的眼泪为谁而流？艾青的诗"为什么我的眼中常含泪水"——

生（齐）：因为我对这土地爱得深沉。

师：好！仿句——为什么林妹妹的眼中常含泪水？

生：因为她对贾宝玉爱得深沉。

师：今生的今生，黛玉住在潇湘馆；前世的前世，黛玉是谁？三生石畔，西方灵河岸边，黛玉曾经是谁？

生：绛（xiáng）珠草。

师：读了书，但是这个"绛"（jiàng）字读得不太好，钱锺书的夫人叫杨绛。绛是什么颜色的？

生（齐）：红色的。

师：洒不完的相思血泪，《红楼梦》对于人物的侧面描写才是最大的不写之写。古今中外的诗人都用这样的手法。还记得白居易笔下的杨贵妃吗？

生（读）：回眸一笑百媚生，六宫粉黛无颜色。

师：这就叫衬托，这就是象征，这就是暗示。汉武帝时期的音乐家李延年用"一顾倾人城，再顾倾人国"来写女子之美。即使是希腊神话当中的第一美女海伦，诗人荷马也如此写：在为海伦进行了十年的特洛伊战争后，一位德高望重的长老看到了绝色的海伦，一声长叹："为这样一个女子再打十年仗也值得。"

六、黛玉葬花

师：故乡在苏州，前世在灵河岸边，名字叫林黛玉，出生在花朝节，水芙蓉是她的花语，斑竹丛生的潇湘馆是她的居所。无论是短篇小说还是鸿篇巨制，细节都是最重要的。同学们，《安娜·卡列尼娜》的作者是谁？

生：列夫·托尔斯泰。

师：《安娜·卡列尼娜》中安娜准备出席宴会的细节，作者不写安娜如何准备，他描写青春妙龄的吉婕，翻检所有的裙衫，最终选择了一件藕荷色的裙子，衬托得吉婕无比妩媚鲜艳。但当她遇到穿着一袭黑裙的安娜，自己的裙和青春顿时暗淡了。"黑裙的安娜"，这是细节。《红楼梦》中黛玉葬花为什么是经典的细节呢？

生：因为林黛玉爱贾宝玉，所以当她忧郁时就去葬花。

师：你是个会读书的孩子。万变不离其宗，所有的人物、细节都是为主题服务。林黛玉为自己举行过两次精神的葬礼，一次葬花，一次焚诗稿，都是悲剧的前奏。花，美好的事物，花仙子，花朝节。黛玉葬花何尝不是葬自己，还记得老师PPT封面上的一句诗吗？

生（齐）：天尽头，何处有香丘。

师：这是黛玉的天问地问。屈原有一部长篇《天问》，这是黛玉的生命之问——"天尽头，何处有香丘"，在这个世界上，是否有我的家园？人生走过一遭，这黑暗的人间，留不住这花仙子，留不住这林黛玉。她要回到过往，曾经的灵河岸边，做她的那株绛珠仙草，还于林。这是一种批判，无声的批判；这是呐喊，无声的呐喊。这个时代，这个社会，没有女子生存的空间。去了，最终散了。

七、黛玉称号

师："情情"是黛玉的称号，宝玉的称号是"情不情"。《红楼梦》是个谜，就像米洛斯的维纳斯一样，是残缺的，是一个大的隐喻，是中华民族沉沉的大梦，黛玉的"情情"，是爱她值得爱的，宝玉呢？

生：宝玉是爱他不爱的。

师：世界上的一切，宝玉都是爱的。《红楼梦》是一部女儿书，再进一步说，黛玉是爱她值得爱的人，宝玉爱他的什么呢？

生：女儿。

师：神瑛侍者，他是女子的侍者，他用他的大悲悯、大情怀爱着这些女孩。在那个时代，女子是没有地位的，她们只能被践踏、被摧折、被侮辱，而宝玉却——

生：情不情。

师：宝钗距离黛玉有多远？双峰对峙，二水分流。如果说宝钗是山，黛玉就是水；如果说黛玉是冷的（面冷），宝钗就是热的（面热），她们俩实在是难解难分，思考一下《红楼梦》共有多少回，判词在第几回？

生：共一百二十回，判词在第五回。

师：女孩子的命运就写在了这些诗里，十二金钗，正册、副册。接下来请回答非常难的问题，"十二金钗"是多少个女孩子？

生：十二个。

师：下个问题，一定好好动脑筋，"十二金钗"有多少首判词？

生：十二首。

师（笑）：恭喜你答错了。是十一首，为什么？因为有一首包含了两个女主人公，是哪两个呢？

生：林黛玉和贾宝钗。

师（诧异）：贾宝钗？我希望这节课能达到一个效果：回去后读一读《红楼梦》。

师：两个女主人公，居然只有一首判词，钗黛合一了。看看判词："可叹停机德"——

生：写宝钗。

师：封建时代，对女子的评价是什么？

生：女子无才便是德。

师：封建时代给女子裹上小脚，三寸金莲，一种病态的美。大门走不出，二门走不入，囚禁在金丝笼里，"可叹停机德"，宝钗有德。第二句"堪怜咏絮才"——

生：写林黛玉。因为林黛玉写了《葬花词》。

师：咏絮才，女子诗才也。《世说新语》上怎么说呢？

生（读）：未若柳絮因风起。

师："玉带林中挂"写——

生：林黛玉，里面有"玉""带""林"。

师：玉，却挂在林上，悲剧命运也。"金簪雪里埋"——

生：薛宝钗。因为薛宝钗是个明媚的人，金钗是宝钗戴的。

师："雪"，谐"薛"音，"丰年好大雪，珍珠如土金如铁"。黛玉和宝钗，这两个绝色的女子，是这样互补，黛玉获得了宝玉的爱情，宝钗获得了宝玉的婚姻。人世间到底是美中不足，人生没有那么完美的女子，当钗黛合一时才是兼美的。希腊神话的爱神维纳斯，嫁给了丑陋的、跛足的火神，就像敲钟人卡西莫多。这就是人生，人生没有完美，《红楼梦》是一部人生之书，美之书，情之书，爱之书，哲理之书。

黛玉和宝钗有多远？一山一水，水绕着山，山绕着水；一冷一热，热中有冷，冷中有热，内热外冷，外热内冷。这就是辩证，这就是中国的哲学，就像塞翁失马。宝钗像四大美女当中的谁？稍微丰腴一点的。

生：杨贵妃。

师：黛玉像谁？

生：西施。

师：她们还可以是什么关系？

生：一朝一夕。

师：把人物时间化了，这是大浪漫，大情怀。

生：宝钗像朝阳，黛玉像黄昏。

师（惊叹）：真是太有才情了！我们一起来看一下《出塞》这首诗。

生（齐）：秦时明月汉时关，万里长征人未还。但使龙城飞将在，不教胡马度阴山。

师：时间被空间化，秦汉时的明月和秦汉时的边关，使用了互文手法。

生：一俗一雅，宝钗和黛玉都是好人。

师：曹雪芹绝不会褒贬人物，他永远像镜子一样看待宝钗和黛玉，绝不会简简单单地对谁进行道德评判。一俗一雅，大俗大雅，雅即是俗，俗即是雅，雅中有俗，俗中见雅。

生：一悲一喜，宝钗是喜，黛玉是悲。

师：乍喜乍悲，读《红楼梦》一定是这样的。宝玉娶亲，喜也；黛玉离世飞升离恨天，悲也。肯定是同时写的，这就叫艺术的辩证，无往不胜。

生：一日一月。

师：教我如何赞美你，宝钗是那太阳，黛玉就是皎洁的月光。一日一月，日月同辉。曹雪芹写《红楼梦》就是写给懂得的人。"满纸荒唐言，一把辛酸泪。都云作者痴，谁解其中味。"你懂得，你们懂得，我们懂得。最简练的诗，《诗经》式的诗，四言也。

生：一明一暗，两个人不同的特质。

师：我们民族的智慧——阴阳，此消彼长，一阴一阳，谓之道。一明一暗，钗黛也。

生：一花一叶。

师：一花一叶总关情，一花一世界，一叶一世界。是花衬托了叶，还是叶衬托了花？同学们，今天小试身手就如此了得，将来的发展也未为可知。这是模仿的《红楼梦》句式你听懂了吗？有同学说这是"甄嬛体"，"甄嬛体"从哪儿来？它的源头在哪里？

生：《红楼梦》。

师：来，我们一起看。

生（齐）：曹雪芹不言志，不载道，只言情。

师："文以载道""诗言志"。这是孔子的定调，曹雪芹对千年的文化说"不"，只言情。所以，一个同学独具慧眼，说："如果说《三国演义》是一部智书，《水浒传》是一部怒书，那么《红楼梦》就是一部情书。"这是原创的。《红楼梦》开篇一句："开辟鸿蒙，谁为情种？"这种叛逆，这种离经叛道，需要怎样的智慧和勇气，需要怎样的悲悯情怀？《三国演义》为王侯将相立传。

《水浒传》那是一片男子的江湖。《红楼梦》为那些闺阁之人，贵为贵妃如元春，贱如丫鬟如晴雯，为她们作传，为她们言情。我们缺少的是真情，因为《三国演义》当中教会人们的永远是算计与心机，《水浒传》太江湖了，里边有太多的血腥与打打杀杀。我们看不见人性的明媚，看不到人性的文化。

师：宝黛的爱情悲剧是《红楼梦》的主线，我们怎么理解黛玉的情真、情深、情痴、情绝，黛玉为怎样的命与运来人间走一遭？

生：她作为绛珠仙草的时候欠前世贾宝玉的水，今生是为了还他眼泪。

师：前世是水，今生是泪，潇湘馆里都是水，江南水乡都是水，为什么要还泪啊？

生：当初林黛玉作为绛珠仙草的时候快要枯死了，前世的贾宝玉为了不让她枯死，爱护她，然后才给的水，是用心去浇灌的。如今她要用感情浇灌的泪水还给他。

师：白娘子为了修得一滴人类的眼泪，修行千年。妖是没有眼泪的，世界上最遥远的距离就是人与妖的距离。黛玉是为情而生，如此深情、如此痴情、如此情绝的女孩子最后为情而死。大家会背《枉凝眉》吗？"一个是阆苑仙葩"，说的是谁？

生：黛玉。

师："一个是美玉无瑕"——

生：贾宝玉。

师："若说没奇缘，今生偏又遇着他；若说有奇缘，如何心事终虚化？一个是水中月，一个是镜中花。"这就是两人的判词。鲁迅先生说："悲剧就是将人生有价值的东西撕毁给人看。"《红楼梦》有大量的诗意化的场景或细节，读一读这些细节。

生（齐）：黛玉葬花，宝钗扑蝶，湘云醉卧，晴雯撕扇，香菱学诗，妙玉品茗，龄官画蔷。

师：请用一个字为这些经典的场景批注，比如"黛玉葬花"写出了一个"伤"字。

生：我想说的是"香菱学诗"，我用的是"勤"，勤奋的"勤"，有句名言是"天道酬勤"，努力会有回报。

师："香菱学诗"，写香菱就是写林黛玉。所有的女孩子都是这样的一个诗意的群像。她们烘云托月最后指向黛玉，宝钗是反衬，又是正衬，这些女孩子也同样是。

生：我再说一下"香菱学诗"。从黛玉的方面来看应该是"才"。

师：为什么？

生：因为香菱向黛玉学诗，可以衬托出黛玉是有才学的。

师：黛玉跟香菱说，你先背诵王维的五律一百首，再读老杜的七律一二百首。今天给我们的启示就是学好语文要多读多背。探骊得珠，抓住关键，是会读书的同学。

生："晴雯撕扇"用"真"概括。晴雯是"心比天高，身为下贱"，她撕的扇是贾宝玉给她的，撕掉了贾宝玉心爱的扇子，我觉得她直率。

师：这是我今天听到的读《红楼梦》最深入的一个同学，十分地道。

生："宝钗扑蝶"是"喜"，宝钗是热情活泼的女孩子，扑蝶的场景是很美很欢快的。蝴蝶是很美好的事物，宝钗是很喜欢蝴蝶的，所以就是"喜"。

师：一双玉色蝴蝶穿花度柳，青春少女宝钗扑蝶，人间至美也。

生："湘云醉卧"，我觉得可用"愁"字概括。

师："龄官画蔷"，有没有人知道这个故事，讲给大家听？或者是"妙玉品茗"，只一二则即可。你们想听哪个故事？

生："龄官画蔷"。

师：元妃省亲，贾家为此建了个大观园。买了十二个唱戏的小丫头，其中就有眉眼长得像林妹妹的龄官，她爱上了贾蔷。在蔷薇花下，反复地写一个字——蔷。大观园的护花使者贾宝玉看到了龄官，于是年少的宝玉懂得了每个人都有一份属于自己的爱情。透过形似龄官的黛玉，我们看到了黛玉之痴情。你们也给我讲一个小段子吧。

生："湘云醉卧"。宝玉过生日，大家一起吃酒，行酒令，湘云喝多了，就在石头上睡着了。晚上的时候她们又去了贾宝玉那儿，林黛玉调侃史湘云。

师：她用了"吃酒""行酒令"等词，很地道的《红楼梦》中的语言。湘云和黛玉都是孤女，湘云的判词是"富贵又何为，襁褓之间父母违"。贾家姓什么？

生：贾。

师：我上课曾问过一个男同学：《古诗十九首》多少首？他使劲想也想不出来。还有一次我问：《莎士比亚十四行诗》多少行？全班鸦雀无声，静静思考。贾家姓贾，史湘云姓什么？

生：史。

师：史家的女孩来到贾府，寄人篱下，黛玉又何尝不是如此？父母双亡，靠一根纤弱的血缘的带子系在贾府，跟宝钗能比吗？宝钗家是皇商。"普天之下，莫非王土，率土之滨，莫非王臣。"这些细节都在写黛玉的"真、痴、才、洁、娇、伤"，晴雯爱好听撕扇子的声音，扇子多贵啊，愿意听我就撕。此后我们根据晴雯的这个情节，还编了几个不属于贵族而属于普通百姓的梦想的桥段，比如等我有钱了，买两根油条，吃一根扔一根，这是我们普通百姓能想到的。晴雯率真任性，任情任性。"妙玉品茗"，妙玉是唯一一个带发修行的女子，唯一一个与贾府没有血缘关系的女子，"欲洁何曾洁？云空未必空"。妙玉的一只四大名窑的杯子，只因为刘姥姥喝了一次茶，她命人扔去。她将三年前栊翠庵梅花梅心上落的第一场雪，收集来装在瓮里，三年过后用来沏茶。读书吧！同学们，《红楼梦》是一本天书，也是一部人书，好好去读。

又在一个八月十五，所有的团圆不再，女孩子们死的死、嫁的嫁、卖的卖，出家的出家。于是只有湘云和黛玉共赏中秋之月，两个有才情的女孩子。湘云说："寒潭渡鹤影。"黛玉说："冷月葬花魂。"她们的命运就在这两句诗中。欲知后事如何，请读《红楼梦》。下面的谶语，一句话无意之间说中了。比如说惜春，当人给她看花的时候，她笑着说："我明儿也剃了头同他作姑子呢，可巧又送了花儿来。"告诉我惜春的结局——

生：真的做了尼姑。

师：比如说探春，她写诗的时候偏要写那风筝。探春的结局——

生：远嫁。

师：金圣叹这段话是我们要铭记的，请读一读。

生（齐）：吾最恨人家子弟，凡遇读书，都不理会文字，只记得若干事迹，便算读过一部书了。

师：怎么像是在说你们自己，下一步要干什么去？三个字"读书去"。能把《红楼梦》一百二十回一字不差地背下来的人很多，茅盾、张爱玲等，那是怎样的语感？谁能读一下"宝黛相见"，把那份前世今生的情缘读出来就好了。

生（齐）：黛玉一见，便吃一大惊，心下想道："好生奇怪，倒像在那里见过一般，何等眼熟到如此！"……宝玉看罢，因笑道："这个妹妹我曾见过的。"

师：前生前世，今生今世，三生石畔，永远的情人，就是这样写出来的。《红楼梦》当中有两个线索，一个是木石前盟，一个是金玉良缘。宝玉从不说爱黛玉，黛玉从不说爱宝玉。中国人从不说爱，只有一个人说爱，那是李白写给孟浩然的诗"吾爱孟夫子，风流天下闻"，你还能找出来吗？看看第 91 回，这就是中国式的至高爱情，以生命相赠的爱情。

生（齐）：黛玉道："宝姐姐和你好你怎么样？宝姐姐不和你好你怎么样？宝姐姐前儿和你好，如今不和你好你怎么样？今儿和你好，后来不和你好你怎么样？你和他好他偏不和你好你怎么样？你不和他好他偏要和你好你怎么样？"宝玉呆了半晌，忽然大笑道："任凭弱水三千，我只取一瓢饮。"黛玉道："瓢之漂水奈何？"宝玉道："非瓢漂水，水自流，瓢自漂耳！"黛玉道："水止珠沉，奈何？"宝玉道："禅心已作沾泥絮，莫向春风舞鹧鸪。"黛玉道："禅门第一戒是不打诳语的。"宝玉道："有如三宝。"黛玉低头不语。

师（总结）：读得真好！"前儿""今儿"读得地道。这是最后的爱情誓言，翻译一下：宝姐姐比我好，你是不是都爱呀？宝玉说我只爱你一个，"水止珠沉"是说"我死了怎么办"。"有如三宝"是说"我出家去"，"三宝"是"佛、法、僧"。最后的《红楼梦》，在白茫茫的大地之中，宝玉披一袭鲜红大氅消失在世界的尽头。他兑现了自己的承诺，出家去了。这是蒋勋的一句话：

"在不同的年龄读《红楼梦》，会读出不同的味道。"我想《红楼梦》是值得我们用一生读的书。

谢谢同学们，下课。

教学反思

《红楼梦》是一部具有世界影响力的伟大小说，是中国的古典四大名著之首，是中国封建社会的百科全书。要想让十六七岁的中学生读懂其中的奥妙主旨，实在是有些困难。为此，我根据中学生的心理特点和实际学情，以林黛玉为切口来设计了这堂"兴衰际遇唯一梦，悲欢离合总关情"的《红楼梦》导读课。

目前正处在十六七岁年纪的中学生，是最好的年龄，也是充满着诗情画意、浪漫理想和多种情思的年龄，因此中学生天生就和诗有着密切的关联。《红楼梦》中最具有诗人气质、最充满浪漫理想的就非黛玉莫属了，可以说她是《红楼梦》中最具有代表性的女性，寄托着曹雪芹先生的一腔热血、满怀期望。于是从黛玉入手，提线穿针，可以起到提纲挈领的效果。此外，《红楼梦》是一部充满人生哲理的深奥之书，再加上那些琐碎的日常生活细节描写，以至于让它成为学生最不愿意读的书。所以，绝大多数学生对《红楼梦》是有些畏难和抵触情绪的，那么读过全书的学生数量就可想而知了。此外，黛玉这个名字对学生来说也是最为熟悉的，从黛玉入手来导读《红楼梦》，比较容易让学生接受，更容易激起他们对这部伟大作品的阅读兴趣。

小说的阅读教学最重要的就是把握和解读人物。人物这一关打通了，那么情节、环境和主题也就迎刃而解。所以要想让他们对《红楼梦》有一个比较宏观的理解，那么就必须深入理解林黛玉的人物形象。只有这样，才可能窥斑见豹，让他们感受到《红楼梦》的博大精深和奇妙构思，激发学生的阅读兴趣。

这堂课的整体设计，是我本着一贯的设计原则"起—承—转—合"来设计的。首先我从林黛玉的姓名、生日、故乡、花语、居所、葬花、称号等学生感兴趣的话题入手开启这堂课的教学。问题相对简单,学生比较容易入境,同时也为理解后边的问题做下铺垫。但是在讲到黛玉的名字时,忘记了补充贾宝玉送给黛玉的字。宝玉把"颦颦"二字送给黛玉做字,看似漫不经心,其实饱含着曹雪芹先生的深刻用意。"颦"解释为蹙眉之意,那么"颦颦"二字连用,就让我们感受到了林黛玉那永远愁雾深锁的"两弯似蹙非蹙胃烟眉",那样就带出了黛玉的外貌美,让学生对黛玉的人物形象有更直观的感受。同时,这"两弯似蹙非蹙胃烟眉"也暗示着黛玉的悲剧命运。当时如果能想到这点,我觉得可能更容易让学生对林黛玉有更全面、更深刻的把握,也更容易理解《红楼梦》的精妙之处。

这节课的承接是林黛玉跟薛宝钗的对比分析。对比是一切文学赏析的不二法门。在整体了解黛玉的人物形象后,把宝钗引入进行比较,让学生感受曹雪芹先生"双峰对峙、二水分流"的衬托手法。在此处扩大学生的想象联想,让他们选择不同的两种事物来感受黛玉和宝钗二人的形象内涵。学生的回答超出了我的预设,取得了较好的课堂效果,产生了意想不到却又在情理之中的课堂生成,形成了一道亮丽的课堂风景。这也是这堂课中我最满意的地方。我想,这就是教学的本质。真正的一节好课,应该是引领,而不应该是灌输。

接下来,我想要把这堂课转向深处挖掘,带领学生向文本更深处漫溯。为此,我设计了第三个问题——黛玉的才与情,重点引领学生理解黛玉的情痴、情绝。这个问题本身的设计没有什么不妥,但是在引导学生分析时不够深刻,虽然讲到了宝、黛两个人的前世情缘,却没有分析到二人的今生共同价值取向——崇尚性灵的舒展,不受世俗的污染。因而没能更好地深化《红楼梦》的文本主题。这是这节课最大的遗憾。于漪老师说,上课永远是一门遗憾的艺术。因此,唯有不断地反思,才能更好地促进我们个人的专业成长。

最后一个问题是"合",这一个问题是由小说人物过渡到情节,既是扣题,更是为了把学生引入整本书的阅读。尤其是精选了几个跟宝、黛二人有关的精彩片段,着重赏析了其中的语句奥妙,引导学生如何去品味鉴赏文本。期望通过这一鳞半爪让学生感受《红楼梦》整本书的精彩，也算是给学生留下精彩的回味，以便学生更有兴致去阅读这部伟大的作品。

整堂课有精彩，更有遗憾和不足。最精彩处莫过于学生的积极踊跃发言。看到他们文思泉涌的连珠妙语，我甚为高兴。因为陶行知说过，自己最大的成就就是培养出让自己钦佩的学生。看到学生思维被激活，看到他们举一反三地发散思维，我感受到作为教师最大的喜悦。最遗憾的还是自己说得太多。回看这节课，发现自己说得过多，有时甚至抢了学生的话，破坏了这堂课应有的节奏和美感，这是为师者的大忌。对于语文教学艺术的探索而言，我们都是学生，永远在追寻诗意的路上。愿与大家共勉。

同 行 悟 课

《红楼梦》品课

福建省泉州市南安一中 张 贺

一、一字道旨，导以情趣

《普通高中语文课程标准（2017年）》创新性地提出十八个学习任务群，第一个学习任务群是"整本书阅读与研讨"，并在课程标准的课内外读物建议中将《红楼梦》列入推荐书单。而董一菲老师这节《红楼梦》导读课的选择，就有以上两点指导思想的浸润。一菲老师以"《三国演义》是一部智书，《水浒传》是一部怒书"导入此课，享有相同文学地位的著作，却风格迥异。言语凝练，将众说纷纭的《红楼梦》，启以学生最直观的感受，一字道旨，使学生产生情趣。教学并不直接进行知识的传递与接受，学生的学习并不直接面向客体世界，而是通过教师主导的间接性的学习活动进行。一菲老师精心设计课堂的导入，使学生对将要学习的内容产生浓厚的兴趣并充满疑问和期待。以"激情"点燃"热情"，用"入情"引领"动情"。学生能够全身心地跟着教师入情、入境去学习，自然融入课堂，并创以"情"字概之，而《红楼梦》以"大旨谈情，实录其事"自勉，实属妙哉！

二、妙解黛玉，导以志趣

我们都知道小说是以刻画人物形象为中心，《红楼梦》以富贵公子贾宝玉为视角，描绘了一批举止见识出于须眉之上的闺阁佳人的人生百态，群芳之中一菲老师钟情那花之仙主，引导学生妙解黛玉，使黛玉诞于花朝，如水所做，清水出芙蓉的形象跃然纸上。人的生活总是充满着美的诗意，可以说，艺术来源于生活而高于生活。人自出生就带着好奇的眼光探究着一个未知的世界，这是人本能性的"志趣"，所谓"志趣"即"理想之趣"。一菲老师抛出极具开放性的问题，从"姓名""生日""故乡""花语""居所""葬花""称号"来谈林黛玉，全面地引导、激发了学生的探究潜能，使学生持续地保持探究的"志趣"。教育家苏霍姆林斯基认为："把知识加以运用，使学生感到知识是一种使人变得崇高起来的力量，这是兴趣的重要来源。"这更是志趣的起始。"斯是陋室，惟吾德馨"，人观其物，物观其人。一菲老师深谙此道，"凤尾森森，龙吟细细"，一片翠竹环绕的潇湘馆，成了林黛玉绝妙的象征。斑竹修长，若黛玉纤巧婀娜的身段和弱柳扶风的步态。不与群芳为伍的姿态，似黛玉高洁中带着儒雅，含蓄里透着活力的风姿。

一菲老师的《红楼梦》导读课，重点在"导"。一字道旨，导以情趣。走近黛玉，导以志趣。情趣与志趣构成学生读书与学习的驱动力——兴趣，而整本书阅读是为了促进学生对中华优秀传统文化、革命文化、社会主义先进文化的深入学习和思考，我认为一菲老师本节课已达成了最重要的教学目标，那就是：让学生们读书去。

课例 6

苦心孤诣觅前路，影像纷繁望故乡

——《故乡》导读（统编版语文九年级上册第四单元）

《故乡》授课现场

教学设计

一、教学理念

课程标准把努力建设开放而有活力的语文课程作为一个基本理念，明确指出：应密切关注现代社会发展的需要，拓宽语文学习和运用的领域，注重跨学科的学习和现代科技手段的运用。由此可见，现代的语文教学必须树立"大语文"教学观，着眼于学生整体素质的提高，构建开放式教学新格局，探索语文教学与其他课程结合的途径。

跨学科教学是全面提高语文素养、学习效率和实践能力的需要。《故乡》是鲁迅的一篇短篇小说，因为鲁迅的小说内涵深刻，哲理丰富，所以通过海报设计活动课，帮助学生将抽象笼统的知识转换为直观具体的画卷。海报设计活动课使学生进一步把握小说的人物形象、环境及情节，将传统的"三要素"分析转化为诗意唯美的"电影海报设计"情境，通过人物形象设计，灵活引导学生体悟对比的手法。突破传统教法，以活动带动课堂。

通过语文学科和美术学科跨学科设计《故乡》一课海报，图文并茂，有利于加强学生的感性认识，培养学生的审美能力、想象能力和创造能力。为了使学生厘清小说三要素间的联系，没有过多地讲解，而是让学生结合课文中的文字内容和个人理解，拿笔画出一幅《故乡》海报画面的人物，设计海报色调，对海报的背景做景物选择，设计海报中"故乡"二字的字体。从美学角度注意与海报人物、主体色调的搭配，从而使学生把语言文字中的具体形象思维转换为抽象的逻辑思维，使学生对自己的创造多了一份自信和成功的喜悦。

二、教学目标

1. 核心目标：熟读小说，厘清故事情节，了解人物形象，把握环境描写。

2. 条件目标：能合理安排活动小组，明确分工，为小说改编的同名影片设计海报，培养学生的审美能力、想象能力和创造能力。

三、教学过程

(一)时空纵横，释意"故乡"

西方哲人说："我们怀着永世的乡愁寻找心灵的故乡，而故乡永远在大陆的中央。"也许这个世界有一个让我们永远牵挂，永远无法抵达的所在，它就是"故乡"。

"我冒了严寒，回到相隔二千余里，别了二十余年的故乡去。""严寒"是寒冷的季节，隔着"二千余里""二十余年"的时空回故乡，故乡在已逝的时光与情怀里，请同学们谈一谈对"二千余里""二十余年"两个数字的理解。

设计意图：学生自由谈想法，教师尽量引导学生思维，从空间、时间的角度向"对故乡的留恋和思念"靠近。

预设 1："二千余里""二十余年"是说空间距离远，时间跨度大。

预设 2：表达对故乡的无比思念之情。

……

(二)众生百态，刻画"故乡"

在细读小说的基础上，分组完成以下问题：如果让你为鲁迅的小说《故乡》改编的同名电影设计一幅海报，画面的人物你将选择小说中的哪一个或哪几个？

设计意图：学生自由发言，教师要追问为何选择这一人或这几人，并注意课堂生成，启发学生深入分析人物形象，从海报人物的选择中注意归纳鲁迅描写人物的手法。

预设 1：闰土

预设 2：杨二嫂

预设 3："我"

预设 4：鲁迅

预设 5：群像

预设 6：抽象的眼睛或背影

……

(三)橙黄橘绿，描绘"故乡"

在细读小说的基础上，分组完成以下问题：如果让你来设计一幅《故乡》电影的海报，你选择什么色调？为什么？

设计意图：细读文本，注意小说中的环境描写，提醒学生选定色调后注意回答为何选，启发深度思考。

预设 1："苍黄"做主色调

"苍黄的天底下，远近横着几个萧索的荒村，没有一些活气。我的心禁不住悲凉起来了。"

预设 2："深蓝"做主色调

"深蓝的天空中挂着一轮金黄的圆月……"

预设 3："碧绿"做主色调

"下面海边的沙地，都种着一望无际的碧绿的西瓜。"

……

(四)大千世界，勾勒"故乡"

在细读小说的基础上，分组完成以下问题：请同学们对海报的背景做一下选择，你用什么样的景物呢？

设计意图：由海报背景的选择启发学生对小说环境描写的感悟，从美学角度注意与海报人物、主体色调的搭配。

预设 1：荒村做背景

"时候既然是深冬，渐近故乡时，天气又阴晦了，冷风吹进船舱中，呜呜的响。从篷隙向外一望，苍黄的天底下，远近横着几个萧索的荒村，没有一丝活气。我的心禁不住悲凉起来了。"

预设 2：老屋做背景

"第二日清早我到了我家的门口了。瓦楞上许多枯草的断茎当风抖着，这在说明这老屋难免易主的原因。"

"老屋瓦楞上断了茎的枯草。"

预设 3：水与乌篷船做背景

"我们的船向前走，两岸的青山在黄昏中，都装成了深黛颜色，连着退向船尾梢去……"

预设 4：海滨的西瓜地做背景

"下面海边的沙地，都种着一望无际的碧绿的西瓜。"

……

(五)点横撇捺，书写"故乡"

在细读小说的基础上，分组完成以下问题：汉字有七种字体：甲骨文、金文、大篆小篆、隶书、楷书、行书、草书。《故乡》的海报中"故乡"二字用什么字体？说说你的理由。

设计意图：不同的字体给人带来不同的美感，有着不同的象征意义。

(六)众说纷纭，品论"故乡"

各小组充分讨论，归纳分析得出结论，之后分别选择活动任务中的问题进行展示。展示时每组限时五分钟，其他小组可补充发表不同意见甚至与其辩论。教师既可参与各个小组讨论，也可加入一个小组与其他小组辩论。（每个小组一个主问题）

设计意图：对课文的内容表达自己的心得，能提出自己的看法，并能运用合作的方式，共同探讨疑难问题。发挥学生所长，自选喜欢的题目，尊重学生的个性差异，让每个学生都有事可做。教师适当评价，鼓励学生，利用学习成果展示的机会充分调动学生的学习积极性，挖掘他们的学习潜能。

(七)总结提升，推荐"故乡"

用简洁的语言介绍自己为电影《故乡》设计的宣传海报，并阐明设计的寓意。

设计意图：在小说原有教学方法的基础上结合海报制作特点，融语文、美术于一体，多角度激发学生的兴奋点，让学生在充满乐趣的课堂上学习，以取得更好的教学效果，更能培养学生的创新意识和实践能力。正是基于这一前提，语文教师引导学生走进小说中，学生对小说有了一定的了解，进而展开联想、想象，感受到小说的意境，接着指导学生对小说进行海报式的展现。通过小说进行海报的创作，使文学和艺术有机地结合起来，进一步培养审美能力，提高学生的艺术素养。

(八)群文比较，品读"故乡"

荐读：鲁迅先生的《野草》和《故事新编》。

设计意图：遵从群文阅读理念，学习一篇文章，阅读这位作家其他文体的文章，才能较全面、较准确地把握这位作家的创作风格。

(课)(堂)(实)(录)

授课时间：2016 年 5 月

授课地点：黑龙江省牡丹江市第二高级中学

整 理 人：黑龙江省牡丹江市第二高级中学　王晶

师：上课，同学们好！

生：老师好！

师：西方哲人说："我们怀着永世的乡愁寻找心灵的故乡，而故乡永远在大陆的中央。"是啊，也许这个世界有一个让我们永远牵挂，永远魂牵梦绕，永远无法归去，永远无法抵达的所在，那就是"故乡"。

"我冒了严寒，回到相隔二千余里，别了二十余年的故乡去。""严寒"是寒冷的季节，隔着"二千余里""二十余年"的时空回故乡，故乡在已逝的时光与情怀里，请同学们谈一谈对"二千余里""二十余年"两个数字的理解。

生："二千余里""二十余年"不是确切的数字，是虚指。

生："二千余里""二十余年"是说空间距离远，时间跨度大。

生："二十"似乎是用典，古诗有"故国三千里，深宫二十年"，《红楼梦》中贾元春的判词是"二十年来辨是非，榴花开处照宫闱"，都是在说时间的漫长。

师：有道理，小说开篇的一组数字的确意味深长。古人有"望故乡""思故乡"，"故乡"的确是用来"望"的，用来"念"的。同学们，在细读小说的基础上，分组完成以下几个问题：1. 如果让你为鲁迅的小说《故乡》改编的同名电影设计一幅海报，画面中的人物你将选择小说中的哪一个或哪几个？

生：我选择闰土，我觉得他的名字很有寓意，象征着土地，代表着千千万万的农民。

生：我也选择闰土，闰土就是《故乡》的主人公，就是"故乡"的代言人。

生：我也选择闰土，闰土的变化就是故乡的变化。

生：故乡是无尽的乡愁，闰土的变化还代表物是人非，故乡在消逝。

师：同学们谈得真好，还有其他意见吧？

生：我选择杨二嫂，故乡曾经是年轻时的"豆腐西施"，杨二嫂美丽、宁静、天然。

生：我也选择杨二嫂，杨二嫂由质朴变得贪婪又俗气了，故乡也是这样。

师：杨二嫂的贪婪又俗气，你是由哪里读出来的？

生："'哈！这模样了！胡子这么长了！'一种尖利的怪声突然大叫起来。"不见其人，先闻其声，一连用三个感叹号。言谈庸俗不得体，对一个已多年不见的成年男子评头论足，并且感叹对方的胡子。胡子是个人的"隐私"，公然评论，显出小市民气，习惯于街长里短，油腻得很。

师(称赞)：这位同学非常会读书，在字里行间体会体验，非常好。

生：我也选择杨二嫂，杨二嫂连个名字都没有，正因如此，她可以代表"故乡"千千万万个女性。她们是女儿，是妻子，是母亲，她们依附男人而存在，尤其突出的就是某男人妻的角色"杨二嫂"。

师：谈得真好！鲁迅先生特别善于命名，《呐喊》这部小说集里面似乎每一个人物的名字都意味深长，孔乙己、阿Q、洋鬼子、魏连殳、夏瑜、祥林嫂、柳妈、杨二嫂……名字的由来都寓意无穷。杨二嫂同时拥有两个绰号——"豆腐西施"和"圆规"，杨二嫂年轻时的绰号"豆腐西施"和二十年后中年时的绰号"圆规"有什么寓意？

生："豆腐西施"，暗示年轻时的杨二嫂白且美丽。

师：语言很洗练，"白且美丽"。

生："豆腐"是白且细嫩，"温泉水滑洗凝脂"。

生："西施"是美女的代名词。

生："细脚伶仃的圆规"，表现出细瘦、尖锐、刻薄、冷漠，甚至丑陋。

师：原来如此，二十年，一个美好的人，一个美丽的女子，变得如此丑陋不堪。

生：对比太鲜明。

师：电影《故乡》的海报上，有的同学选择闰土，有的同学选择杨二嫂，作为画面的主要人物，还有其他选择吗？

生：我选择闰土和杨二嫂。

师：理由？

生：闰土是农民，杨二嫂是市民；闰土是男人，杨二嫂是女人；他们两个放在一起才可能更全面地代表故乡，代表故乡的变化。

师：还有什么样的构思？

生：我想选择小说中的"我"作为海报上的人物。显而易见，"我"是小说中的线索人物，我们以前学过的鲁迅先生的小说《社戏》，也有一个线索人物"我"，我读过鲁迅先生的小说集《彷徨》中的一篇小说《祝福》，也有一个线索人物"我"，"我"在小说里很重要，是讲故事、看待小说人物的一个视角，因此，我选择"我"。

师：以第一人称叙事的小说，中西方的作家都情有独钟。俄国的短篇小说之王——契诃夫尤其喜欢这样的小说叙事模式。而鲁迅先生作为苏联小说的译者，他也深受其影响。这位同学很有见地。

生：我也想选择"我"这一形象。

师：不错，但是我有一个疑问，在《故乡》这篇小说中，"我"的形象没有正面的描写，"我"是"隐形"的，海报上如何正面表现，的确是个难题。

生：让我来想一下，可以是鲁迅先生的形象。

生：可以是一个背影。

生：可以是一双眼睛。

生：可以是民国时期的一个青年知识分子形象。

师：同学们的思考都各有其价值，真的很精彩。

师（追问）：还有其他思考吗？

生：我想用一个群像来表达。

师："群像"一词用得好，故乡是一个抽象又具体的所在，是一个朦胧而又清晰的载体，"故乡"就是父老乡亲。

生：我要用一群人——江南的农民来表达，"故乡"已不在，他们也许衣衫褴褛、面目麻木。

生： 我要用一群酷似闰土的人来表现。

生： 我要用三五个中老年女性形象来表达，因为故乡就是母性的。

生： 我要用一个老者，须发皆白的老者来表现。

师： 同学们很有见地，对文本读得很细、很投入，懂得鲁迅，也理解故乡。下面第二组同学再来研读交流一下：2. 如果让你来设计电影《故乡》的一幅海报，你选择什么色调？为什么？

生： 我选择海报的颜色是枯黄，因为小说的开篇便是"苍黄的天底下，远近横着几个萧索的荒村，没有一些活气。我的心禁不住悲凉起来了"。枯黄色，代表着荒凉与衰败。

生： 我用黄土地的颜色，因为黄土地是中国的象征，故乡就是故国，就是华夏。黄土地的颜色是对"苍黄的天底下"中"苍黄"一词的演绎。

师： 很有文化意味。俄罗斯画家列宾说过"颜色即思想"，色彩传达的即是某种思想。"枯黄"很好，"黄土地"堪称绝妙。

生： 我用褐色，岩石的颜色表现毫无生机，表达那种沉默，那种"不在沉默中爆发，就在沉默中灭亡"的危机、危险、愤怒与忧伤。

师： 除了这个非常具有油画感、最中国的黄土地色系外，还有其他的选择吗？如果让你为《故乡》这部电影的宣传海报选择主色调，你会选择什么颜色？细读文本，注意小说中的环境描写。

生： 我选择深蓝，《故乡》中有这样的描写："深蓝的天空中挂着一轮金黄的圆月……"深蓝是夜空的颜色，也是旧中国的写照。茅盾先生有一部作品，书的名字叫《子夜》，子夜的颜色我理解就是深蓝色，也是故乡的样子。

生： 那我就用深蓝与金黄做主色调吧，深蓝色的夜空和金黄的圆月。

（生笑）

师： "月是故乡明"，很有诗意，永远向往与追求故乡的夜晚，不仅有短笛还有夜色和月明。

生： 我用碧绿来做主色调。"下面是海边的沙地，都种着一望无际的碧绿的西瓜。""碧绿"是田野的颜色，也是故乡的颜色，曾经的故乡有少年闰土，充满了希望，充满了勃勃的生机。

生：我用银白做背景。"这不能，须大雪下了才好。我们沙地上，下了雪，我扫出一块空地来，用短棒支起一个大竹匾，撒下秕谷，看鸟雀来吃时，我远远地将缚在棒上的绳子只一拉，那鸟雀就罩在竹匾下了，什么都有：稻鸡，角鸡，鹁鸪，蓝背……"银白色的雪的故乡。

师：银白色的雪，雪给予人的感受有时不是寒冷而是温暖，是白雪歌，是"柴门闻犬吠，风雪夜归人"，银白的故乡，温暖的田园。

生：我用灰色。小说里的故乡有两个——二十年前故乡和二十年后的故乡，二十年后的故乡是灰色调的，毫无生机。杨二嫂由"豆腐西施"变成了"细脚伶仃的圆规"，小英雄闰土变成了灰头土脸、麻木的中年人，我用灰色来做底色。

生：我用红色做主色调，红色是血色，故乡变了，故乡的人变了。"多子，饥荒，苛税，兵，匪，官，绅，都苦得他像一个木偶人了。"红色可以反衬，可以侧写闰土的悲剧。"我孩子时候，在斜对门的豆腐店里确乎终日坐着一个杨二嫂，人都叫伊'豆腐西施'。但是擦着白粉……"美丽、端庄、安静的杨二嫂就这样消失了。故乡的沧桑沉沦就应该用红色状写。

师：用血色极其大胆。我想起了白居易《琵琶行》里写琵琶女放浪青春的诗句"血色罗裙翻酒污"，用那种刺目的血色来表现故乡，也同样具有冲击力。同学们用诸多的颜色表达对《故乡》的理解，言之有理，言之有据，言之有情。下一个问题：3. 请下同学们对海报的背景做一下选择，你用什么样的景物呢？

生：荒村。"时候既然是深冬；渐近故乡时，天气又阴晦了，冷风吹进船舱中，呜呜的响，从篷隙向外一望，苍黄的天底下，远近横着几个萧索的荒村，没有一丝活气。我的心禁不住悲凉起来了。"荒村，荒凉的村子，人去屋空。

师：暗示了萧索，暗示了战争不幸。

生：我用"老屋"作为电影《故乡》宣传海报的背景。"第二日清早晨我到了我家的门口了。瓦楞上许多枯草的断茎当风抖着，正在说明这老屋难免易主的原因。"如果有特写，应该是老屋瓦楞上断了茎的枯草，破败、寒荒、苍凉，让人欲哭无泪。

师：是的，"故乡"是确定的时间与空间，又是抽象的所在。用"老屋"来代表故乡，的确是恰当的。

生：我选择水与乌篷船。

师：小说里有正面描写吗？

生：没有，有间接的描写。"我们的船向前走，两岸的青山在黄昏中，都装成了深黛颜色，连着退向船后梢去……"我觉得这船应该是乌篷船。

师：是的，江南水乡，以船为家。乌篷船是故乡标志性的交通工具。

生：海滨的西瓜地。我觉得这种格调特别田园风。曾经的故乡就应该是这个样子。

生：冬天的雪地，各种各样的鸟。

生：我把荒村、老屋、青山、江水、乌篷船组成一幅画面表现故乡。

师（环顾全班）：这组的同学对于文本有自己深入的阅读和较为深入的理解。鲁迅先生小说的环境描写既像漫画又像简笔画。传神，寥寥数笔，意味深长。为故乡作画，要言不烦。二十世纪二三十年代的中国，把每一个中国人都变成了无乡可归的游子。城镇、乡村破旧衰败，民不聊生。

还想和这一组的同学探讨一下海报上的人物——闰土和杨二嫂。如何表现他们最经典的一面？鲁迅先生在刻画这两个人物形象时，有什么不同？

生：少年闰土是动态的，中年闰土是静态的。"其间有一个十一二岁的少年，项带银圈，手捏一柄钢叉，向一匹猹尽力的刺去，那猹却将身一扭，反从他的胯下逃走了。"一连串的动作描写，熠熠生辉。中年的闰土是麻木的："他站住了，脸上现出欢喜和凄凉的神情；动着嘴唇，却没有作声。"少年闰土鲜活美好，中年的闰土像一个无声的影子、木偶人。

生：少年闰土是五彩的、光鲜的。中年的闰土是黑色的。"深蓝的天空中挂着一轮金黄的圆月。""都种着一望无际的碧绿的西瓜。""我们日里到海边检贝壳去，红的绿的都有，鬼见怕也有，观音手也有。晚上我和爹管西瓜去，你也去。"

生：杨二嫂二十年前后的对比。之前是美丽而娴静的，之后是吵闹的和粗糙的。"顺便将我母亲的一副手套塞在裤腰里，出去了。"画面可用现在和过去两幅。肖像形成虚实对比。

师：这个手法很漂亮，两幅肖像做虚实对比。

生：其实鲁迅先生写人都能抓住人物的特征，所以设计海报是很容易的事。"他头上是一顶破毡帽，身上只一件极薄的棉衣，浑身瑟索着；手里提着一个纸包和一支长烟管，那手也不是我所记得的红活圆实的手，却又粗又笨而且开裂，像是松树皮了。"闰土的形象非常鲜明且具体。杨二嫂，"细脚伶仃的圆规"形象也跃然纸上了。

师：小说中人物形象的塑造是最能展现小说家功底的。闰土、杨二嫂，正是以鲜明的个性呈现在文学的人物画廊中。下一个问题：4. 汉字有七种字体：甲骨文、金文、大篆小篆、隶书、楷书、行书、草书。《故乡》的海报中"故乡"二字用什么字体？说说你的理由。

生：选隶书，厚重。

生：选楷书，笔画简爽，凸显主题。

生：行书，有一种忧伤和乡愁相配。

生：草书，笔走龙蛇中，有一种心绪。

师：各有千秋，在汉字形体的千变万化中再一次体会"故乡"的深情。作业——用简洁的语言介绍自己为电影《故乡》设计的宣传海报，并阐明设计的寓意。课外阅读鲁迅先生的《野草》和《故事新编》。最后一起读一读《故乡》的结尾。

生（齐）：我在朦胧中，眼前展开一片海边碧绿的沙地来，上面深蓝的天空中挂着一轮金黄的圆月。我想：希望是本无所谓有，无所谓无的。这正如地上的路；其实地上本没有路，走的人多了，也便成了路。

教 学 反 思

本课是一节活动课，力图突破传统小说阅读的教学方法，重点通过海报设计，突出学生的主体地位，让学生成为课堂的主人。通过选人物、选色调、选背景，让学生在自主选择中体会小说的人物、情节、环境及写作特色。本节课的成功之处有以下三点。

一、课堂生成多

教育学家布鲁姆说："人们无法预料教学所产生的成果的全部范围，没有预料不到的成果，教学也就不成为一种艺术了。"随着学习理论的发展，建构主义已成为新一轮课程改革的理论基础之一，学习被广泛地认为是学生头脑中原有认知结构的重建过程，一种个性化的生成过程。海报设计是学生的自主课堂活动，教师放手让学生对海报的人物、色调、背景做出选择并阐述理由，因此学生的思维就突破了原有的方形，而能围绕一个点呈射线状发散，形成知识重构，课堂即时生成明显较多。

例如，课堂一开始学生对"二十年"的思考引发对古诗词中用典修辞手法的生成；选择海报色调为黄色时，引发对色彩与思想关联的生成，这些都是我在进行教学设计时没有想到的。

二、教学手法新颖

传统的课堂教学以知识传授为中心，过度强调了教师的作用，扼制了学生的个性和创造性，忽视了学生的主动性与潜能的发挥，学生只是被动听教师的讲授，无法融入自己的思考。本节课也涉及对人物形象的理解与分析，但没有按照传统的肖像描写、语言描写、动作描写等来分析人物形象，而是通过海报设计时对人物的选择来启发学生对小说中闰土、杨二嫂等形象的思考。课堂设计海报对学生而言是新颖而有趣的，学生在设计人物时对小说中的人物形象就有了立体性的思考与分析。看来，要在课堂上打动学生，必须找到他们的兴趣点。

三、课堂气氛活跃

《义务教育语文课程标准（2011 年）》明确提出："充分发挥师生双方在教学中的主动性和创造性。学生是语文学习的主体，教师是学习活动的组织者和引导者。语文教学应在师生平等对话的过程中进行。语文教学应激发学生的学习兴趣，培养学生自主学习的意识和习惯，引导学生掌握语文学习的方法，为学生创设有利于自主、合作、探究学习的环境。"学生在为海报选择色调时，对不同颜色寓意的理解完全超出了我的教学设计，既能将色彩与小说情节内容相谐调，又能与古典诗词相联，还能与时代社会背景相吻合。各抒己见，思维活跃，既体现感性的审美意识，又蕴含理性的思考深度。就是因为海报设计这一新颖的教学形式激发了学生的学习兴趣，乐学之下他们灵感的火花就不断闪现。

当然，每节课都是遗憾的艺术，在遗憾中不断改进，才能不断提高。本节课的不足之处有：

一、课前准备还有些欠缺

如果在了解学情的前提下，找到一两位美术才艺较突出的学生，让学生在课堂上手执画笔在其他学生选择讨论的基础上现场制作，下课前能真正制作出一幅海报，这样的活动课效果可能会更好。当然，因为是借班上课，对学情无法深入了解，课堂上完成海报设计可能也不易做到。

二、个别教学环节不够流畅

比如，在设计海报人物时，如果直接将杨二嫂、闰土从纵向时间的角度加以对比，就更为完美。而本节课在整幅海报将人物、色调、背景已经完整设计之后，再补充讨论闰土和杨二嫂两位人物形象的写作特点，整个教学思路就显得不够流畅。

教而思，思而进，是每一位教师不懈的追求。

同 行 悟 课

铁打的《故乡》，新锐的教法

山西省临汾市县底中学 王 瑾

经典的文本就像一座山一样横亘在我们面前，需要我们不断攀爬。当我们一步步循规蹈矩地行走时，也许董老师的课提供了一种诗意浪漫的飞行姿态。说到小说教学，似乎人物、环境、情节、主题都是我们要突破的地方。"森严的堡垒"就在前方，可如何破得巧妙却是一门学问。董老师这节课给了我们一些启示。

一、课堂问题设置要具有情境性、整体性

鲁迅的文章总是给人一种疏离感，而《故乡》这样的作品离学生的生活较远，意蕴比较深厚，如何激发学生的学习兴趣、思维活跃度就成了考验一位教师功力的问题。

董老师给同学们设置了一个真实的情境，让同学们实践起来——为这部作品的同名电影设计海报。文本虽陌生，但与这个时代紧密相关的电影海报是大家熟悉的，本课设计的初衷密切关注了"学生的发展和社会现实生活的变化"。情境设置的关键是生活化，越趋近生活的本真越具有实践性，越能激起学生的挑战欲与创造性。

接着后面几个环环相扣的问题才是这节课成功的要点所在。董老师重点从人物突破，可是突破得很巧妙。她设置了三个层级不一样的问题。第一个问题：请为画面选择人物。学生发言看似热闹，其实思维和表述还是在小说以外打转。这时董老师敏锐地意识到这个问题，及时进行追问，提出第二个问题：以杨二嫂为例分析人物绰号变化。在老师的点拨下，学生已经能抓住人物的描写特征来分析了。第三个问题：比较闰土和杨二嫂的人物刻画有何不同。学生已经在无形中迁移运用人物描写的方法来分析了，而且具备一定的对比思维，在对比中逐渐明确主题。

除了人物的整体突破，具体到色调的调配、背景、字体的选择，以及细化到如何在海报上表现人物经典的一面，处处体现情境的深化，学生对本课感受和理解的多元性得以充分展示。正如董老师曾说："学生、老师、文本三者之间必须是互动完成的。"又如王荣生教授说："语文课堂在感受气氛的活跃之后，更要关心学生是不是驻留在了与教学内容相应的语文体验。"其实诗意设计的背后正是语文学科的核心素养在做支撑。

二、教师点拨的针对性与拓展性

教师的课堂语言是画龙点睛的那一笔，点得到位，整个课堂就盘活了，就"飞升"了。课堂的点拨可以就学生的发言进行鼓励追问，或者纵横勾连。董老师从叙事人称问题联系到鲁迅作品受苏联文学的影响，从闰土名字的寓意，如数家珍扩展到《呐喊》中一系列人物的姓名，这种丰富的人文素养对学生精神领域的影响是深广的。

更为重要的是抓住每一次发问的契机，整堂课董老师的发问不是生硬地抛出，而是如水流般随势而淌，所到之处，总能激起片片浪花。比如："杨二嫂的贪婪而又俗气，你是由哪里读出来的？""杨二嫂年轻时的绰号'豆腐西施'和二十年后中年时的绰号'圆规'又有什么寓意？"通过两个追问，学生认识到女性地位的卑微与命运的变化，而答案恰恰来自学生充分自主的阅读。这种得到回应、点评的解读，可以不断激发学生的阅读自信，以及主动意识和进取精神。

课堂的艺术永无止境，能到达教学精神"故乡"的从来都是不远万里，穿越时间，努力做"新人"的人。

诗意的情境创设，唯美的拓展生成

内蒙古赤峰市克什克腾旗经棚一中　刘洪涛

董一菲老师的诗意语文课堂，以诗意贯穿：诗意的汉字之美，诗意的文化之美，诗意的诗文之美，诗意的意境之美，诗意的精神之美……一切诗意的"美"均源自董一菲老师渊博的学识、丰富的阅读、诗意的智慧和贴近学生的"润泽"。一菲老师的诗意语文课堂不仅有诗意的文雅，更有情境的灵动。在诗意的情境创设中，引领学生唯美的拓展、智慧的生成，将诗意语文引向"青草更青处"。

一菲老师的《故乡》教学课例既为我们展现了诗意语文的魅力，也为我们未来的小说阅读教学提供了智慧的诗意情境创设范式，更让我们在一菲老师文雅灵动的课堂中体味诗意拓展生成的唯美。

一、诗意的情境创设

一菲老师的《故乡》教学课例以"为鲁迅的小说《故乡》改编的同名电影设

计一幅海报"为情境，贴近学生实际，形式新颖而独特，能够引发学生积极的思考和体验。

一菲老师在创设本课情境时，以"为鲁迅的小说《故乡》改编的同名电影设计一幅海报"为主课题，以"如果让你为鲁迅的小说《故乡》改编的同名电影设计一幅海报，画面中的人物你将选择小说中的哪一个或哪几个？""如果让你来设计电影《故乡》的一幅海报，你选择什么色调？为什么？""对海报的背景做一下选择，你会用什么样的景物呢？""汉字有七种字体：甲骨文、金文、大篆小篆、隶书、楷书、行书、草书。《故乡》的海报中'故乡'二字用什么字体？说说你的理由"为四个子课题；以"用简洁的语言介绍自己为电影《故乡》设计的宣传海报，并阐明设计的寓意"为课后作业。

在主课题"设计电影海报"情境之下，子课题情境分别关照"画面人物""画面色调""背景景物""标题字体"四个要素，巧妙地将"海报绘画构图要素"与小说阅读中一直关注的人物、主题和环境相对应，将传统的"三要素"分析转化为诗意唯美的"电影海报设计"情境，能够有效激发学生的内心情感，促使学生最大限度地参与学习，引起学生情感上的共鸣，既关照学生语言的建构和运用，又提升学生的审美鉴赏和创造。

小说阅读，重在细读，重在挖掘，重在小处着眼，重在微处审思。一菲老师这一情境的创设，将文本信息可视化，将小说要素实践化，将阅读体验情境化，将情境创设诗意化。

二、唯美的拓展生成

《故乡》教学课例为我们展现了一菲老师依据学情顺时、适时的拓展以及唯美的生成。如当学生回答"我也选择杨二嫂，杨二嫂连个名字都没有，正因为如此，她可以代表'故乡'千千万万个女性，她们是女儿，是妻子，是母亲，她们依附男人而存在……"，一菲老师便抓住"杨二嫂连个名字都没有"拓展出"鲁迅先生特别善于命名"，进而拓展举例"《呐喊》这部小说集里面似乎每一个人物的名字都意味深长，孔乙己、阿Q、洋鬼子、魏连殳、夏瑜、祥林嫂、柳妈、杨二嫂……名字的由来都寓意无穷"；当学生回答

"我想选择小说中的'我'作为海报上的人物……",一菲老师便抓住"第一人称叙事"拓展出"中西方的作家都情有独钟,俄国的短篇小说之王——契诃夫尤其喜欢这样的小说叙事模式。而鲁迅先生作为苏联小说的译者,他也深受其影响,这位同学很有见地"。这些顺时、适时的拓展,足见一菲老师诗意课堂的智慧。

生成是一种"无法预约的美丽",是偶发的、动态的、开放的。生成追求学生生命成长的开放性、互动性和多元性,是学生思维碰撞的生命场。《故乡》教学课例中,基于一名学生甲分析由质朴变贪婪的杨二嫂形象,另一名学生则生成"杨二嫂"是"千千万万个女性",是对"杨二嫂们"新的解读视角;基于以上学生的分析,又有一菲老师"杨二嫂同时拥有两个绰号——'豆腐西施'和'圆规',杨二嫂年轻时的绰号'豆腐西施'和二十年后中年时的绰号'圆规'有什么寓意?"新的问题生成,师生不断搭建通往"山巅"的阶梯,在思维碰撞的生命场中,感受诗意生成的魅力。

一菲老师的课堂,正是因为诗意的情境创设,才促成了唯美的拓展生成。诗意语文关注的不仅仅是诗意,还时刻关注着学生的生命体验,关照着学生的生命成长,关切着学生思维力和鉴赏力的提升。

天寒岁暮归何处，人间更重豹子头

——《水浒传》整本书导读之林冲篇（统编版语文九年级上册第六单元）

课堂中董一菲老师与学生亲切对话

教学设计

一、理念教学

统编版语文九年级上册名著导读（二）之《水浒传》，属于古典小说的阅读课。想上好《水浒传》整本书导读之林冲篇，教法必须有所突破。

《义务教育语文课程标准（2011 年）》要求"努力建设开放而有活力的语文课程"，"培养学生广泛的阅读兴趣，扩大阅读面，增加阅读量，提高阅读品位。提倡少做题，多读书，好读书，读好书，读整本的书"。

《水浒传》作为古典小说的典范，英雄的史诗，旨在再现梁山好汉从起义到兴盛、再到最后失败的全过程。小说一直在讲述故事，但我们不能太重"故事"而忽略"小说"，小说力在虚构和艺术，以虚拟的方式丰富读者人生体验。这节名著导读课，目的在于引导学生深潜文本成为真正的"读者"，在文本里腾挪跌宕，真正提升语言、思维、审美、文化等核心素养。

基于课标要求和学情，我试图从以下几方面重新确立教学的逻辑起点。

(一)突破传统形象定位和主题套路

抛开了常见的冗杂的人物形象分析，而是以《水浒传》的一百零八将，即三十六天罡、七十二地煞中"谁是英雄"进行曲问。也不从传统的"官逼民反"的套路出发浅教林冲"忍无可忍"走上梁山，而是引领学生深潜文本，沿着"林冲是英雄"的蹊径行走，多维解读，有意识地引导学生认识到丰富立体的人物形象，贴近心灵。

(二)注重环境描写里的审美和文化

文学作品中立体的、浮雕式的语言能使主人公的形象立起来，解析语言的精妙属于语文课堂中永恒的话题。

另外，色彩分析也是我的课堂中经常采取的教学方法，令人耳目一新。所选篇章文字色彩分明：红、白、黑，学生均能轻易找出，但又说不清晰、说不彻底其中深刻的含义。和学生一起在对色彩的辨析中共鸣，思接千载，神游万仞，把名著中的经典描摹一线穿珠，珠联璧合。整个过程如风行水上，文化自信、语言运用、思维能力和审美创造等核心素养得到稳步提升。

(三)明确整本书阅读的主要导读方向

第一，拒绝芜杂琐碎和肤浅，否则师生皆会深受其害。

整本书阅读恰巧能够解决或者消除掉这些问题。就像你必须读完《朝花夕拾》十篇文章，才可以深知鲁迅先生要"肩住了黑暗的闸门，放他们到宽阔光明的地方去"的含义。本课亦是如此，从一百零八将的星号入手，貌似奇巧，却是尊重人物、环境地位的正道。

第二，兼顾语言思维和审美，点燃课堂的文化星火。

汉字系统博大精深，那些会意、表情、有声的汉字最能启示学生的语言建构，必须千方百计给学生创造机会去生成词语、句子，生发并有机建构语言。驾驭课堂不是最难的，难的是让学生拔节生长，从一个不高明的读者变为高明的读者。

《林教头风雪山神庙，陆虞候火烧草料场》里包含中国传统的两极对立的色彩——极冷白和极热红，两种色彩恰恰对应着林冲矛盾复杂、圆形动态的性格，利用色彩研读辨析人性，动人心魄。

第三，引入金圣叹经典点评，读懂《水浒传》事半功倍。

钱穆放过狠话："不读金批，《水浒》就跟没读一样。"金圣叹狷狂洒脱，才气肆意挥洒，他的评注别具一格：字法、句法、章法、部法都看得非常清楚。

以金圣叹对林冲的点评"林冲自然是上上人物，写得只是太狠。看他算得到，熬得住，把得牢，做得彻，都使人怕"做示范，让学生用评点法挑选细节进行分析，既是纵情解读文本，也是一定程度上"运用"语文。

文本特色各有千秋，解读亦应特色。此后，学生再读《水浒传》，他如果能把这节课所学的关注人物细微、着意留心环境、细心注视色彩、烘托次要人物、揣摩传神词句活学活用，本节课就算落到了学生心里。

二、教学目标

1. 核心目标：能从一百零八将的星号入手，找出"天雄星"林冲才是真英雄的原因，并以此打开导读的突破口。

2. 条件目标：能把握小说中林冲出现章节的主要内容，理解人物形象的发展轨迹，体会"天雄星"的英雄之气；深入把握施耐庵层层深入塑造人物的方法，进而激发学生对阅读整本名著、深度探究主要人物形象的兴趣。

三、教学过程

(一)石破天惊，主问题呈现

1. 简要介绍《水浒传》和水浒人物。《水浒传》是一个江湖的世界，更是一个英雄的世界。接着对比项羽和李白对英雄的理解，顺势提出主问题：《水浒传》一百零八将分有三十六天罡、七十二地煞，你认为水泊梁山谁是真正的英雄呢？

2. 学生众说纷纭，各自评定心中的"英雄"，借机追问：施耐庵将"雄"的星号独赠予了谁？为什么？

(二)一语中的，金圣叹妙评

1. 与李逵、武松、鲁智深人物形象对比，概括大部分读者惯常记忆中的林冲形象：压抑落寞、逆来顺受、忍无可忍仍需再忍、委曲求全、到底意难平。

2. 引入金圣叹点评："林冲自然是上上人物，写得只是太狠。看他算得到，熬得住，把得牢，做得彻，都使人怕"。追问"怕"字何来，引出小说三要素和节选读本中的传神细节，入木三分的评论吸引学生对文本详细解读。

(三)细节纷呈，真英雄凸显

1. 提示细读小说三要素，关注情节中的细节，引入古今中外名著来佐证细节迷人之处：黛玉葬花、宝钗扑蝶、《雪国》的大雪、《百年孤独》的黄蝴蝶、《堂吉诃德》的风车、《茶花女》的茶花等。幽深丰富的名著细节，带出《林教头风雪山神庙》的细节。

2. 教师做细节赏析示范，学生亦随之深度阅读，个性化地选择细节辨析林冲是否真英雄。

先读词语中躲藏的细节：正"闲走"的深邃、被"算计"的阴险、被"陷害"的狠毒、"摇撼"的惊心动魄，"雪夜"的凄惶，"掇开"的勇毅。英雄的经典行为跃然纸上。深潜文本，反复琢磨，才是语文课堂的起点、落脚点、拔高点。

再找动作中深蕴的细节：描绘草屋时的清淡、店小二"看顾"的周到、"跳起身来"的敏捷、"提枪出庙门"的决绝、"轻轻把石头掇开，挺着花枪，左手拽开庙门"的举重若轻，历历在目。

(四)以色度人，复杂性联翩

1. 才子之书，有诗的韵味，有画的风采。世界各国名著均有色彩经典片段：安娜·卡列尼娜的黑裙、爱丝梅拉达的红裙、斯嘉丽的绿眼睛，都是主人公个性的代言。

2. 施耐庵用什么样的色彩刻画他笔下心爱的人物林冲？

3. 白色的雪、红色的火光、黑色的毡笠，影影绰绰，都有林冲的影子。余光中的诗歌，列宾的名句都为林冲的浓重色彩立言。再次以名著人物的色彩类比林冲。通过色彩看人性，透过色彩看人生。

4. 与鲁达、武松、李逵、韩信类比；用"辱"字和"忍"字说文解字；加入与李小二、陆谦多样化的朋友关系推敲个性；引入拾得和尚的名联多重佐证；带入祝家庄骁勇善战却位次靠后，引人深思；带入全书名场面全面烘托。同类叠加，多方互见，人物形象淋漓尽致。

(五)追问结局，凝重而震撼

1. 复杂的人物形象分析之后，追问林冲结局和死因。

2. 引入列夫托尔斯泰的名句："一个人只有在盐水中煮三回、在血水中浸三次，可能他才是英雄。"要言不烦，正好印证林冲的一生。

3. 引入美国作家塞林格在《麦田里的守望者》名句："一个不成熟男子的标志就是他愿意为某种事业英勇地死去，一个成熟男子的标志就是他愿意为了某种事业卑贱地活着。"感悟异曲同工之处。

4. 得出结论："天雄星林冲，水浒英雄，舍此其谁！"同时也鼓励学生通读小说，别出机杼。

本节课看似密不透风，其实泾渭分明：首先，提出主问题，引发学生深思；然后，链接古今中外名著互为佐证，印证词语的传神、描写的细致、色彩的分辨多样地对比探究林冲；同时，将林冲与《水浒传》中林林总总的人物对比分析，突出"天雄星"的过人之处；最后，大开大合鼓励学生多样化解读，读出个性。

课 堂 实 录

授课时间：2016 年 5 月

授课地点：北京交通大学附属中学

整 理 人：黑龙江省牡丹江市第二高级中学　冯雨靓

师：上课，同学们好！

生：老师好！

师：请坐。今天我们学习《水浒传》当中的一个选章，题目是这个章回的前半句"林教头风雪山神庙"。《水浒传》是明清的四大名著之一，这是一个江湖的世界，更是一个英雄的世界。关于英雄的理解，历朝历代都不一样。比如说，项羽是英雄，他自诩"力拔山兮气盖世"；李白有一种英雄模式，是"事了拂衣去，深藏身与名"的侠客形象。《水浒传》的一百零八将分有三十六天罡和七十二地煞，你认为水泊梁山谁是真正的英雄呢？

生：我认为豹子头林冲是英雄。

生：我认为是及时雨宋江。

生：我认为鲁智深是英雄，他倒拔垂杨柳，败夏侯成，擒拿方腊。

师：看来同学们对《水浒传》中的人物非常熟悉，是读过这部小说的。

生：我认为空手打死一只吊睛白额虎的武松是英雄。

生：我觉得有鲁智深，还有林冲、卢俊义、花荣，他们都是英雄人物。

师：的确，水泊梁山个个都是英雄好汉，快意恩仇，但每个英雄的形象都是不同的，作者施耐庵心中有他自己的理解。排名第一位的英雄是谁？

生（齐）："天魁星"宋江。

师：一个"魁"字，同学们知道书中是怎么解读的吗？

生：呼保义宋江。

师："魁"就是"首"（"魁"字重读），宋江当然是《水浒传》当中的英雄之首。他是水泊梁山的首领，"天魁星"，一个"魁"字彰显了他的领袖地位。再看看有代表性的"天机星"。

生（齐）："天机星"智多星吴用。

师：读得铿锵有力，智多星吴用。吴用是军师，非常有心机的人，是智慧的化身，所以用一个"机"字。再比如说"天闲星"，齐读后半句。

生（齐）：入云龙公孙胜。

师：公孙胜上梁山之前是一个道士，是"闲云野鹤"般的人物，非"闲"

字无以表现他的悠闲超然。再看看柴进，全班齐读——

生（齐）："天贵星"小旋风柴进。

师：为什么给柴进一个"贵"字呢？"贵"是什么意思？出身高贵。柴进是后周皇帝柴荣的后裔，所以是"天贵星"。同学们看，作者施耐庵将"雄"字独赠予了谁？

生：林冲。

师：林冲，怎么看出来的？

生：天雄星。

师：是啊，豹子头林冲被尊为"天雄星"，这是一个英雄的世界，那么在这英雄的世界当中，作者施耐庵为什么独把"雄"字赠予他心爱的英雄林冲呢？而林冲这个人物形象，在我们惯常的记忆中，他似乎是一个逆来顺受、忍无可忍仍需忍、委曲求全的形象。和鲁智深的"拳打"、李逵的"痛快"、武松的"杀伐"那样快意恩仇，该出手时就出手相比，似乎总有几分压抑和落寞。八十万禁军教头落得个有冤无处申、不能申，多少读者替林冲意难平。我们一起研读一下中国古典小说的一个特点——特别讲究评点，作者的作品一出现，就有一个评点紧跟着。金圣叹评《水浒传》，毛宗岗父子评什么？

生（犹豫）：《三国演义》。

师：那谁又是评《红楼梦》的高手呢？

生：脂砚斋。

师：同学，你说得非常好，就是脂砚斋，因为他们是知音。金圣叹把《水浒传》列为第五才子书，对林冲进行了这样的点评，我请同学来读一下。

生（读）：林冲自然是上上人物，写得只是太狠。看他算得到，熬得住，把得牢，做得彻，都使人怕。

师：好。"使人怕"，"怕"恐怕是一种力量，是一种英雄气，施耐庵含蓄着说，金圣叹解读着说，我们怎么说呢？需要读文本的，那么我们就一起研读。同学们细读文本，中国的传统小说以三要素取胜，有哪三要素？

生：人物、情节和环境。

121

师：非常准确。中国传统的古典小说特别讲究情节跌宕起伏，《红楼梦》是"草蛇灰线，伏脉千里"。因为是节选而不是完整的读本，那我们要研究一下它的细节，没有细节就没有经典的小说。我们看看世界各国的名著，中国的《红楼梦》，它赋予林黛玉一个细节，就是"黛玉葬花"，那么宝钗呢？

生：扑蝶。

师：加西亚·马尔克斯写了《百年孤独》，有一个非常奇幻的细节，就是那纷飞的黄蝴蝶。再比如说，日本作家川端康成的小说《雪国》当中的"雪"，这是环境细节；比如说，《堂吉诃德》当中的那个细节——他把风车想象成什么了？

生：巨人。

师：不愧是文科实验班的孩子们，读书的涉猎面非常广啊！说他把风车想象成巨人，大战风车，然后表现出那种荒诞、荒唐。《茶花女》以一朵茶花写尽了她所有的娴雅、高贵，虽然她沦落风尘。小说中有许许多多的细节，不一而足，细节是非常非常重要的，没有细节成就不了小说。那么我们就研读一下《林教头风雪山神庙》当中的细节，读出林冲不同寻常的英雄气。

生（齐）：话说当日林冲正闲走间……

师：同学们语感非常好！这句话同学们突出了一个"闲"字，揣摩一下，全班再齐读一遍。

生（齐）：话说当日林冲正闲走间……

师："正闲走间"，"闲走"是闲情、闲适啊，林冲是在什么背景下"闲走"啊？我们经常说"林十回"，《水浒传》是用十回来写林冲的，那么林冲到沧州之前发生了什么事儿，他还如此悠闲？这是以前阅读的积累，请你来说。

生：林冲受人敬重，有个美满的小家庭，但因为妻子美丽得罪了有权有势的人。

师：得罪了就白得罪了吗？当然不是啦，人家就怎么样？

生：就算计他。这个人指使陆虞候等人设下毒计，诬陷林冲手执利刃闯入军机重地白虎节堂,图谋行刺,把他送交开封府发落。

师(鼓励):"算计他",用词很好!于是就设计了很多的阴谋,他死里逃生。说得很好,还有补充吗,这位同学?

生:他就是被高俅陷害。林冲被发配沧州,高俅又令陆虞候买通押差,要在赴沧州途中的野猪林里害死林冲。

师:被高俅陷害。这位同学先前说的那个有权有势的人就是高俅高太尉。同学们说林冲是什么身份呀?

生:林冲原是东京八十万禁军枪棒教头。

师:真准确,八十万禁军枪棒教头。是高俅的手下,于是高俅陷害他,他可谓死里逃生,在生死边缘行走——闯过无数的险境,触目惊心。同学们还记得他刚刚从哪里逃出来,他最好的兄弟鲁智深救了他,那个地方叫什么?

生:是鲁智深大闹野猪林。

师:非常棒!那这位同学来说说,在这个过程中,有两个解差迫害他,都有什么样恶劣的情节?

生:用开水给他洗脚,直烫得脚面红肿,把他的脚磨得都是泡,还不断打骂,在野猪林就是要将他置于死地。

师:于是林冲就这样来到了沧州,那是一种怎样的惶恐啊?如果用孔子自嘲的话来说,那应该是"若丧家之狗"啊,但是他怎么样?全班再齐读一遍,好好体会这份"闲"。

生(齐):话说当日林冲正闲走间……

师:他在这儿闲走,我想也学一学评点的方式说说林冲:"被贬沧州,没有恓惶,却是这等闲适,实乃大英雄。"我们就选择《林教头风雪山神庙》当中若干的细节句子,一个就可以,研读一下。你说林冲是英雄吗?你也可以说他不是,拿出证据。所选的句子不全,你还可以再补充,只要是文本当中的就可以。给同学们几分钟时间讨论一下,然后你进行评点。评点法是中国古典小说最好的阅读方式,相信同学们能做到。

生(读):仰面看那草屋时,四下里崩坏了,又被朔风吹撼,摇振得动。林冲道:"这屋如何过得一冬?待雪晴了,去城中唤个泥水匠来修理。"

师：嗯，读得字正腔圆！但有一个字不太准确，"摇撼"，"摇撼得动"，好，请你来说。

生：看描写草屋的细节，这座草屋在大雪中被摇撼得几乎要垮掉的那个破屋烂瓦的状态，虽然林冲知道这是他以后将要生活的地方，却是很淡定的，在心理上没有愤怒，而是很平静地说等到雪停了找人去修理修理就完了，就是很有大将的那种平静的心态。我觉得英雄需要这么一种气度。

师：嗯，英雄的气度，淡然、淡定、大将风度。说得好，好一个淡然，林冲对寒冷的世界，无忧无惧，英雄本色。

生：我找的是第七句："店家切一盘熟牛肉，烫一壶热酒，请林冲吃。又自买了些牛肉，又吃了数杯。"店家请他吃肉是因为林冲曾有恩于他，然后他自己又买了些肉和酒，这些都是英雄的经典行为。

师：经典的细节被你发现了。林冲对店小二的"看顾"体现了"义"字，这是英雄人物的重要基石。通过店小二侧面写出林冲对弱者怜悯，含蓄却动人，这样惜弱怜贫的事林冲究竟做了多少？我们无从知晓。林冲性格中有水之善的品性，他不会像武松那样，在墙上无畏无惧地写上"杀人者武松"。

生："正吃时，只听得外面毕毕剥剥地爆响，林冲跳起身来。""跳起来"这个动作细节很耐推敲。

师："林冲跳起身来"，你坐着的话，能不能跳得很高呢？我们在坐着的时候可以一下跳起很高，但古代是没有这种椅子的，是很矮的坐具，一下跳起身来，能不能做到？

生：做不到。这一动作可以看出林冲的力量与勇气，武艺高强，他杀王伦，让人胆战心惊。

师：有勇气，豹子头林冲好身手，好血性，八十万禁军枪棒教头的神采跃然纸上。还有没有补充？

生：第十句："把毡笠子带上，将葫芦里冷酒都吃尽了。被与葫芦都丢了不要，提了枪，便出庙门投东去。"就是当他知道都是来害他的真相后，手刃了他的敌人，然后把葫芦里的酒都喝尽了，有一种毅然决然的痛快！

师：好，毅然决然，就像《水浒传》电视连续剧的主题歌那样，"该出手时就出手"，抛去一切幻想，决绝地斩断过去，从此花枪上挑的不再是葫芦而是人头。

生："轻轻把石头掇开，挺着花枪，左手拽开庙门。"就是形容他的一个动作细节，"轻轻把石头掇开"就是……

师："掇"，用力吗？

生：不用力。

师：不用力，拾掇，是一个轻轻的动作，掇开的是什么？

生：石头。

师：对，石头，是一块大的石头，非常沉重。林冲举重若轻，武功出众，连刃三敌。

生：说明他非常有气势，有力量，豪气冲天。"挺着花枪"，就是他那种英雄的姿态，然后他"左手拽开庙门"。

师：平常我们最常用的是哪只手？哪只手更有力？

生：右手。

师：右手更有力，他用左手就把门拽开了。

生：说明他非常有力气，也许力拔山兮气盖世。

师：在古代，力气大可是一个标志了。就像飞将军李广，据说他的弓有多沉？三百石，一般人是拽不开的。这一段动作描写得非常好，而这位女同学对于词语的敏感性非常强，敏锐的语感是一种训练，更是一种素养，非常棒！同学们接着说。

生：我找到这一句："林冲大怒，离了李小二家，先去街上买把解腕尖刀，带在身上，前街后巷一地里去寻。"这个情节就是前边店小二说他的仇家前来寻他，但是他没有躲避，也没有感到害怕、畏惧，反倒是买了把刀去巷子里找他的仇人，所以说他有这种勇猛的气概、英雄的气质。

师：很好，大家有没有不同的意见，认为林冲不是英雄，就算是英雄也不能是水泊梁山众英雄中的英雄？我们想，小说往往都是有色彩的，尤其是中国古典小说四大名著之一的《水浒传》，被称为"才子之书"。那么被称为"才子之书"的这部小说里，它有诗的韵味，有画的风采，就像苏东坡先生赞美王维的诗"诗中有画，画中有诗"。小说离不开色彩，我们来看看世界各国的名著，比如托翁——列夫·托尔斯泰用黑色写《安娜·卡列尼娜》，安娜就是一袭黑裙却艳压群芳，黑裙的安娜。再如《飘》中的主人公斯嘉丽，她的眼睛是什么颜色？

生： 绿色的。

师： 非常棒，你是读过的。一种绿色的眼睛，是蓝天碧海般的那种颜色，于是作者赋予她一袭绿裙。而《巴黎圣母院》当中的爱斯梅拉达，一个吉卜赛女郎，雨果给予她一身如火的红裙。那么施耐庵是如何写他笔下心爱的人物林冲的呢？他用什么样的色彩来写的呢？我们先看看这个章回的题目，全班齐读前半句，读出气势来。

生（齐）： "林教头风雪山神庙"。

师： 再读一遍。

生（齐）： "林教头风雪山神庙"。

师： 章回体小说的章回题目通常是两句韵文构成的，同学们知不知道下半句是什么呢？"陆虞候……"你肯定是知道的，这个女同学你来说。

生（女）： "陆虞候火烧草料场"。

师： 看题目就可以知道这里充满了色彩之美，什么样的色彩？

生： 白色，"梅须逊雪三分白"。

师： 白色的雪，那么火烧草料场是什么颜色的？

生： 火是红色。

师： 红色的，这是红色与白色，此外呢？如果还选一种主要的色调，你选择什么呢？同学们跟我想啊，故事发生的时间是冬天，时间是一天当中的白天还是夜晚呢？

生： 夜晚，那是沉重的、浓郁的黑色。

师： 黑色啊，好，再看书，白色的除了白雪还有林冲的什么？黑色的除了夜还有林冲的什么？红色的除了那火还应该有一点什么？在文本当中，同学们仔细寻找，作者多次写到。

生：白的雪，白的棉布衫；黑的夜，黑的毡笠子；红的冲天的火光。白色、黑色和红色交织在一起，颜色是有生命的，生命是有颜色的。

师：还有那周身沸腾的红色的血液。就像余光中在其诗歌《民歌》当中说："如果长江冻成了冰河，还有我，还有我的红海在呼啸。"这个红海就是指周身的血液。大家看林冲的这个色彩很有特点，因为列宾说了一句话："色彩即思想。"像安娜的黑裙写出了她无比高贵与优雅，爱斯梅拉达的红裙写出了她的热情与奔放，斯嘉丽绿色的裙子和绿色的眼睛写出了她是有勃勃生机的人。那么林冲的颜色是白色的、黑色的、红色的交响，写出他怎样的人生？白色、黑色是极冷，那么红色就是极热的，是两极的对立，正如林冲矛盾的性格。说水泊梁山当中，内心最痛苦、人性最纠缠的莫过于林冲，不像鲁智深那么简单，不像武松那么单纯，也不像李逵那么扁平。他是丰富立体的人。颜色是一种象征，他是一个悲情的英雄，他的命运当中最大的一个字，是"辱"字，谁的生命当中没有"辱"呢？项羽能不能忍受失败之辱？

生：项羽没能忍受人生的唯一一次失败，最后遭垓下之围，乌江自刎。

师：说得非常好！乌江自刎。鲁智深能不能忍受一个平民的女孩儿，一个草根的女孩儿，为镇关西所凌辱？能不能忍受？不能，于是他路见不平。那么林冲的"辱"不是一般的"辱"，作为一个男子汉，他的妻子面临的是一种被调戏和玷污，这么大的"辱"，他怎么去对待？他采取的是一个字"忍"。什么叫"忍"？看看这个字的构成，汉字是会意的，汉字是有表情的，汉字是有声音的，从这个字的造字法看"忍"的底下是一个什么字？

生："忍"下面是一个人的"心"，上面是一个锋利的"刃"。

师：心上一把刀，刀上还有一个"点"，如果说得更形象一点儿，这个"点"代表什么呢？

生：一滴血。

师：非常好！声音虽然很小，但很坚决，我听到了，代表的是一滴血。"忍"字心头一把刀，并且刀上在流血。一个人能忍别人不能忍之事，他的胸怀才是博大的，他的内心才是丰富的，他的人性才是有深度和广度的。

看屏幕（指示屏幕），这曾经是禅家的一段话，就是两个僧人的对话。"昔日"是从前的意思，一个叫"寒山"的僧人，问另一个叫"拾得"的僧人，他是怎么问的？全班齐读！

生（齐）：世间谤我，欺我，辱我，笑我，轻我，贱我，恶我，骗我，如何处治乎？

师：这是问，拾得如何答？

生（齐）：拾得云，只要忍他，让他，由他，避他，耐他，敬他，不要理他，再待几年，你且看他。

师：这是一种境界，"忍"不是厚黑学，"忍"不是投机，"忍"不是目的，它是手段。中国古代有很多能忍之人，比如张良、勾践、韩信等，都是"忍"的经典。好，你来读一下这副对联。

生（读）：韩信忍于胯下，卒收登坛之拜；张良忍于取履，终有封侯之荣。

师：好，请坐。林冲的命运和性格，又怎是一个"逼上梁山，委曲求全"了得？我们看看他的这种纵深的东西，首先看林冲和他的娘子。《水浒传》当中的女子都很奇怪是不是？要么是"母大虫"，非常粗糙的这样一种形象；要么如潘金莲、潘巧云，这种所谓的"淫妇"。所有男子对女子的态度，都是凶狠的杀戮，只有林冲对妻子一往情深，但是他休妻，这是矛盾。同学们再看林冲跟朋友们的关系呢？这回书当中，涉及两位所谓的"朋友"，一个是自幼的朋友，他叫什么名？

生：陆谦。

师：陆谦对他是什么态度？用一个词来说。

生：是背叛，是曾经的朋友，今日的敌人。

师：背叛，非常好。那么，还有一个朋友是开篇说到的那个酒生，他叫什么？

生：李小二。

师：他们两个人地位悬殊，也可以说是陌路人、陌生人。他却给予最忠诚的悲悯。同学们说林冲的武功高不高？

生：特别高。梁山泊马军五虎将之一、东京八十万禁军枪棒教头，棒打洪教头，是金戈铁马、气吞山河、叱咤风云般的英雄人物。

师：三打祝家庄，打不下来，林冲一去就可以打下来。但是林冲在水泊梁山的排位，位次是多少？

生：第六位。

师：第六位，为什么是第六位？都是一种矛盾。里面有万般能说和说不得的东西。那么林冲对他的上级如高俅和高俅的儿子高衙内是极尽所谓忠诚忍让，而他的上级却是百般地加害于他，甚至要置他于死地，虽然林冲对这一切看得淡，但未必看得透，最后林冲怎么死的？

生（抢答）：林冲作为幸存的大将，却在杭州六和寺养病，由武松照顾，最后中风而死。

师：什么叫中风？心里都明白，却不能动、不能说，这是人生的无奈。用托尔斯泰的话来说："一个人只有在盐水中煮三回、在血水中浸三次可能他才是英雄。"因为林冲经历得太多了。下面是美国作家塞林格在《麦田里的守望者》里的一句话，我请全班男同学一起读一下。

生（男读）：一个不成熟男子的标志就是他愿意为某种事业英勇地死去，一个成熟男子的标志就是他愿意为了某种事业卑贱地活着。

师：读得铿锵有力，很有英雄气。给文科班女同学讲《水浒传》，也有别样的魅力。其实阴柔美也是一种美，阴柔中的豪气更帅，全体女同学读。

生（女读）：一个不成熟男子的标志就是他愿意为某种事业英勇地死去，一个成熟男子的标志就是他愿意为了某种事业卑贱地活着。

师：这种卑贱不是卑贱，而是一种人生的高大、对生命的敬畏。我们可以这样回答："天雄星林冲，水浒英雄，舍此其谁！"这是我们在这堂课当中简单讨论得出的结论，但不是唯一的结论，大家可以细读文本，乃至阅读《水浒传》全篇。谢谢同学们！下课，同学们再见！

生：老师再见！

教学反思

王安忆说："小说是心灵的历史。"

此言不虚。怎样在整本书导读之人物篇中，触碰并寻觅林冲的心灵历程，将是我特别看重的。前期我曾想试讲林冲的"人性向狼性的转变"，这个观点也很形象准确，但是感觉单薄平扁，典范性并不够，于是另辟蹊径。

一、教学设计得"整本书导读"之意旨

我应中国教育电视台《东方名家》专栏的采访，借班北京交大附中上课，生源较好。在教学设计上，对体现的深度和难度，还是比较满意的。

本次导读课突破了传统形象的定位和主题套路，以《水浒传》的一百零八将，即三十六天罡、七十二地煞中"谁是英雄"进行曲问。星号命名为"雄"的英雄只有一个——"天雄星"林冲，不从传统的"官逼民反"的套路出发，浅教"忍无可忍"走上梁山的这位英雄，让文本真正说话，让学生进行深度解读，师生皆是参与者和享受者。

让学生梳理林冲一生的代表性事件，也是颇得"整本书导读"之意旨的。手持单篇回合，但绝不让自己受限，从整本书撷取精髓方能完整。

除了用补充出英雄的星号拨开迷雾，达到了一石激起千层浪的效果外，再补充传统小说里所有男子对妻子的态度是残忍的，林冲深爱妻子，却又休掉妻子，这是矛盾；刚从差点丢掉性命的野猪林逃出，却是"闲走"；最后的结局是"中风"，想说不能说，意难平。

这集大美和大善于一身的动态发展的性格是师生自己梳理自然得出的，对圆形人物的分析达成过程，让人特别有成就感。

二、语文核心素养体现充分

引导学生学习环境描写的大天大地，这触及文化的文心文脉。用题目"林教头风雪山神庙，陆虞候火烧草料场"里包含的颜色"红与白"启发学生，这是中国传统的两种色彩。白色是极冷，红色是极热，这是两极的对立，正如林冲矛盾的性格。这是语言的发现、审美的情趣，亦是文化的建构。

作者对他钟爱的英雄充满了感情，语言、思维、审美、文化等方面处处体现，次次发现再发现，我们何以"视而不见"呢？

我常以会意的、有表情的、有声音的汉字启发学生的语言建构。让学生从一个不高明的读者向高明的读者转化，从博大精深的汉字系统里撷取精华。"话说当日林冲正闲走间……"的"闲"字，刚从野猪林九死一生逃出生天尚且如此，分析出林冲的淡然、淡定、平静。"忍"字心头一把刀，并且刀上一点形如"流血"，如此性情的人物林冲，面对寒冷的世界，无忧无惧，但"该出手时就出手"。

三、永远尊重学情

教小说最好的境界是让学生若有所思，心亦戚戚，北京交大附中的学生知识面广，愿意表达。我经过精心设计，引导学生入曲径通幽处、竹西最佳处。

以金圣叹对林冲的点评"林冲自然是上上人物，写得只是太狠。看他算得到，熬得住，把得牢，做得彻，都使人怕"做示范，让学生用评点法挑选细节进行分析，既纵情解读了文本，也一定程度地"运用"了语文。

我极力给学生提供展示的舞台。研究学情，提供舞台，让学生讲，让学生"深入"，即使话语纷纭，也值得鼓励，不剥夺其话语权。语文教育的目标之一就是"说铿锵有力的中国话"，护苗意识不可无，万紫千红才是春。

有的学生的回答璧两分星，不失圭撮：

两个解差迫害林冲的恶劣情节："用开水给他洗脚，直烫得脚面红肿，把他脚磨得都是泡，还不断打骂，在野猪林就是要将他置于死地。"可见学生熟知单篇课文之外的情节，这是读整本书的成果展示！

"'店家切一盘熟牛肉，烫一壶热酒，请林冲吃。又自买了些牛肉，又吃了数杯。'店家请他吃肉是因为林冲曾有恩于他，然后他自己又买了些肉和酒，这些都是英雄的经典行为。"这是真实的生活体验，一定程度上已在"运用"语文！

"《飘》中的主人公斯嘉丽，她的眼睛是什么颜色？""绿色的。"学生已能青出于蓝而胜于蓝！

对喜爱的动态英雄林冲，作者其实是采用了诗化、美化、神化的艺术处理，对林冲的动态性格、动态发展，作者持万千钟爱，有万千种表达。山神庙外陆虞候、富安和差拨的"看不见人"的对话，林冲"熬得住，把得牢，做得彻"的"使人怕"，情节设计和叙述手法精妙绝伦，课堂上只能忍痛割舍。虽本课反响不错，亦有憾意，期待下次可以继续"同课异构"，再纳入怀。

语文教学和语文学习没有最美，只有更美，正如刘开《问说》所言："理无专在，而学无止境也。"

（同）（行）（悟）（课）

回归文本勤思忖，细品人物趋精深

山西省忻州市静乐一中　胡　艳

我国古典长篇小说《水浒传》，入选统编版语文九年级上册名著导读。传统古典小说的主题思想常会蕴藏在人物形象中。因此，董一菲老师在所授《水浒传》导读课中，引导学生"不愤不启，不悱不发"，回归文本，逐层细品人物。

一、文本细节现人物

授课之初，董一菲老师紧贴学情，抛出"英雄"问题来引发学生的讨论。在提到林冲时，董一菲老师提出"惯常印象"——"他似乎是一个逆来顺受、忍无可忍仍需忍、委曲求全的形象"，借鉴金圣叹对林冲的点评，鼓励学生对文本细致解读。

果然，学生敏锐地把握文本中的细节，并且可以进行个性化的评点：从濒临坍陷的雪屋，体会林冲的平静的大将气度；从林冲在小酒店喝酒的细节，发现他的豪放扶弱的侠义感；从买解腕尖刀寻仇，感受英雄的勇猛气概，还有"跳""掇"等细节……

正如董一菲老师所说："没有细节就没有经典的小说。"传统经典小说中的任何细节都是"因"，也都会有相应的"果"。对人物的了解就在师生平等互动的解读细节中慢慢拉开序幕，在这个过程中，一菲老师始终从学生思考的角度加以引导，她此时就是学生和文本之间最好的桥梁。

二、非常环境显人物

在稳定环境中，小说人物表现的性格和情感是没有太大变化的，如果就此来品味人物，会落入认识肤浅的窠臼。只有在外界环境发生了巨大变化，甚至出现走投无路的绝境时，才可以挖掘人物的潜在情感。

如何突破惯常认识？如何展现出林冲的潜在形象？董一菲老师巧妙地捕捉到了环境色彩，"色彩即思想"。让这看似与诗意色彩毫无关系的传统小说，为情节背景染画出强烈色彩的交响曲。董一菲老师和学生共同找寻，雪的白、火的红、夜的黑，冷暖色强烈对比下，林冲内心矛盾痛苦逐渐显现，也揭示了林冲"忍"的精神实质：博大的胸怀，深广人性。

《普通高中语文课程标准（2017 年）》明确：在文章阅读教学中，应重视学习前人的阅读经验，综合运用精读等方法，读懂文本，把握文本丰富的内涵和精髓。董一菲老师所授的《水浒传》导读课，突破了旧有阅读讲授方法，带领学生回归文本，激发思考，聚焦人物。

天不生仲尼，万古如长夜

——《论语》整本书导读(统编版语文七年级上册第三单元)

《〈论语〉十二章》授课现场

教学设计

一、教学理念

《论语》是儒家典籍之一，是中华民族优秀的文化遗产。它不仅影响着中国，甚至影响着世界。它的很多思想都深深植根于我们中国人的血液里。如何由"一本书"引出"一篇文"，再由"一篇文"拓展到"一本书"？教者教学理念主要体现在以下三个方面。

(一)让课堂于有限中丰富

《〈论语〉十二章》是十二则语录，每一则篇幅都很短，又独立成章。所以，课堂上力求将独立的各章变成有机的、统一的一个整体，让有限的篇幅呈现出更丰富的内容。十二则的内容都直接或者间接地与学习有关，所以"好学"应该可以贯穿整节课，或者应该贯穿每个人的一生。

(二)让课堂在对比中明晰

对比是一切艺术的不二法门。对比是学生理解新知的重要途径，也是将课堂加以拓展延伸的主要渠道。对比产生张力，转折构成强调，对比中更要有精细的感受和体悟。对比的力量何其强大？通过精心设计的几组"对比"，这节课便在对比中愈加明晰。

(三)让课堂在拓展中延伸

课堂要充盈充实，要由课堂向外延伸，就一定要有拓展、有补充。《论语》是一部经典，是当今世界最有影响力的书之一。教学《〈论语〉十二章》，首要拓展的便是《论语》中的内容。当然，拓展也不能漫无目的，不能随心所欲。而一定要根据文本内容，适度地援引，做到课内课外相互映衬，相得益彰。

二、教学目标

1. 核心目标：理解《论语》的精神内涵，激发阅读《论语》整本书的兴趣。

2. 条件目标：能正确朗读、理解、背诵课文，在对比品读中体悟《〈论语〉十二章》的"精神内核"；设置核心问题，在思考交流中将文本内容与整本书融合，将文学作品与生活相融合。

三、教学过程

(一)名言导入，纲举目张

1. 请同学齐读并翻译"十室之邑，必有忠信如丘者焉，不如丘之好学也"(《论语·公冶长》)，引导关注"好学"二字。

2. 提问："《论语》共二十章，第一章的开篇是：子曰：'学而时习之，不亦说乎？有朋自远方来，不亦乐乎？人不知而不愠，不亦君子乎？'"(《论语·学而》），开篇第一个词是什么？"

3. 学生回答，引出《论语》的首篇《学而》，聚焦《论语》中最基础也是最基本的内容——"学习"。

(二)对比品味，深入体悟

1. 学习《学而》。

(1)齐读："子曰：'学而时习之，不亦说乎？有朋自远方来，不亦乐乎？人不知而不愠，不亦君子乎？'"

(2)一比较："悦"与"乐"的区别。

(3)背诵。体会孔子所说的"学而"的意义。

(4)二比较："反省""反思"与"忏悔"的区别。

(5)概括：分别用简单的一个字概括"三省"的内容。

(6)三比较："忠""信""习"这三个词中哪个最特别？引导学生再次感受"学习"在《论语》中的地位，在人生中的意义。

2. 学习《雍也》。

(1)齐读："贤哉，回也！一箪食，一瓢饮，在陋巷，人不堪其忧，回也不改其乐。贤哉，回也！"

(2)探讨：《雍也》这一章的写作特点。

预设：主谓倒装、首尾呼应、运用数量词、对比强烈。

(3)比较"巷"与"街"的区别。在比较中感受颜回之贤。

(4)小结：三十个字的短章，写得一波三折，有故事，有情节，有起伏，有对比。一咏三叹，重章复唱，使人物呼之欲出。

(5)再齐读。解读《论语》的代表人物颜回的生命意义。

(三)巧设问题，自读自悟

1. 提问：孔子读《易》，韦编三绝，《论语》中也有孔子的一幅"自画像"（屏幕展示）。请自主阅读《〈论语〉十二章》有关章节，思考还可以在孔子这幅"自画像"上添加哪些关键词？

屏幕出示：

不七十——不逾矩

知六十——耳顺

老五十——知天命

之四十——不惑

将三十——而立

至十五——志于学

（1）示例：我可以为这幅"自画像"添一个关键词"时间"，孔子有这样的感叹："子在川上曰，逝者如斯夫，不舍昼夜。"（《论语·子罕》）孔子告诉我们，时间是一去不复返的。

（2）预设：

①为孔子这幅"自画像"添加一个"思"字。"学而不思则罔，思而不学则殆"（《论语·为政》）可见。

②为孔子的"自画像"添加的关键词是"温故"。"温故而知新，可以为师矣"（《论语·为政》）可见。

③为孔子的这幅"自画像"添加一个"乐"字。"知之者不如好之者，好之者不如乐之者"（《论语·雍也》）可见。

2. 学生自主思考，小组内讨论，班级交流。

3. 教师适时点评。

4. 小结（屏幕出示）：

《〈论语〉十二章》

不七十——不逾矩（温故）

知六十——耳顺（思）

老五十——知天命（乐）

之四十——不惑富（贵）

将三十——而立（博学笃志）

至十五——志于学（切问近思）

生命不息，学习不止

(四)课堂小结，余音袅袅

1. 出示南怀瑾的话：

> 儒家是粮店，道家是药店，佛家是百货店。

2. 请学生朗读、体会。

(五)布置作业

带着今天的收获，课下读《论语》整本书，把自己的感受讲给同学们听。

课堂实录

授课时间： 2018 年 5 月 19 日

授课地点： 贵州省黔南州贵定中学

整 理 人： 贵州省黔西县第四中学　周政

师：上课，同学们好！

生：老师好！

师：请同学们看大屏幕，齐读。

生（齐）：十室之邑，必有忠信如丘者焉，不如丘之好学也。（《论语·公冶长》）

师：请一位同学读，另一位同学翻译。

生（读）：十室之邑。

生：有十户人家的小镇子。

生（读）：必有忠信如丘者焉。

生：一定会有人在忠诚和诚信方面像我一样。

师（称赞）："十室之邑"中的"邑"翻译成"小镇子"不错，翻译成"村庄"也恰当。孔子生活在什么时代？

生：春秋。

师：是的。那个年代，"邑"更可能是个小村庄，总之极言其人口少吧。"忠信"两个字译得好，把两个形容词拆开组词。《论语》的这一章要告诉我们，在成长、修身过程中比德行都还重要的事是什么？

生（齐）：好学。

师：那么何为"好学"？

生：好学就是喜欢学习。

生：好学就是会学习。

生：好学就是总在学习。

师：总在学习，持续不断地学习，好样的。《论语》共二十章，开篇是："子曰：'学而时习之，不亦说乎？有朋自远方来，不亦乐乎？人不知而不愠，不亦君子乎？'"(《论语·学而》)开篇第一个词是什么？

生（读）：子曰。

生（读）：学而。

师：为什么是"学而"，而不是"子曰"？

生："子曰"是"孔子说"，内容在后面。

师（称赞）：真会读书！《论语》被称为东方的《圣经》，有人说："半部《论语》治天下。"有人说："《论语》是用来修齐治平的。"就是说用来修身、齐家、治国、平天下的。这么伟大的书，影响了中国两千年的书，奠定了中国人道德基石的书，二十章的《论语》，记录了孔子及其弟子言行的书，开篇居然是"学而"，也就是学习，真是令人震撼。请同学们读一读第一章。

生（齐）："子曰：'学而时习之，不亦说乎？有朋自远方来，不亦乐乎？人不知而不愠，不亦君子乎？'"

师："说"和"悦"是通假字，读通假音 yuè；"不愠"读得好，"愠"，生气，心理名词。比较一下，"悦"和"乐"有什么区别？

生："悦"的程度比"乐"浅。

生："悦"是喜悦，"乐"是高兴开怀。

生："悦"是微笑，"乐"是大笑。

生："悦"是重在内心的感受，"乐"是两个人的相互感染。

（大家笑）

师：同学们对语言的推敲细致敏感。学习成长是内在的，是愉悦；朋友相见，跨越千里是人生乐事，是开怀。有书读，有朋友心心相印，真是人生至宝。看一看我们自己是否有这样的财富。"人不知而不愠"，不求他人理解，学习让我们的人生丰盈，于是别人不了解我们，也不生气。同学们读一下，看看谁能背下来。

（生积极背诵）

师：能够体会一下孔子所说的"学而"的意义吗？

生：学习让我们成长。

生：学习让我们快乐幸福。

生（略有所思）：学习让我们充满智慧，不忧不惧。

师：你是一个读过《论语》的人，懂得不忧不惧。"君子坦荡荡，小人长戚戚"——

生（读）：知者不惑，仁者不忧，勇者不惧。

师："曾子曰：'吾日三省吾身，为人谋而不忠乎？与朋友交而不信乎？传不习乎？'"（《论语·学而》）"省"是"反省"，"三省"既可以确指，又可以虚指。同学们看一下，"反省""反思"和"忏悔"有什么不同？

生："反省"好像思考多一些，"忏悔"好像感情多一些。

生："反省"好像又明白，更清醒了，"忏悔"有一丝赎罪。

师：有道理。

生（补充）："反省"指向智慧、道理；"忏悔"是有事做错了很愧疚，"反省"未必有做错的事。

师：有个词叫"砥砺"，磨炼、打磨，古人有"玉不琢，不成器"的说法，孔夫子的儒家，是侧重于立意树人的。"三省"之"三"，文中有确指。反省什么？

生：一是"为人谋而不忠乎"，二是"与朋友交而不信乎"，三是"传不习乎"。

师：分别用简单的一个字概括"三省"。

生（齐）："忠""信""习"。

师：在词语的分类上，同学们看一看哪一个字显得很特别？与其他两个字差别大？

生："习"。因为其他两个字是忠实、诚信，和人的品德有关，而"习"是学习，和读书有关。

师：让我们再一次感受学习的力量，感受学习在《论语》中的地位，在人生中的意义。孔子是中国古代第一位老师，巍巍乎万世之师表。他有门徒三千，又有七十二个最得意的门生，号称"七十二贤人"。在孔子的弟子当中，他最欣赏、盛赞的是颜回。

（大屏幕出示）

贤哉，回也！一箪食，一瓢饮，在陋巷，人不堪其忧，回也不改其乐。贤哉，回也！——《论语·雍也》

师：请全班齐读，然后谈一谈这一章的写法有什么特点。

（生齐读）

生："贤哉，回也！"用了一个主谓倒装句，有强调的作用，强调"贤"。

生："贤哉"的"哉"用得好，感叹强烈。

师：诚哉，斯言！

（大家笑）

生："贤哉，回也！"首尾呼应，反复出现十分鲜明。

生：我觉得孔子称颜回的名字"回"，非常亲切，还有一个"也"字表现孔子语重心长。

生："一箪食，一瓢饮"，数量词也用得好，极少极小，表现颜回吃得很少。

师：仅仅是吃得少吗？

生：也表示颜回对物质要求不高。

师：好，继续鉴赏。

生：住得也不好，"在陋巷"，处所破旧。

师（追问）："巷"和"街"，哪个大，哪个小？

生："街"大"巷"小，所以是在陋巷。

生："人不堪其忧，回也不改其乐"对比强烈。出乎人的意料，令人震撼。

师（感叹）：是啊！短短的三十个字的短章，写得一波三折，有故事，有情节，有起伏，有对比，一咏三叹，使人物呼之欲出。颜回之贤，颜回之风采，跃然纸上，很像《诗经》，又像绝句，又仿佛是一阕小令，全班再齐读一下。

生（齐）：贤哉，回也！一箪食，一瓢饮，在陋巷，人不堪其忧，回也不改其乐。贤哉，回也！

师：《论语》中有一幅孔子的自画像。

（大屏幕出示）

> 不七十——不逾矩
>
> 知六十——耳顺
>
> 老五十——知天命
>
> 之四十——不惑
>
> 将三十——而立
>
> 至十五——志于学

师：再阅读《〈论语〉十二章》，你们还可以在这幅孔子自画像上添加哪些关键词？比如，我可以为这幅自画像添一个关键词"时间"，孔子有这样的感叹："子在川上曰，逝者如斯夫，不舍昼夜。"（《论语·子罕》）孔子告诉我们时间是一去不复返的。

生：我为孔子的自画像添加的关键词是"温故"。"温故而知新，可以为师矣。"（《论语·为政》）"温故"是重要的学习方法，这样才可以从"志于学"达到"随心所欲，不逾矩"的境界。

师：好啊，善于抓关键词！

生：我为孔子的自画像添加的是一个"思"字。"学而不思则罔，思而不学则殆。"（《论语·为政》）可见，学习中的"思"多么重要。

师：难怪孔子的孙子名叫"子思"呢！思考力、思想者多么令人敬仰！

生：我为孔子的自画像再添加一个"乐"字。"知之者不如好之者，好之者不如乐之者。"（《论语·雍也》）孔子认为"乐"是学习的最高境界，一生"乐"学。

生：我也用"乐"，快乐学习。

生：我选择的一个字是"志"。"子曰：'三军可夺帅也，匹夫不可夺志也。'"（《论语·子罕》）

师：孔子把人的"志"和什么相比较？

生：三军统帅。

师：三军可以没有统帅，匹夫，一个人，一个草根的"志"却不可改变。这个字选得好，请继续。前后桌再讨论一下。

（生讨论）

生（举手）："师"，我提炼这个字。

师：说下去。

生："三人行，必有我师焉。择其善者而从之，其不善者而改之。"（《论语·述而》）要学习就要选好老师。

师：选择老师要随时随地，还要有极强的判断能力，"三人行，必有我师焉"中的"必"是什么意思？

生（齐）：一定。

生：还有"博学""笃志""切问""近思"。

师：好一个"博学""笃志""切问""近思"，多漂亮的表达，能翻译一下吗？

生："博学"就是学问广，"笃志"就是有志向，"切问"就是急切地问、深切地问，"近思"就是一直在思考。

师：孔子对富贵的态度如何呀？他说过"不汲汲于富贵，不戚戚于贫贱"，富贵是多少人拼命追求的呀，在孔子的人生坐标里，"富贵"对于他而言是什么样子？

生（读）：于我如浮云。

师："富贵"对于孔子就是浮云吗？

生："不义而富且贵"，是指不讲道义的富贵。

（大屏幕出示）

《〈论语〉十二章》

不七十——不逾矩（温故）

知六十——耳顺（思）

老五十——知天命（乐）

之四十——不惑（富贵）

将三十——而立（博学笃志）

至十五——志于学（切问近思）

生命不息，学习不止

师：生命因此而丰富饱满，学习与岁月等长。下面读南怀瑾的一句话，一起体会一下。

（大屏幕出示）

儒家是粮店，道家是药店，佛家是百货店。

师：课下读《论语》整本书，把你的感受讲给同学们听。

教学反思

《〈论语〉十二章》篇幅短，字数少，看似简单，实则不然。对于七年级学生而言，单是文面、词句的疏通、翻译都是一个问题，更不要说让他们有深层的解读与思考了。给他们以引导，关注十二章的"精神内核"，理解《论语》的精神内涵，进而引着他们在课下打开《论语》整本书，是这节课的目标。

异地上课，不了解学情，讲《论语》的精神实质，客观地说，最初我并不确定学生会理解到什么程度。于是设计的时候我格外小心，认为必须在开始导入时就要"抓住"学生。

一、设置一个统领整节课的导入

如何导入，以什么方式导入？导入是否能够既抓住学生的心，又能触及教学内容，甚至涉及《论语》的精髓？我设置了如下导入：

请同学齐读并且翻译"十室之邑，必有忠信如丘者焉，不如丘之好学也"(《论语·公冶长》)

在同学翻译的过程中，将重点落在"好学"两个字上。接下来又抛出一个问题：

"《论语》共二十章，第一章的开篇是：子曰：'学而时习之，不亦说乎？有朋自远方来，不亦乐乎？人不知而不愠，不亦君子乎？'"(《论语·学而》)(追问)开篇第一个词是什么？"

这一章既是《论语》整本书的开篇第一章，也是《〈论语〉十二章》的第一章，于是这个问题很顺畅地将学生"导"到了文本之中。

而"好学"和"学而"，虽然篇章不同，但本质是相同的。它们都强调了"学习"，这其实也是整本《论语》的重要内容。

《论语》作为一部儒家经典，涉及人类生活的诸多方面，比如学习、做人、处事、治国……但是，我们要知道，"学习"是最基础的，也是最基本的，只有通过"学习"才能实现诸多的理想。

因此，我的这个导入实际上是整节课的一个主问题。在接下来的教学环节中，它依然时时存在着。

二、在比较分析中有所体会

对比是一切艺术的不二法门。在课堂设计上，我也经常使用对比的方法。因为唯有对比才有鉴别，唯有对比才有更深的体会。

对某些词语，诸如"悦"与"乐"的比较，这是一节语文课或者一个语文教师最应该做的事。语文就是要咬文嚼字地学，语言就得一个个字、一个个词地揣测琢磨。在这种相近词语的比较中，我们更能体会语言文字的意义与魅力，也更能体会到作者使用某一个字、词的独到用意。

三、在赏识中激励引导

好的课堂是师生的共振与合鸣，绝不是教师一个人的表演与展示。由于明白这个道理，我格外注意在课堂上引导和激励学生。

生："学而"。

师：为什么是"学而"，而不是"子曰"？

生：子曰是"孔子说"，内容在后面。

师（称赞）：真会读书！

我想我的这句"真会读书"的评价一定会让他特别享受，也一定会激励他继续阅读和思考。

生：学习让我们充满智慧，不忧不惧。

师：你是一个读过《论语》的人，懂得不忧不惧。

学生的解读恰好是《论语》的句子，我于是发出由衷的感叹。

生："贤哉"的"哉"用得好，感叹强烈。

师：诚哉，斯言！

用《论语》中的句子点评，既是对他的肯定，更是为了让学生知道活学活用的妙处。

将文本内容与整本书相融合，将阅读与思考相融合，将文学作品与生活相融合——我们终在融合中得以提升。

课堂永远会有遗憾，但也唯其如此，抱着不断减少遗憾的念头，我们于是更加努力，不断追求。

同 行 悟 课

经纬纵横，充实丰美

黑龙江省大庆市第二中学　张显辉

《论语》是儒家经典之一，在漫长的封建时代，它是士人必读之书，是统治者治理国家的重要依据。在今天，它也依然发挥着无可替代的文化作用，其思想精髓，深植于我们的文化基因中，也渗透在我们的日常生活里。

《〈论语〉十二章》是统编教材七年级上册的内容。它的特点之一是短小，每章短则十几个字，长则数十字；特点之二是每章各自独立，其间没有逻辑上的必然联系。如何将"短文长教"，如何将《论语》蕴含的丰富意蕴深入浅出地传递给学生，如何将"十二章"在一节课内融为一个有机的整体，是对授课教师极大的考验。观董老师《〈论语〉十二章》课堂实录，我深切感受到她的课堂真正做到了深入浅出，也体现了语文课堂的充实丰美。她以《〈论语〉十二章》为切入点，让学生窥见《论语》的魅力，为学生走近经典、研读经典奠定了基础。

同为语文老师的我，在为这堂课击节赞叹、对董老师无比敬佩之余，更在用心思考，这节课董老师是如何巧妙处理，最后达到如此效果的？现将我的一点浅见记录如下。

一、以人文性为经，将各自独立的"十二章"串联为有机的整体

和以往教材相比，统编版语文有两大突出特点：一是重视立德树人教育，倡导社会主义核心价值观；二是强调中华优秀传统文化教育。在编排上，以人文主题为线，注重对名著阅读的引导。《〈论语〉十二章》恰恰很好地体现了这两个特点。

董老师积极引导学生通过文本的学习，理解和把握其中涉及的学习方法、学习态度以及修身之道。"十二章"虽然各章相对独立，但仔细阅读会发现，无外乎"做人"（修身）和"学习"（学习方法＋学习态度）两个层面的内容。董老师并没有直白地告诉学生从"学习"和"修身"两方面来将"十二章"归类，而是循序渐进，一点一点引导学生自己去发现、感受，最后得出结论。

董老师导入课堂后，由《论语》开篇《学而》讲开去，告诉学生《论语》是一部有关"学习"的书，而想要提升自己，成为"君子"，"学习"无疑是最佳途径。她让学生反复诵读，结合注解翻译，理解文本内容。学生很容易就判断出哪些章是有关如何学习的内容。

其余章中，董老师让学生抓住关键词——"愠""省""贤""不义"等词语，让学生通过翻译、理解关键词，进而理解所在章，最后得出结论，理解这些章如何与做人、如何提升修养有关。

就"吾十有五而志于学"和"博学而笃志"两章，我们其实不难发现，二

者是相关联的。都强调"志"，"笃志"是"笃学之志"，是十五岁开始立志学习，是广泛学习并且坚定志向。那么"学习"的目的是什么？成为"君子"，"修身、齐家、治国、平天下"——《论语》就是一部这样的书。

就本节课而言，董老师貌似忽略了两章，即"子在川上曰：'逝者如斯夫，不舍昼夜。'"和"子曰：'三军可夺帅也，匹夫不可夺志也。'"那么，这样的"疏忽"是不是她的"有意为之"？在师生共读共解了先前的章节之后，在学生明确了《论语》是一部怎样的书之后，这两章的内容是不是已经不言而喻？

"子在川上曰：'逝者如斯夫，不舍昼夜。'"翻译过来是说"时光像河水一样流去，日夜不息"。很明显，由时光易逝，学生自然能够想到"珍惜时间"，由"珍惜时间"自然会想及"努力学习"；而"三军可夺帅也，匹夫不可夺志也"则强调一个人要坚定志向，不能轻易改变，这个"志"就是理想，是方向，对于儒家士子而言，那就是"修身、齐家、治国、平天下"……

一节课，容量有限。教师点到为止，而不面面俱到，教师"举一隅"，学生"能以三隅反"，这不恰恰体现了孔子的教育观吗？这不正是我们所有为人师者都应该学习的教学智慧吗？

看似各自独立、自成一体的章节，在董老师的带领和引导下，在"人文性"这一经线的贯穿下，各自独立、不相统属的"十二章"神奇地融为一个有机的整体。一节课，学生在读读议议中就把握了课堂内容；一节课，董老师在些微提示与寥寥评语中就引导学生掌握了精髓。

我既感慨《论语》的博大精深，更感慨董老师处理教材的举重若轻、四两拨千斤。

二、以联想、对比为纬，将短文教长，充实丰美

以前我一直觉得，文言文的学习，能够让学生熟读文本、大概翻译、了解内容，就已经是"丰实"的课堂了。而今天观董老师这节课，我才真正理解了什么是"充实丰美"。一节充实丰美的语文课一定要有迁移、有生成，一定要有拓展、有升华。如果仅仅是就课文教课文，照本宣科，那离真正的"丰实"还有千里之遥！

这节课和董老师的其他课堂一样，是典型"董老师风格"的诗意语文授课方式。她循循善诱，援引经典，中外对比，金句频出。在轻松、愉悦的氛围中和学生一起完成《〈论语〉十二章》的学习。同时，对文本加以拓展和延伸，让学生在有限的一节课里更多地感受《论语》的文化魅力，从而激发和调动他们课下去阅读整本书的兴趣与热情。

她用《论语·公冶长》"十室之邑，必有忠信如丘者焉，不如丘之好学也"开启课堂，请同学们读且翻译，引出"好学"这个概念。进而直接切入"学而"章。又由"学而"章第一个字"学"，提出问题，让学生来自己找出并阅读、翻译涉及"学"字的章节。

导入自然，问题提得更自然。课堂内的学习水到渠成，学生的思维得以激活，课堂的深度学习在静悄悄地发生。而董老师的援引、比较、拓展也同时在"静悄悄"地发生着。

对比和联想是董老师课堂中我看到最多的授课方法。她将"悦"和"乐"加以对比，让学生明白"悦己"和"乐人"的区别。将"省"和西方的"忏悔"加以对比，让学生明白东西方文化的差异。西方人是先有错，然后加以忏悔，而东方人则是未必有错，却可以自省。将"巷"和"街"对比，让学生明白"巷"之简陋，从而更加凸显颜回之贤。而她由孔子读《易》而韦编三绝，引出《易经》的卦象，然后用"吾十有五而志于学"一章，为孔子画了一幅生命自画像。又引导学生依据其他章给孔子的这幅画像添加内容。这样的安排无疑拓宽了学生的思维，让学生对《〈论语〉十二章》的内容乃至对孔子其人、对儒家的君子人格都有了更深层次的理解。而最后，董老师以南怀瑾先生的名言"儒家是粮店，道家是药店，佛家是百货店"结束本节课，既是对本节课的总结，更为学生今后阅读《论语》，甚至阅读经典指引了方向。

短短一节课，跟随董老师于经纬纵横之间、联想对比之中，学生明确了要以怎样的态度和方法学习，懂得了"志"之于人的重要，明确了不同的年龄有不同的责任，领会了要追求与人同乐的"大快乐"，而非一己之悦的"小喜悦"，感受了《论语》的精妙，提升了民族自豪感，强大了文化自信……这是《论语》的魅力，当然更是董老师的魅力。

意境绵密，旨约意深

——李商隐"追求与失落"朦胧诗群诗阅读

（统编版语文九年级上册第六单元）

李商隐"追寻与失落"朦胧诗群诗阅读授课现场

教学设计

一、教学理念

李商隐是晚唐诗坛的重要人物。他的无题诗深情绵邈、含蓄婉曲，最为人所称道。李诗语言典丽精工，情感真切动人，具有极高的美学价值。

但李诗又惝恍迷离、婉曲朦胧，阅世未深的初中学生学习他的诗歌有一定的困难，所以教师应创设氛围，将学生带入李商隐诗歌的意境并沉浸其中，从而更容易感悟到诗歌的情感，获得美的体验。"好诗不厌百回读，熟读精思子自知。"从形式角度讲，注重多样性阅读，主要以仿句与比较的方式让学生感受无题诗的诗情；从内容的角度来说，有李商隐与唐婉之"难"的比较，有李商隐无题诗与有题诗的比较，有李商隐与曹雪芹的比较，在比较中读懂李商隐，读懂李商隐诗歌的美。

"一篇锦瑟解人难"，对李商隐无题诗的创作动机历来众说纷纭，难有定论。这与李商隐不直言本诗，而是通过营造迷离朦胧的意境，来实现情感的隐藏有关。

不少教者，索隐其诗，分析无题诗中的"隐喻"或"象征"。但这样过多加入后来者情感和视野的解读，很容易把诗歌割裂开来。

教师最大的功能应该是搭建由已知到未知的桥梁。诗意语文的课堂，是诗意流淌的课堂，是审美的课堂，是科学合理的课堂。从学生已知的无题诗——"相见时难别亦难"入手慢慢迈入最近发展区，这是符合建构主义的学习理论的。教师应该提供一个学习支架，一头连接着已知，一头通向无限的未知。

所以，我们应以诗的方式来解读诗，以整体的方式来鉴赏诗。

二、教学目标

1. 核心目标：诵读并积累李商隐的诗句，感受李商隐无题诗的朦胧之美与深情绵邈。

2. 条件目标：

(1)在仿句中，提升学生语言的运用与建构；

(2)在比较鉴赏中，发展学生思维能力，提升思维品质；

(3)在课堂缤纷的对话中，进行审美的鉴赏与创造，让学生感受优秀传统文化的魅力。

三、教学过程

(一)以问题营造情境

1. 如果《无题·相见时难别亦难》是一个故事，这个故事发生的时间、地点、人物是什么？

时间：暮春与朝暮

空间：仙境与红尘

人物：谁和谁

2. 仿句"思念，无论是生与死……"，根据课文读出你的仿句。

教师给出例句：因为他说"相见时难别亦难"，他说"春蚕到死丝方尽"，所以我说"思念，无论是生与死……"。

学生入诗，成为诗中人。这一环节着眼于文本的解读，立足于学生语言的建构与运用，不拘泥一定的答案，相信学生会认真深情地运用文字，雕琢文字，不由自主地走进文本的深处，获得创造的喜悦。

(二)比较异彩纷呈，以诗解诗

1. 李商隐的"二难"难，还是唐婉的"三难"更难？

这一问可谓曲径通幽，不必问谁更难，也不必在乎谁更难，目的是通过与哀转久绝的《钗头凤》比较，再一次深入理解文本的情感，女性纤弱中有刚强，李商隐克制中有深情。在这一过程中，学生大胆言说，情感奔放，有个性的阅读，有螺旋式提高的鉴赏。

是李商隐更难，难在天上人间再难相见？还是各难其难？其实不必有定论，重点在于论证的过程要丰富。

2. 知人论世，出示背景。

背景资料：九岁丧父、牛李党争、夕阳晚唐、漂泊无依

出示背景的时机，是颇费思量的。如果一开始就出示背景，很容易落入窠臼，学生关注的重点会走偏。在初步解读诗歌后再出示背景，更有助于学生对诗歌的再解读。

(三)升华有题无题，红楼映照

1. 出示李商隐有题诗与无题诗各五句，学生挑选喜爱的诗句诵读。

学生读，教师相机点评。点评学生的读，简单解释一下相应的内容，为后面的讨论做铺垫。

2. 你认为这十句诗当中《红楼梦》里的林黛玉最喜欢哪句？

李商隐诗意朦胧，《红楼梦》假语村言，一样的意蕴无穷，一样的浮想联翩。诗意课堂宕开一笔，是延展也是拓深。

这个问题其实包含了两个层面，第一是对林黛玉的了解，第二是对李商隐诗句的理解。实际上是寻找与林黛玉的精神最为契合的那一句。黛玉是诗的化身，是美的象征，李商隐的诗与林黛玉的心事有着惊人的相似点。学生回答哪一句都没有多大关系，教师的点评和应和共鸣才是关键，目的在于用这种有实际故事的依托去理解诗歌的内在含义。

3. 小结：用一个或几个形容词来描述李商隐无题诗的特点。

走出去，终归要回到原点，所以读了那么多的诗，终归还是要回到李商隐的题诗中来。找到一个或几个形容词并不难，却能让学生的思绪有一个归宿，也是对李商隐诗有一个清晰的认识。

(四)写作分享收获，余音绕梁

课后任务：任选两个词，为某中学生杂志的专栏写一段话（100 字以内），推介李商隐的"无题诗"，以"李商隐的无题诗既 _____ 又 _____"开头。

分享是最大的美德，所以最后让学生以分享的形式来详细总结李商隐的无题诗特点，加深认识。

课堂实录

授课时间：2017 年 4 月

授课地点：河南省永城市实验中学

整　理　人：黑龙江省牡丹江市实验中学　王南南

师：今天我们要学习李商隐的一首《无题》。大家来看大屏幕上的这首诗，题目叫《无题》，作者是李商隐。大家知道唐代的诗歌是我们这个民族独特的文学珍品，就像王国维先生所说："凡一代有一代之文学，楚之骚，汉之赋，唐之诗，宋之词，元之曲。"唐代的诗人那么多，如群星璀璨，能不能告诉老师，李商隐生活在唐代的什么时期？

生：晚唐。

师：很好，文学基础非常好！一个诗人永远要带上他时代的痕迹，《无题》也成就了作者一世声名。我们来一起读一遍。

（大屏幕出示）

无 题

［唐］李商隐

相见时难别亦难，东风无力百花残。

春蚕到死丝方尽，蜡烛成灰泪始干。

晓镜但愁云鬓改，夜吟应觉月光寒。

蓬山此去无多路，青鸟殷勤为探看。

（生齐读）

师：读得非常好！这就是晚唐的李商隐写下的无题诗。有人说，李商隐是中国古代第一个朦胧诗人，他把那份情写得如此深情绵邈，那他是怎么做到的呢？一首诗呈现出来，不同的读者读出不同的李商隐，可以说是一千个读者甚至有一千零一个李商隐。对这首无题诗，我们了解一下，任何一首诗，即使是抒情诗，也会有这样的元素：时间、地点、人物。同学们手头没有资料，所以学起来难度有一点大，我这样问：你认为这首诗写了一个什么时间呢？表明了一个什么地点？有什么人物呢？思考这个问题，稍微讨论一下。

（生讨论）

师：谁能来回答第一个问题，这首无题诗写了一个什么时间？

生：我认为应该是在一个夜晚。

师：在一个夜晚，怎么看出来的？

生：因为诗里写着"月光寒"。

师："月光寒"，所以它写的是一个夜晚。是确定的某年某月某日的一个夜晚，还是就那么一个夜晚？

生：就那么一个夜晚。

师：你说出时间段，是具体的、明确的，还是模糊的？

生：我觉得应该是模糊的。

师：真好！那样的一个夜晚，这是时间。此外还有没有别样的理解，除了那样的一个夜晚？时间上还有谁能补充？

生：我认为应该还是一个晚春。

师："一个晚春"，你居然会这样的词！晚春。春天已经很美了，居然是一个晚春，哪里得到的信息？

生："东风无力百花残。"

师：她说这是晚春，理由很简单："东风无力百花残。"这么好的学习基础。除了"晚春"这样伤感而有表达意义的词之外，你试着换一个词，还可以怎么说？

生："暮春"。

师：太棒了！"黄昏""暮春"，永远带着伤感气息，请坐。于是《红楼梦》里伤春，不停地伤春，林黛玉会说："花谢花飞花满天，红消香断有谁怜。"多么好的语文基础，还有没有别样的表达？是这样的一个时间，叫作"晚春"，叫作"暮春"，有这样一个夜晚。关于时间，你还读出了什么？全班齐读这首《无题》，下课的时候我们要背下来，"《无题》，李商隐"，读。

（生齐读）

师：好，还有时间上的补充吗？曾经的暮春、晚春，曾经的一个多情的夜晚，那我们就不再补充了。看一看地点，这样的故事，这样的情愫，这样的一段刻骨铭心的情感，发生在什么样的地方？怎样的地方？

生：我认为应该在蓬山。

师：蓬山，你对词语的敏感度非常强。蓬山在哪里？哪个省？哪个市？哪个县？是中国还是国外？蓬山在哪里，你知道吗？

生：是在中国。

师：多么好的回答！非常笃定地回答！我昨天曾经和老师说，来到永城这个最中国的地方，于是我今天收获了一个最中国的回答。很好，是在中国，是在中国的什么地方？

生：在山东。

师：你从哪里知道的？因为书上没有注释，那么老师告诉你们，蓬山好比什么山？相当于昆仑山，那里住着中国的诸神；相当于古希腊的奥林匹斯山，那里住着宙斯等西方诸神，你能告诉我蓬山是什么吗？

生：蓬山是昆仑山。

生：是蓬莱。

师：它是什么样的所在啊？

生（齐）：仙山。

师：那是仙境啊，那是瀛洲啊，是这样的地点。蓬山，我们约会的地点，我们相遇的地点，今生你我相聚蓬山。今生我寻找你于蓬山，这是地点。中国诗人写诗是这样表达的，大家知道乡愁诗人余光中，他曾经写过一首诗叫《下次的约会》，他怎么写的？他说，"上次约会在蓝田，再上次，在洛水之滨"，听一听有两个地名。

生：第一个约会的地点在蓝田。

师：余光中，著名的诗人，曾诗云"上次约会在蓝田，再上次，在洛水之滨"，有没有可能？

生：没有。

师：他为什么要这么说？他说我和我约会的人，我们曾经约会在蓝田，他是想说，我的情感不仅是今生今世，还是——

生（齐）：永生永世。

师：回答得真到位！前生前世，来生来世。于是他会这么表达，他说，约会在蓝田。李商隐也会这么表达，他说，你住的地方就是——

生（齐）：就是蓬山。

师：如果我写一首诗："我爱你到地老，到天荒，到天涯，到海角。"和余光中先生的"上次约会在蓝田，再上次，在洛水之滨"相比较，你感觉哪一种表达方式更好呢？

生：后一种。

师：后一种表达更好，理由呢？这么美丽的女孩，诗心慧眼。这种表达方式真的很好，它是直抒胸臆还是间接抒情？

生：间接抒情。

师：很好，诗歌就要间接抒情，这首诗写了一段感情，这段感情发生的地点正如同学们所说，某一个晚春、暮春，某一个夜晚，地点便是那蓬山。人物呢？人物都有谁？我叫一个女同学和一个男同学对读。听好，男生读《无题》，女生读"作者李商隐"，然后一人一句。同学们看好，古代诗歌的句，一个逗号就是一句，与古文不同。推荐一位同学好吗？可以自荐，男同学也可以啊。

（一男生一女生配合朗读诗歌）

师：真好，声音非常好，给点掌声。（全场鼓掌）都说十七八岁少年的你们，心灵离诗歌很近，今天看出来了，同学们的心灵与李商隐诗歌的距离比我近太多，非常棒！时间是这样的时间，地点是这样的地点，那么这首抒情诗的主人公是谁呢？可能是谁呢？咱们来看大屏幕。

（大屏幕出示）

晓镜但愁云鬓改，夜吟应觉月光寒。

师：为了帮助同学们找到抒情主人公是谁，想请同学们为这两句诗任意地加主语，是谁"晓镜但愁云鬓改"？又是谁"夜吟应觉月光寒"？大家看，这是照镜子，早晨起来照镜子，白发丛生，这是晚唐之音。盛唐人照镜子绝不是这样的情感，李白照镜子，"君不见黄河之水天上来，奔流到海不复回。君不见高堂明镜悲白发，朝如青丝暮成雪。"这是青春的飞扬，站在盛唐中心地位的，不是将军，不是元帅，而是诗人李白。晚唐人照镜子"晓镜但愁云鬓改，夜吟应觉月光寒"，李商隐生活在"夕阳无限好，只是近黄昏"的晚唐，他的诗歌染上的是浓重的悲凉，浓重的伤感。就如我们说，"一种风流吾最爱，魏晋人物晚唐诗。"因为它拨动着文人最敏感的心弦。李商隐是朦胧诗人，看看啊，时间是不确定的，蓬山在我的心里，人物是谁？请任意加主语，看你的想象力。任意就是创造。谁来试试？

生：我"晓镜但愁云鬓改"，我"夜吟应觉月光寒"。

师：同样的主语。"为伊消得人憔悴"的都是我。我还是我，还有其他的填法吗？肯定是有的。

生：众人"晓镜但愁云鬓改"，唯予"夜吟应觉月光寒"。

师："唯予"，非常有想象力。他不是一个你、我、他、她、它，而是"众人""唯我"，"众里寻他千百度，蓦然回首，那人却在，灯火阑珊处。"我那样不同，十万大千世界，爱你唯有我，懂你唯有我。真好，还有其他的填法吗？我可以告诉大家答案有多种填法。

生：君"晓镜但愁云鬓改"，吾"夜吟应觉月光寒"。

师："君"是敬辞啊，真好！对女性的礼赞，很棒，请坐。这是写了一段爱情，一种恋爱，甚至是一种无望的爱情，因为你在蓬山，仅仅是与人相恋吗？比如，你一定知道中国古代的四大民间传说，最有名的故事，发生在杭州西湖的断桥，是谁和谁的爱情？

生（齐）：白娘子和许仙。

师：是的，是白娘子和许仙。白娘子是谁？许仙又是谁？如果说许仙是人，白娘子是——

生：妖。

师：非常好！人与妖之恋，白娘子为了这段爱情修得了一滴热泪，用去了千年，后来是一个悲哀的结局。那为什么不可以说，她"晓镜但愁云鬓改"，她"夜吟应觉月光寒"？可以的。你还有怎样的想象？

生：还可以是人与仙。

师：那请你来填。

生：董永"晓镜但愁云鬓改"，七仙女"夜吟应觉月光寒"。

（生笑）

师：为什么不可以？仅仅是中国的还不够，世界上有那么多的国家和民族，有那么多优美又伤感的恋情，你又想到了谁，你想到了谁和谁的恋情？

生：我想到了外国的恋情。

师：那必须的呀。你想到了什么？

生：朱丽叶"晓镜但愁云鬓改"，罗密欧"夜吟应觉月光寒"。

师：非常好！就可以这样写下去。也可能是两只蚂蚁的恋情，也可能是一只鸟和一棵树的恋情，这就是朦胧多义，让你有无尽的想象。这就是诗，这就是李商隐的诗，这就是晚唐的诗，这就是晚唐诗的美丽。好，同学们可以继续想象。这首诗的主题已经出来了，这样的人物，这样的时间，这样的地点。我想造个句子，请同学们来仿，"思念，无论人间还是天上，无论是红尘还是仙境"，选一句就可以了。（指向一男生）你来结合整首诗的内容，只选一句来填。

生：困难——

师（摇头）：不是，主题还是"思念"。

生（继续）：思念，无论是天涯还是海角。

师：很棒！思念，无论是活着——请填后半句。

生：还是死亡。

师：好，还是死亡。世界上最遥远的距离不是生与死，而是你在蓬山，我无法找到你，是吗？这是主题。同学们看整首诗，它的诗眼是哪一个字？什么叫诗眼？表达感情的形容词或动词，"相见时难别亦难"，"难"就是诗眼。李商隐开篇一句，横空出世，剑走偏锋。"相见时难别亦难"，写诗怎么可以用重复的字？是不可以重复的，一句诗仅有七个字，"难"就出现了两次。还有一个人，她叫唐婉，有没有人知道唐婉？（指向一女生）你说。

生：唐婉与陆游青梅竹马，因为陆游要考试……

师（微笑）：要考试？是期中还是期末？开玩笑，科举考试。

生：陆游的母亲把唐婉许配给陆游，陆游和唐婉是一对恋人。

师：已经许配，就不是恋人，是夫妻。

生（笑）：因为陆游要考试，陆游的母亲就把陆游和唐婉拆散了。

师：接下来的故事，我简单地讲。这是一对恩爱夫妻，被陆母拆散，封建时代的婚姻谁做主？父母做主。所以父母可以休儿媳，多少年后在沈园，陆游再娶，唐婉再嫁，就这样相见了，陆游写下著名的《钗头凤》："红酥手，黄縢酒，满城春色宫墙柳。"唐婉，兰心蕙质的女子当时应和了这首词，谁能读？我们一起来读。

（生齐读唐婉《钗头凤》）

师："欲笺心事"读"jiān"，"写"的意思，它本来是信的意思，在这里做动词，想把心事写下来。好，大家看，是唐婉的"难，难，难"难，还是李商隐的"相见时难别亦难"更难？以你的理解回答，没有固定答案，言之成理即可。你说，才子轮流做。

生：我认为是李商隐更难。因为相见已经很难了，即使见到了，离别时会更难，所以我认为李商隐更难。

师：是的，我似乎找到你的思路了，因为再相见和离别都难。

生：对，都很难。

师：我想起佛教的一个公案，有一次一个高僧和一个人聊天，看到了长江上无数的船只，这个人就问高僧："高僧啊，您看看长江有多少艘船啊？"按照你的理解回答，长江之上有几艘船？

生：两艘。

师：真聪明，智慧修得可以！只有两艘船，他的解读更到位，一艘为名、一艘为利。李商隐的难更难，因为如果天下以离别和相见概括，在这里分辨的话，则全是难。还有哪位有自己的想法？言之有理就可以，没有对错，只有好和更好，只有难和更难。齐读一下唐婉的"难，难，难"和李商隐的"相见时难别亦难"，两句连起来读。

（生齐读两句诗）

生：我觉得是第一个。

师：不叫"第一个"，叫唐婉《钗头凤》的"难，难，难"更难。

生：因为刚才这位同学介绍了唐婉的生平经历，她和陆游分别，连面都见不上了，而李商隐还能够见面。

师：不要仅从内容上说，也要从表达上说。

生：首先我认为是唐婉的《钗头凤》比较好，因为"难，难，难"三个字叠加，当你读的时候，"难，难，难"三个字感情是愈加丰富的。而"相见时难别亦难"是两个字，感情加起来没有三个"难"字强烈。

（众人笑）

师： 前面说得非常好！他知道一些关于音韵、关于修辞手法的内容。他说这是反复，这当然是反复，而且是连续反复，在音韵上反复了三次，这是他的观点。但最后一句话仅仅说从数量上取胜，这不是艺术。可是他表达得非常好！很精彩！哪一位可以继续补充？

生： 我认为应该是唐婉的《钗头凤》更难，因为唐婉此时正有满心的愁事却无人倾诉，只能任泪水潇潇而下。

师： 泪水居然是潇潇而下，如秋雨，这种感觉真好！她在理解诗的时候注意意境，她把前面的诗翻译了一下，这就是方法。非常好，继续。

生： 还有"独语斜阑"。"斜"字表现了她内心孤独的心境，一个"独"字表明了她的无人倾诉。

师： 无人倾诉、无法诉说、无寄处的难才是天下的最难。好，大家看李商隐"相见时难别亦难"，他心爱的人在哪里？再说一下，在哪里？

生： 蓬山。

师： 蓬山是在中国的版图上吗？它是在中国人的内心里。如何抵达？大家看，从这个意义上来看，我们是否可以说李商隐真的很勇敢？

生： 可以的。

师（指大屏幕）**：** 联系上下文，看看背景资料。我高度概括了一下，总共十六个字，谁能帮老师读一下。

（大屏幕出示）

　　　　背景资料：九岁丧父、牛李党争、夕阳晚唐、漂泊无依

（一生读）

师： 这就是李商隐，他为什么可以把表达情感的诗写得如此深情，如此绝望，如此伤感，如此晚唐？因为一个男孩子九岁丧父，他从小需要支撑起整个家，九岁。（问一女生）你多大了？

生： 十三岁。

师： "牛李党争"，他生活在两党之争的夹缝中。李党之人认为他是牛党之人，牛党之人认为他是李党之人，于是他被永远地边缘化。这样一个才华横溢的男子，生活在晚唐时代，终生漂泊无依，仕途困顿。好，我问

一下仕途的"仕"怎么写？

生：世界的"世"。

师（提示）：一生求仕，却仕途困顿。你认为这个"仕"应该怎么写？

生：单人旁，一个士兵的"士"。

师：单人旁，加一个战士的"士"。理解李商隐时，我们就能更深一层。就像张爱玲所说："因为懂得，所以悲哀。"我们看李商隐写了好多好多的无题诗，他将自己那么多的诗命名为"无题"，因为他的情感是缠绕的，不仅是给某个女子，里面还有他的事业理想，他的生命。其实林黛玉非常喜欢李商隐的诗，猜猜看，下面哪首诗，林黛玉会特别喜欢呢？说说理由，速读，任选一句来说。

（大屏幕出示李商隐诗句）

第一组：无题诗。

①春心莫共花争发，一寸相思一寸灰。

②相见时难别亦难，东风无力百花残。

③来是空言去绝踪，月斜楼上五更钟。

④身无彩凤双飞翼，心有灵犀一点通。

⑤红楼隔雨相望冷，珠箔飘灯独自归。

第二组：有题诗。

①嫦娥应悔偷灵药，碧海青天夜夜心。（《嫦娥》）

②庄生晓梦迷蝴蝶，望帝春心托杜鹃。（《锦瑟》）

③君问归期未有期，巴山夜雨涨秋池。（《夜雨寄北》）

④夕阳无限好，只是近黄昏。（《乐游原》）

⑤秋阴不散霜飞晚，留得残荷听雨声。（《宿骆氏亭寄怀崔雍崔衮》）

生：我认为应该是"身无彩凤双飞翼，心有灵犀一点通"。她自己和贾宝玉无法在一起，但他们可以心有灵犀。

师（点头）：精神之恋，木石前盟。的确是，非常好！

生：我认为她应该更喜欢"春心莫共花争发，一寸相思一寸灰"，表达了她的思念之情。

师（追问）：是一般的思念吗？

生：思念成灰。

师：灰，没有一点热度，没有希望，没有一点火种，彻底的悲剧。

生：我认为是第②句比较好。

师：请读一下。

生（读）：相见时难别亦难，东风无力百花残。

生：我认为是"庄生晓梦迷蝴蝶，望帝春心托杜鹃"。李商隐本身就是朦胧派的诗人，这句诗意境朦朦胧胧，黛玉和宝玉之间是那种没有结果的。

师：无望的，无果的。

生：表达那种痴迷。

师：情的最高境界——痴迷，大家看"痴"怎么写？

生：病字旁加个"知"。

师：明明知道，偏要相思，仍让人痴迷，仍然沉醉，这是对黛玉的情感的总结。

生：我认为应该是第二组的第⑤句："秋阴不散霜飞晚，留得枯荷听雨声。"

师：祝贺你，答对了！真的有答案，但是答案不重要，答案是一种阐释的过程。黛玉说过："李义山的诗只喜他这一句'留得枯荷听雨声'。"我也不懂这是为什么，请讲给大家。

生：宝玉、黛玉之间的爱情是一段不完美的恋情，就像阴云不散、荷花凋残一样不圆满、不完整。

师：我们知道，在《红楼梦》当中，每一个女子都有一种花作为她的象征，荷花正是黛玉的写照。你懂得花语，你懂得李商隐，你更懂得林黛玉。

（生笑）

师：读到这里，我们尝试背一下李商隐的《无题》，用一个或几个形容词表达一下你对这首无题诗的感受。

（生背诵）

师：厉害了，我的学生！请用一个或几个形容词描述李商隐诗的特点。

生：他的诗歌写得比较让人……

师：就用形容词，比如"朦胧"，删繁就简。

生（快速）：悲凉。

生：朦胧、缥缈。

师（点头）：若隐若现，那份情感你似乎懂得又不懂得。

生：凄凉。

师：不是"悲凉"而是"凄凉"，注意细微的差别，这才是多情的李商隐。

生：感伤。

师："伤感"和"感伤"，一颠一倒，表意完全不同，这就是中国字具有的弹性魅力和张力。

生：悲情。

师：把"悲"和"情"放在一起，那是一份无望的爱。

生：哀愁。

师：中国的词语真是太丰富了。

生：悲切，愁上加愁。

师："问君能有几多愁"——

生（齐）：恰似一江春水向东流。

师：李煜的愁是为家国，李商隐的愁是为爱情，这里的爱情是广义的。

生：悲婉。

师：把"婉约"之"婉"放在这里，别样美丽。

生：忧愁。

师：忧从中来，不可断绝。既是曹操的时代精神，更是晚唐的气象。

生：悲痛。

师："悲 tòng"的"tòng"你会写几个？能不能写出比痛苦的"痛"更深的"tòng"？

生（快速）：竖心旁加个"动"。（掌声）

生：婉转。

师：绝不道破一个字，就这样峰回路转，却不见君，君在蓬山上。

生：含蓄。

师：含蓄隽永，蕴藉风流，悲而不伤，乐而不淫，传统诗歌之大美。

生：孤凄。

师："孤"比"独"还凄凉，你又加了个"凄"，真狠心啊。（生笑）

生：惆怅。

师："我是人间惆怅客"，这是谁？清代最有名的词人。有人说，贾宝玉就是照着他的样子写的，他的父亲是康熙时代的权臣，这位词人叫纳兰性德。在精神气质上，李商隐和他何其相似。

生：忧郁。

师（指向大屏幕）：忧郁是人最高贵的气质。莎士比亚塑造了一个忧郁的丹麦王子哈姆雷特，在这里可以读到人类最高贵情感之一的忧郁，你真了不起！同学们都有自己的解读，非常漂亮！学无止境，我们可以向外延伸。下面是作业：一份中学生杂志邀请你为李商隐的诗写一段推荐语。同学们，刚才的口语表达尚且如此典雅，如此有见识，书面的表达更不成问题。好，下课！

教学反思

李商隐的无题诗朦胧多义，深情绵邈。对于八年级的学生来说，他们凭借直觉理解应该不难，然而要想深潜其中有所收获，就必须给他们以方法，引领其入胜，这是这节课的关节点。

在异地跨学段借班上课，讲这样一首我们读了都知道是写情，写深情，写痴情，写缠绵的剪不断理还乱的"情"诗，却又难言其妙的格律诗，切入是一个问题。

读书，先把书读厚，这是上课的第一个阶段；再努力把书读薄，这是第二阶段；读出自己的理解，恰当地呈现在教学上，这是第三阶段。为此我重读了叶嘉莹、木心、钱穆、李泽厚、蒋勋谈李商隐的文字，重温了李商隐的两本传记，查了知网，做了摘抄。

这节课初步定位是讲李商隐诗的专题阅读课。因为单篇短章太单薄，单纯的一首七律对于八年级学生来说，一定是吃不饱的，于是便有了如下的设置。

一、问题的设置一定要摄魂夺魄

如何切入，第一个问题问什么？问题一定是直抵文心，直抵教学重难点，并且能够引领全局。李商隐是浪漫主义诗人，《无题》诗中的那份"爱"与"伤"，那份隐痛绵绵不尽，是前世今生的牵绊，于是设置了这样一个问题：《无题 ·相见时难别亦难》如果是一个故事，这个故事发生的时间、地点、人物是什么？

这是一个曲问，言在此而意在彼。学生在回答问题的时候，一定会深潜在文字里，在反复的出出入入、比较和筛选的过程中走向诗的精神内核。

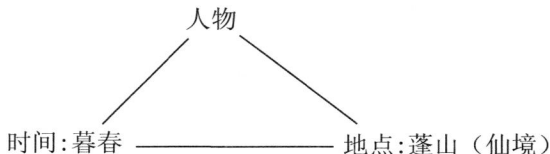

人物

时间:暮春 —————————— 地点:蓬山（仙境）

时间，藏在诗句中的"东风无力百花残"里，学生在课堂上很快抓到，很有成就感。

随后在教师的点拨下，学生发现"晓镜但愁云鬓改，夜吟应觉月光寒"，还有一个"朝朝暮暮"在其中。

地点是一个更具意味的所在。"蓬山此去无多路"，蓬山，仙境也。教师适时给予他们以支架性的材料："上次约会在蓝田，再上次，在洛水之滨。"（余光中《下次的约会》）于是在课堂上有一个灵秀的女生脱口而出：表明这份爱情前世前生、今生今世、来生来世绵绵无期。

人物是谁和谁的故事，是谁与谁的遗恨？

我设计了这样的一个教学环节——为"晓镜但愁云鬓改"和"夜吟应觉月光寒"分别加主语，于是代词"你、我、他、她"的排列组合创造了那么多的故事和悠远的遐思，生成甚妙。于是水到渠成、趁热打铁设置仿句环节："思念，无论是活着还是死亡……"

问题一旦摄魂夺魄，学生们一定会在文本的深处寻寻觅觅，流连忘返，发现并能够解读出别样的李商隐。

二、语文教学就是要引领学生在词语的密林里探险

生：我认为应该还是一个晚春。

师："一个晚春"，你居然会这样的词！晚春。春天已经很美了，居然是一个晚春，哪里得到的信息？

生："东风无力百花残。"

当学生说出并懂得"晚春"的时候，她是多么神气，多么了不起，民族的文化审美早已浸润了她的心灵。

唐婉《钗头凤》中的"难，难，难"这"三难"与李商隐的"相见时难别亦难"的"二难"，哪一个更难？在比较中，课堂已宕开了笔墨，从词语的内涵、外延、情境、意味、关系、生活、爱情、哲思等方方面面荡漾开去，缤纷而陆离。学生的思考尽显才华与灵动，透过"难"字的表面，透过数量走向深邃。

而链接中的大量李商隐的诗，实际是为了让语文课的视野"辽阔"起来的，而这要有巧妙的任务驱动，于是乎老师问：《红楼梦》大观园里的诗魂林黛玉最喜欢李商隐的哪句话呢？

这一提问，让学生有感、有想、有话说。

三、学会倾听学生的发言

学生的发言，教师应学会倾听，在倾听中点拨学生去生成，完成师生共同的精神成长。

生：因为刚才这位同学介绍了唐婉的生平经历，她和陆游分别，连面都见不上了，而李商隐还能够见面。

师：不要仅从内容上说，也要从表达上说。

生：首先我认为是唐婉的《钗头凤》比较好，因为"难，难，难"三个字叠加，当你读的时候，"难，难，难"三个字感情是愈加丰富的。而"相见时难别亦难"是两个字，感情加起来没有三个"难"字强烈。

诚如一位教育家所言，学生的课堂发言就应该是教师的课程资源。

李商隐的诗是朦胧的，而教学却应该是清晰的，在朦胧与清晰之间生成与成长，是教学的一种境界。

（同）（行）（悟）（课）

诗歌教学，亦能"兴观群怨"

湖南省长沙悦学文化传播有限公司　　龙　潇

《论语·阳货篇》中有一段经典评价："子曰：'小子，何莫学夫《诗》？《诗》可以兴，可以观，可以群，可以怨；迩之事父，远之事君；多识于鸟兽草木之名。'"

这里的"兴""观""群""怨"显然是评论诗歌的功能。既然诗歌有这样的功能，那么教师也可以围绕这些功能来设计课堂教学。从这个角度看，董一菲老师的教学课例就近乎完美地体现了"兴观群怨"的意识。

一、兴情志

诗歌很为人称道，原因之一在于其情志抒发。可李商隐毕竟是朦胧诗人，师生在品析其诗歌时，自然会有莫名的晦涩之感。董老师十分重视这一点，在课堂开端就鲜明地提出了"朦胧"这一核心关键词。然后，她以"男女对读"的方式切入，围绕"晓镜但愁云鬓改，夜吟应觉月光寒"这两个句子，带着学生一起寻找本诗的抒情主人公。在师生的良好互动下，很多十分精彩的答案被学生说出。

二、观社会

首先，观古之社会。在引入李商隐的诗歌时，董老师是将其放置在国学大师王国维"凡一代有一代之文学"这个大的论断背景下；提及"蓬山"这个地名时，也是将其放置在"山东""仙山"等相关语境中。

其次，观今之社会。整个课堂的最后，董老师给学生们留了一个作业：

一份中学生杂志邀请你为李商隐的诗写一段推荐语。这种作业，既要求学生对李商隐有较为全面的理解，又要求学生熟知当今社会的阅读需求。

三、群阅读

首先，以诗歌细节为出发点，挖掘类似的群阅读资料。比如，《红楼梦》中的《葬花吟》，余光中的诗歌，李白发出的盛唐之音，断桥残雪的故事，陆游的《钗头凤》，莎士比亚的《哈姆雷特》，以及纳兰性德、李煜等人的名句……

其次，从诗人的其他诗作出发，挖掘相关的群诗阅读资料。比如，《无题·昨夜星辰昨晚风》中的"身无彩凤双飞翼，心有灵犀一点通"，《无题·飒飒东风细雨来》中的"春心莫共花争发，一寸相思一寸灰"……

四、怨不平

古语云："不平则鸣。"李商隐早年承受了丧父之痛，后来又处在"牛李党争"的旋涡之中，备受排挤。想必他心中定有"怨恨"和"不平"吧？董老师在这一点上进行了拓展。她意味深长地问学生："一生求仕，却仕途困顿，你认为这个'仕'应该怎么写？"这一提问，显然针对的不是字形构造本身，而是要引导学生体会诗人内心的"不平"。

此去蓬山没有路，想必包含着诗人许多怨恨与不平吧。一个才华横溢男子的一次次追寻与失落，通过传信的青鸟，通过课堂，抵达了学生的心间。

动荡喧嚣中宁静的光辉

——《庄子》整本书导读之《北冥有鱼》

（统编版语文八年级下册第六单元）

董一菲老师与老师们教研交流

教学设计

一、教学理念

《逍遥游》是古文中的经典名篇，文本虽表层意义艰涩，生僻字词较多，但也给我们诗意的语文课堂带来生成的无限可能。《逍遥游》开创了古代浪漫主义风格散文的先河。内容自由洒脱，无拘无束，心随神走，笔随心动，可谓纵横跌宕；构思不落窠臼，新奇别致。

　　庄子文笔灵动，也正是这个特点，可以让学生在奇丽文字的基础之上进行更宽阔的想象，更自由地阅读。我们可以引领学生用庄子给予的自信，大胆地展开想象，这也是教授这篇文章最令人享受的地方，希望能从文字到思想，引领学生来一场头脑风暴和思想升华。

　　基于以上的分析，教学这篇文章的总体思想是：教师和学生在充满诗意的简净对话中，引导学生探究字里行间丰富的内涵意蕴，深入浅出，品读铅华尽落之后深厚质朴的庄子思想。可从以下几个方面来实施：

　　1. 对话文字，读文悟己。揣摩"千金字"，解读"个性意"，体悟庄子奇特的想象、纵横的文笔中蕴藏的激情哲思。

　　2. 延伸文字，重峦华美。引入庄子诸多寓言故事，体味他变幻的笔端下不变的情味和追求，随时捕捉与学生对话中的课堂生成，巧设曲问，激发学生对文本的想象和个性解读。

　　3. 景行文字，回响无数。始于繁华，落于沉静。后人的无数杰作都影影绰绰带着庄子的印记。在积极的对话过程中，学生随大鹏入海飞天，驰骋万里，把人生价值的鲜亮融入青春的血脉。

二、教学目标

　　1. 引导学生在真实的语言运用情境中，深入文本体验语言运用，积累言语经验，艰涩生僻的表象下把握庄子语言的特点和运用规律，加深对古文文字的理解和热爱。

　　2. 在传统文化长河的背景中，旁征博引，巧设曲问，激发学生的审美想象和渴望，从而创造出自我心中的大鹏形象，培养学生个体的思维品质和能力。

　　3. 借助引经据典的教学切合，诗意盎然地调动学生情绪，引领学生走进庄子的哲学文化世界，感受传统文化中的哲学精髓。

三、教学过程

(一)"逍遥游"里话逍遥，初识庄子

　　1. 不拘一格话逍遥：先看前两个字"逍遥"，"逍遥"会是一种什么样的

状态呢？

此问题从大家都熟悉且向往的"逍遥"两个字出发，让学生在自己的思绪牵引下，在教师不显山露水的自然点拨下，理解"逍遥"与"自由"的关系。

庄子的文字是艰深的，他的哲理也是艰深的，所以从简单的字眼出发，望庄子的思想如一袭拂尘，点化了一颗颗求知而茫然的心，清澄而洒脱。

2. 深究一语，悟庄子"逍遥游"之深意：文中哪一句话是作者对"逍遥游"的理解？

在学生获得对"逍遥游"的正确理解后，教师引导学生找到庄子对"逍遥游"的理解。让学生从"我认为"走向"作者说"，从而很自然地引导学生走进了文本。接下来抓住"正"与"辩"，理解庄子尊重本性与顺应万变的思想，真正理解"逍遥"的无缚无束——"不拘于一时，不拘于一室"。

(二)小寓言里悟哲学，再读庄子

1. 漫说上古，话时间之虚无。

庄子的自由在于没有边界，包括时间和空间。针对这一点，直接进入思想哲学的讲解会显得枯燥而艰涩，不利于学生的理解。所以，从"上古"这个词说起，让学生在漫谈中认知时间的魔力，再来分析庄子的时空感就容易了。《逍遥游》是一则寓言，寓言离不开这么几个元素，比如说，时间、空间、人物，还有它的寓意。在一起厘清这些元素的同时对它们的含义进行深挖，庄子的思想就扎根在学生的脑海了。

2. 巧用对比，展时空间无际。

庄子没有使用哲学术语，弹指间就让人懂得什么叫大、什么叫小，什么叫有限、什么叫无限。这一切，都在对比中体现。这就是庄子的哲学艺术。在这里，带着学生去感受庄子思想的伟大，感受他时间无边界、空间无际涯的思想。这么伟大、复杂的哲理，就这样轻轻地触及。

(三)多文本里见哲思，细品庄子

庄子可以超越物我、生死、爱情、名利、自我。"至人无己，神人无功，圣人无名。"用故事再次刺激学生的神经，让之前理论分析出的庄子思想形象化，加深对庄子思想的理解。

(四)众贤诗中看艺术，仰望庄子

《文学回忆录》："汉的赋家，魏晋高士，唐代诗人，全从庄子来，嵇康、李白、苏轼全是庄子思想，直到民国的鲁迅骨子里都是庄子的思想。中国的伦理观，是孔孟的，艺术观是老庄的。"用众多的贤人诗，展现庄子的思想魅力，让学生们更好地感受庄子思想的伟大。

当我们无路可走的时候，庄子给我们指路，活出自我也罢，活成斥鷃也罢，但不要笑话他人。当我们无路可走的时候，庄子告诉我们可以飞翔。

庄子不仅给我们智慧和悲悯，还给了我们生命的诗意。

课堂实录

授课时间： 2016 年 11 月
授课地点： 北京交通大学附属中学
整　理　人： 黑龙江省牡丹江市第二高级中学　　林森

师： 上课，同学们好！

生： 老师好。

师： 今天我们要一起学习的是庄子的《逍遥游》。先看前两个字，"逍遥"，逍遥会是一种什么样的状态呢？看课下注释，一起读一遍。

生(齐)： 逍遥：优游自得的样子。

师： 说得再清晰一点儿，一起说。

生(齐)： 优游自得的样子。

师： 是优游的，是自得的，这样一个状态。那我们可否用自己的话再说一下呢？"逍遥"，你理解的是什么样的一种状态？我一行一行同学叫，随便谈。

生： 我觉得"逍遥"就是随自己的心，想怎么做就怎么做。

师： 关键词就是"随心"。心是一种精神、灵魂的存在，非常棒！后一位同学，你觉得呢？

生： 我觉得"逍遥"就是自由自在，没有束缚的感觉。

师： 两位同学用词都非常得当，都是很个性化的，非常棒！后一位同学，你觉得呢，"逍遥"是什么样子的？

生： 我觉得"逍遥"是很自由的。

师： 关键词是"自由"。嗯，很棒！那庄子怎么认为的呢？本文中庄子也用一句话概括了他的"逍遥游"，是一种什么样的境界？庄子是战国时期的人，他的文字应该说既艰深又浅显。艰深是说他的哲理，他的诗意，是需要我们用心体会的。后一位同学，你想好了吗？你觉得全文中哪一句话，就是作者对"逍遥游"的理解？好，请你来回答。

生： 我觉得应该是全文的最后一句。

师： 全文的中心思想，应该是在全文的后一部分，说得非常好！结论一定是在文章的后面吗？是哪一句能表达他这样的一种思想呢？

生： 若夫乘天地之正，而御六气之辩，以游无穷者，彼且恶乎待哉？

师： 有一个字，咱们纠正一下啊。"恶"为什么是"wū"呢？因为它是一个疑问词，这个字有多种词性，当它做疑问代词的时候，它就读"wū"。全班齐读一下这句话。

生（齐）： 若夫乘天地之正，而御六气之辩，以游无穷者，彼且恶乎待哉？

师： 有几个字真的不好懂，什么叫"天地之正"，"正"当作何解？后一位同学来说一下。"天地之正"，"正"是指什么呢？

生： 我觉得就是总不变的东西。

师： 是吗？课文注释怎么说？可以看得细一些。

生（读）： 顺应天地万物之性。

师： 尊重它的本性是吧？这个是非常准确的，我们知道老子的代表作是什么？

生： 《道德经》。

师： 《道德经》是谈道德的事儿吗？不是的，是谈天地间大的道理，"德"就是事物的本性。好的，要顺应事物的本性，这是一个关键词——"本性"。那第二句的关键词，你认为是哪个词呢？读一下句子，全班齐读一下。

生（齐）：而御六气之辩。

师：好，你觉得第一句的关键词是"正"，是"本性"。那第二句的关键词呢？是"辩"，是"变化"。变化真是一种非常大的学问，就是"不拘于一时，不拘于一室"的那种变通，这样的能力一定要有，这就是"逍遥"了，这就是庄子所说的"逍遥"了。这是全文的中心。《逍遥游》我们先有了一个初步的认识。《逍遥游》是一则寓言，在先秦诸子百家当中，有两个人最擅长讲故事、讲寓言，一个人是庄子，另一个是法家的代表人物，他是谁呢？

生：韩非子。

师：非常棒！韩非子讲的故事大家也都耳熟能详，如"守株待兔"等。既然是寓言，就离不开这么几个元素，比如时间、空间、人物、寓意。庄子的寓言，他虚构了怎样的时间和空间？又写了怎样的生物呢？这篇文章因为比较长，老师先替大家梳理出来。时间有"上古"这个词，给你一种什么样的感觉？"上古"是个时间词，但是它很有特点。这位女同学，你觉得"上古"给你一种什么样的感觉？

生：就是有一种神话色彩，这种感觉。

师：非常棒！因为远古的时代有一种神话色彩。后一位同学，你读到"上古"这个表示时代遥远的名词时，有一种什么样的感觉？

生：我的感觉是，可能整篇文章会有一种非常浓重的、肃穆的色彩。

师：肃穆的色彩，悠远的时间和历史是很肃穆的，令人有一种敬畏感。非常棒！后一位同学，对于"上古"还会有怎样的一种联想？

生：我感觉"上古"就像是一个传说一样。

师：传说和神话是那样紧紧相扣，使我们悠然神往。好，后一位同学。

生：我觉得这个故事能从上古流传下来，那就应该是比较有影响力的一个故事。

师：非常棒！时间洗涤了一切，洗刷了一切，也可能它就是某种真理和哲理。真棒啊，每个人都读出了自己的想法。后一位同学。

生：我觉得"上古"，带有一种神秘的色彩。

师（惊喜）：这位男同学说得更到位，"神话"如果还是个名词的话，那么"神秘"是个地道的形容词，很神秘、很神秘的从前。后一位同学。

生：我觉得"上古"就是时间过去很久，然后还对现在、后世有影响力的事情。

师：很好，这就是时间的魅力。时间是如此有魅力，它不仅是一个时间而已。继续往下看。本文是《逍遥游》的节选，在这个节选当中，除了"上古"这个时间名词，还有"三月""六月"，这样的数字我们现在看到是如此熟稔，你来说一下，"三"和"六"是确数吗？

生："三"和"六"应该不是确数。

师：那应该是什么数呢？

生：就是表示一个数量词的感觉。

师：一个数量词，一个概数。"三""六"即言其多也，不确定。你说是一个不确定的时间好，还是一个确定的时间好呢？公元前 2000 年，这样读起来是什么样的感觉？

生：这样感觉比较有历史感，可能更真实。

师：庄子完成了文化的某种奠基，我们中国人谈到"三""六""九"，经常用来表现一种大气磅礴的东西，能不能举例子呢？比如我想起了李白的诗："白发三千丈，缘愁似个长。"因为"五"比"三"多，他绝不会说"白发五千丈"，是吧？这是一种文化奠基。后一位同学，能不能举这样的例子？"三""六""九""十二"都可以，"百""千""万"也都可以。像毛泽东的词《沁园春·长沙》大气磅礴："粪土当年……"大家一起背。

生（齐）："粪土当年万户侯。"

师：好，后一位同学，这样的诗句还会想起来吗？

生："飞流直下三千尺。"

师：太棒啦！"飞流直下三千尺"，大气。后一位同学。

生："抟扶摇而上者九万里。"

师：看数词和量词，都是那么大气。这是时间，再看地点。《逍遥游》的开篇是这样写的。

生（齐）：北冥有鱼，其名为鲲。鲲之大，不知其几千里也；化而为鸟，其名为鹏。鹏之背，不知其几千里也；怒而飞，其翼若垂天之云。是鸟也，海运则将徙于南冥。南冥者，天池也……

师：停。开篇就有一个地点，这个地点叫"北冥"。它同样是个通假字，同学你来说，这个"冥"通哪个字？

生：通三点水的那个"溟"。

师：这个"溟"当什么讲呢？

生：海的意思。

师：海的意思，北方的海，请坐。我们现在有一首歌唱得特别火，是《南山南》——

生（读）：南山南，北秋悲。

师："南山南"是哪儿呢？南山的南面永远有南山，下一句叫什么？

生（齐）：北秋悲。

师："北秋悲"，北部的秋天过后还有无数的秋天，是不是这样的感觉？绵远的、无尽的空间感。千万不要确切想，庄子的时代，我们中国的北方真的有一片海吗？于是展开一种考察，说这个海在哪儿，是哪个？这是不可以的，这是不懂庄子。庄子是诗意的，是唯美的，他的想象不受任何的拘束。地域、时空对他来说都是不存在的，这叫"北冥"。好，继续看。"南冥"，找到原文的那句话，后一位同学。

生（读）：海运则将徙于南冥……

师：停。你把这句话浓缩一点儿，重新组织一下，"北冥有鱼，其名为鲲"，然后"海运则将徙于南冥"。叫"鲲"的这个鸟，它的故乡在哪里？

生：叫"鲲"的这个鸟，它的故乡就在南冥。

师：就是南冥，也可能就在北冥。它怀着勇士的乡愁，飞来又飞去，完成生命的迁徙，非常像人类，又非常像世界上所有的东西，那种本性就是"天地之正"。我们都是运动的，一个人不是活的、不是运动的，那他将死亡，是这样的吧？好，请坐。"北冥""南冥"，在地球上，你永远找不到它的标记，更何况浩渺的宇宙，这就是庄子。再来看，还有地点，"楚之南"。方才说道，庄子是哪个时代的人？

生：战国。

师：对，战国七雄，这七个国家在中国版图上最靠南方的是——

生（齐）：楚国。

师：他说"楚之南"，那又是一个陌生的所在，是吧？因为陌生，所以心生向往，我们对不熟知的世界永远充满向往。2015 年有一句网络流行语，出自那封著名的教师辞职信。后一位同学，你一定知道，被称作史上最具情怀的辞职信。

生：世界那么大，我想去看看。

师：这世界有多大？世界在我们的心中，每个人的世界是不一样的，庄子的世界真大，比他的宋国大，甚至比地球还大。因为比宇宙还辽阔的，是人的胸怀。雨果在《悲惨世界》的开篇说："世界上辽阔的是海洋，比海洋辽阔的是天空，比天空还要辽阔的是人的胸怀。"好，后一位同学，刚才说到"楚之南"，因为庄子时代的"楚之南"就是南方的南方，南方的平方、三次方、N 次方，没有边界的南方。在庄子的心中，没有天涯与海角，没有尽头。请你来回答，他说"穷发之北"，什么叫"穷发之北"？他换了个说法，不再说"楚之南"，说"穷发之北"，什么叫"穷发"，你知道吗？

生：就是极北的虚无之地。

师：太棒了！你用了一个太经典的词，叫"虚无之地"。太虚无了，这个地方已经不长一棵草，这个地方不长一棵树，这个地方已经没有生命的迹象了，这样的地方存在吗？现在咱们科学发展了，到底存不存在？

（生小声交流）

生：应该不存在。

师：太存在了，辽阔的宇宙，哪个星球都会有人类居住吗？哪个星球都有生命的迹象吗？不是的。所以这是庄子的空间。时间无边界，空间无际涯。再看这样一个大的世界里，生活着什么？我们一起看黑板，开篇就说了，先呈现出两种生命，一是——

生（齐）：鲲。

师：二是——

生（齐）：鹏。

师：大家继续读这段，全班齐读。读到哪儿听我说停，好，大点儿声读，"北冥有鱼"——

生（齐）：北冥有鱼，其名为鲲。鲲之大，不知其几千里也；化而为鸟，其名为鹏。鹏之背，不知其几千里也；怒而飞，其翼若垂天之云。是鸟也，海运则将徙于南冥。南冥者，天池也。《齐谐》者，志怪者也。《谐》之言曰："鹏之徙于南冥也，水击三千里，抟扶摇而上者九万里，去以六月息者也。"野马也，尘埃也……

师：停，读得真好！有很多生字都读得非常准确，比如"抟"等。我们经常说世界之大无奇不有，我们有那么多丰富的物种，有消亡的，还有存在的，那我想问后一位同学，你见过鲲和鹏吗？

生：没有。

师：世界上是不存在的，只是想象出来的东西，鲲和鹏是什么关系？它们有关系吗？

生（小声）：互相转化。

师：这个关键词说得非常棒！是互相转化还是单向的转化？

生：单向。

师：说得真准。那么单向转化是什么化作了什么？

生：是鲲化为鹏。

师："化"，这是一个奇妙的词，先放在这里。接着问后一位同学，鲲和鹏的共同特点是很大，你先说鲲有多大，用原文回答。

生（读）：鲲之大，不知其几千里也。

师：鲲是几千里也，鹏和鲲谁更大？

生：鹏。

师：鹏更大，有文为证吗？

生（读）：鹏之背，不知其几千里也。

师：太棒了！也就是说，鲲、鹏相比都是很大很大的，但是鹏的脊背就相当于鲲了，你说鹏有多大呀？这是一个辽阔的世界。同学们来看"美丽"的"美"，把这个字拆开，底下如果是"大"的话，上边是个什么字？

生：羊。

师：非常好！《说文解字》——中国的第一部字典中说，"羊大为美"，因为羊是美好的象征，那"大"呢，就是好，"美"这个字就这样造出来了。庄子有一句话，叫"天地有大美而不言"。这样的东西使我们的境界顿时变得无比辽阔，这是"鲲"和"鹏"。继续看，这里还有一个主人公，它跟鲲和鹏相比就不那么大了，它叫"蜩"。后面一位同学，把带"蜩"的句子读一下。

生（读）：蜩与学鸠笑之曰："我决起而飞，抢榆枋，时则不至而控于地而已矣，奚以之九万里而南为？"

师：好，读到这里。大家看，蜩与学鸠出场了，鲲、鹏结伴出场，鲲在哪里？"鲲"字是什么旁？

生："鱼"字旁。

师：好，"鱼"字旁，鲲在哪里？

生：水里。

师：鹏是鸟，它在哪儿？

生：天上。

师：鸟在天上。水里、天上，那还有陆地呢？远古的人类，对着辽阔的大地、天空、海洋，都有自己无尽的想象。我们中华民族远古的哲人如此，西方的哲人也如此，比如希腊神话中有三兄弟，分别代表天空、海洋和大地。现在说大地之上有两个小小的生物，它是"蜩"和"学鸠"，"蜩"是什么东西呢？后一位同学来说，看书下注释，"蜩"是什么？

生："蜩"是蝉。

师：你见过蝉吧？

生：见过。

师：到夏天的时候，它要不停地鸣唱。按科学对物种的分类来看，它现在被划分为什么类呢？

生：虫类。

师：它属于虫类。那么"学鸠"是什么呢？

生："学鸠"是斑鸠。

师：斑鸠是小小的鸟。它们两个在笑我，这个"笑我"内涵丰富，庄子对"笑"写得特别多。有人说他的世界有些冷嘲热讽，无论是冷嘲还是热讽，都因为他爱这个世界，虽然战国时代兵戈扰攘，流血漂橹，但是他深爱这个世界。我想问同学，"笑"有千百种，汉语不像英语单词那么简单，"大笑"一个词，"微笑"一个词，我们可以在"笑"前面加无数个修饰语，说"蜩与学鸠笑之曰：'我决起而飞，抢榆枋……'"那么这个"笑"应该是怎样的笑呢？

生：应该是嘲讽的笑。

师：嘲笑，我觉得很好。小小的蝉和小小的斑鸠，它们嘲笑的对象是谁？

生：我觉得嘲笑的是鲲和鹏。

师：嘲笑的居然是鲲和鹏。它不是仰望，而是俯视，觉得它可笑？这个很值得玩味，先放在这里。继续看。鲲和鹏一起出场，体现出一种变换的美丽。接下来，蜩和学鸠出场，是大地上常见的事物，而鲲和鹏是想象出来的。刚才那个男同学用词十分准确，是"虚无"，把我们的思想一下引向虚无，这个词用得多好啊，就像《红楼梦》所说的"假作真时真亦假，无为有处有还无"，这是辩证的思想。再次出场的是"朝菌"和"蟪蛄"，原文又在哪里呀？

生（齐）：朝菌不知晦朔，蟪蛄不知春秋，此小年也。

师：很好！"朝菌"是什么东西呢？我们现在常说"菌类"，是蘑菇类，那"朝菌"是什么？

生：大芝见日则死，是一种大芝。

师：大芝是一种"菌类"，蘑菇是不喜欢见光的，见光就会死的。"朝菌不知晦朔"，因为它暮生朝死，晚上生出来，早上太阳一出来，它就死了，它的生命有多长？

生：十二小时。

师：它的生命长度只有十几小时，这是"朝菌"。"蟪蛄"又是什么呢？

生："蟪蛄"是寒蝉，春生夏死，夏生秋死。

师：四季当中它只能活过一个季节。庄子在这里解读了这么多哲学的概念，他却没有用一个哲学术语，不像西方的哲学家。比如德国哲学家黑格尔的《小逻辑》里全是名词、推理、演示。中国的哲学家不是这样的，轻轻一点就让你懂得什么叫大、什么叫小，什么叫有限、什么叫无限。真是太棒了，太智慧了。为什么中国的文化五千年而不衰，绵延流长，似乎从此略见一斑。"朝菌不知晦朔，蟪蛄不知春秋"，何为"朔"？我们学过《赤壁赋》吗？把开篇背一下。

生（齐）：壬戌之秋，七月既望。

师："既望"是每年农历十六，那农历十五呢？

生：望。

师：好的，那么初一叫什么？

（生陷入思考，沉默了一会儿）

师："朔"嘛，刚才不是提到"晦朔"吗？那么月底是什么？

生：晦。

师：好，继续看，"朝菌""蟪蛄"让我们觉得那么有限、那么短暂。看"冥灵"和"大椿"是什么？"大椿"是一种树，原文怎么说？来，同学们读一下原文。

生（齐）：楚之南有冥灵者，以五百岁为春，五百岁为秋；上古有大椿者，以八千岁为春，八千岁为秋，此大年也。

师：非常好！我想让大家做一点儿数学运算，你说这个"冥灵"，它的一岁是我们的多少年？

生：两千年。

师：数学学得真好！那么"大椿"呢？它长一岁等于我们长了多少岁？注意计量单位。

（生思考了一会儿，还有的生开始用草稿纸计算）

生：三万两千年。

师：是这样的，三万两千年，太可怕了！真是一种太悠远的东西。我们不能因为不知道这个事物，就认为它不存在，我们的科学现在已经发现，除了分子和原子之外，还有一种更小的存在，叫夸克，对不对？对宇宙我们已经能了解上亿光年的距离。那夸克是最小的吗？当然不是。就像庄子经常和他的好朋友辩论，一个叫惠子的哲学家，惠子说："至大无外，至小无内。"谁懂这句话的意思？我相信你肯定懂，这位女同学。最大之外有没有尽头？

生：没有。

师：最小之内有没有尽头？

生：没有。

师：这可把我们的空间感扩大得无穷无尽了。好，继续看，"彭祖"，终于出现一个人类，其他都是动物。你来说（指向一女生），确有其人吗？

生：没有。

师：是传说中的人，他是传说中的一个代表，是什么样的代表？

生：长寿的人的代表。

师：据说他活了多少岁？

生：八百岁。

师：未来一个人有没有可能活八百岁？有没有可能？

生：有。

师：有，曾经有没有这种可能？

生（笑）：有。

师：这是庄子给你的勇气和见识。肯定是这样的，但他是一个传说中的人。再看，又有一个"斥鷃"出现了，它肯定是一种鸟类。请一个同学来说，"斥鷃"又叫什么？不要急，慢慢看书下注释。

生：燕雀。

师："燕雀"你熟悉吗？有一句有关"燕雀"和"鸿鹄"的名言，陈涉是怎么感叹的？

生（齐）：燕雀安知鸿鹄之志哉？

师：燕雀是一只小小的鸟，这个燕雀一出场，也是自我满足的样子。它有一个神奇的表情，是什么？

生：笑。

师：它也是笑着出场的，它笑的对象居然还是谁？

生：鲲、鹏。

师：还是鲲、鹏。同学们想啊，我们是生活在同一个世界，但是我们似乎又很少能够真正地互相懂得。来看看"鲲"和"鹏"这组对比，它俩就互相能懂得吗？一个在水里，一个在天上，能懂吗？它们之间能理解吗？

生（齐）：不能理解。

师：那也就是说，鸟肯定不理解鱼的游，鱼不理解鸟的飞。再看，"朝菌""蟪蛄"肯定不懂"冥灵""大椿"那样的世界是一个怎样的世界、怎样的芳华，也就是"八千岁为春，八千岁为秋"是一个怎样的长度。反之，"冥灵"也不懂得"朝菌"，生命一闪而过，它又如何懂得？所以庄子又有一句经典的话，我把它写在黑板上。全班齐读，"井蛙不可以语于海者"——

生（齐）：井蛙不可以语于海者，拘于虚也；夏虫不可以语于冰者，笃于时也；曲士不可以语于道者，束于教也。

师：读得真好，每一句都读得非常棒啊！大家看，真的都有局限吗？你跟井底的青蛙谈大海烟波浩渺，它能理解吗？它不理解；你跟一个没有见识的人谈天地大道，他也是不懂的。这又是一个哲学命题。看看庄子思想多伟大，这么伟大、复杂的东西，就这样被轻轻地跨越。再回过头来讲，《逍遥游》当中最能给我们带来审美冲击力、心灵想象力的，不外乎"鲲"与"鹏"。这个开篇写得特别漂亮，"北冥有鱼"——

生（齐）：北冥有鱼，其名为鲲。鲲之大，不知其几千里也；化而为鸟，其名为鹏。鹏之背，不知其几千里也；怒而飞，其翼若垂天之云……

师：停，到这儿，就是鲲从水中幻化为鹏，这种幻化之美，真是天地间的大美。中国有一部经典，既是儒家的经典，又是道家的经典，就是谈变化的哲学，叫《易经》。"易"是什么意思呢？就是"化"和"变"，没有"变"，没有"化"，这个世界一成不变，多可怕呀。这个"化"，我们理解为一种力量，正因为是这种"化"，鲲才能挣脱水的束缚飞到天上，成为鹏，然后九万里高天风鹏正举。接下来我们再来看，水是有阻力的，天空的阻力和水比大还是小？

生：小。

师：这是一种自由，你想走向自由吗？冲破一种束缚。屈原有一首诗叫《天问》，问了二百多句。我们常说你这个问题简直就是"天问"，那么庄子有没有"天问"呢？庄子的"天问"又是哪一句呢？

（生思考，讨论）

师：庄子问天的句子，原文中有。这位同学，请你来读一下。

生（读）：天之苍苍，其正色邪？其远而无所至极邪？"

师：这句话是说什么呢？全班一起来读这句话。

生（齐）：天之苍苍，其正色邪？其远而无所至极邪？

师：再来一遍，然后请同学来翻译一下。

生（齐）：天之苍苍，其正色邪？其远而无所至极邪？

师：请你来说，"天之苍苍"怎么翻译呀？

生：天是深蓝色的。

师：深蓝色的天，然后下句呢？

生：是因为天太高而……

师："那就是你本来的颜色吗？""深蓝色就是你的本色吗？"我们现在想想庄子多伟大，是在两千多年前的战国时代，他就有这样的疑问。现在我们知道，那当然不是本来的颜色。就像地球，远远地看，是一个什么样的星球？蔚蓝的星球。我们地球是绿色的吗？是蓝色的吗？不是。在宇宙间，它呈现出的不是它本来的面目，而庄子就在探究事物的本相是什么，它的本真是什么，这就是探求事物的原理。哲学首先是建立在科学的原理上，这就是他的"天问"。好，下一句还没有翻译，后一位同学来说一下。"其远而无所至极邪"是什么意思？

生：它因为太远了而看不到尽头。

师："看不到尽头"，那个时候他就知道宇宙无涯，这是他宝贵的"天问"。庄子当然是任情、任性之人，魏晋风流人物都在他这里汲取了这种原创的东西，全文最能够体现庄子任情、任性的是哪个句子呢？他不在意世人怎么说，不在意世俗的标准，要活一个真的我，全班齐读。

生（齐）：且举世誉之而不加劝，举世非之而不加沮。

师：好，谁人能做到这样一种境界啊？这是一种怎样的境界啊？世俗的标准规则对他来说形同虚设。好，再齐读一遍。

生（齐）：且举世誉之而不加劝，举世非之而不加沮。

师：参考课下注释来翻译。首先，"举世"是什么意思？

生：就是整个世界。

师：太棒了！整个世界赞美你，你也不会怎么样？

生：特别努力。

师：好的，"劝学"那个"劝"是劝说的意思吗？

生：不是劝说。

师：是什么意思？

生：是勉励。

师：是更加努力，真棒！两个"劝"是完全一样的，全世界人都鼓励我，我都不会更加努力。后一位同学，"举世非之而不加沮"，你翻译就可以了。

生：全世界人都否定他，他也不会沮丧。

师：做我自己，这是庄子非常强烈的声明。这篇课文还有非常细致的东西，我们就不过多地探究了，我们宕开笔墨说说庄子。庄子原创了大量的寓言故事，比如"庄生化蝶"，李商隐曾经把这个故事写入他的《锦瑟》："庄生晓梦迷蝴蝶，望帝春心托杜鹃。"这位同学能不能把"庄生化蝶"这个故事简单讲一下？

生：有一天庄子梦见蝴蝶了，他醒来以后就想，是他自己梦到蝴蝶了，还是蝴蝶梦到了他？

师：如果这里用"化"这个词就更传神了，是我化作蝴蝶了还是蝴蝶化作我了？我是"自我"，蝴蝶是外界的客观存在，是"物"，这是"物我两忘"。能达到这个境界，我都弄不清我和这个世界有什么分别，我和世界同在。

什么是"鼓盆而歌"?（指向一男生)这位同学，请你讲一讲。

生：庄子的妻子去世了，然后惠子去看望他，发现庄子在门外敲着鼓、唱着歌……

师："鼓盆"，他不会找一个鼓在那儿认真敲的，庄子是率性的。

生：他拿一个盆在那儿敲，惠子十分不解。庄子说，我一开始也很伤心，但是后来我想人是一团气，人是自然中的气集合起来的，人死了就是气体发散到自然中去了。所以我妻子也是由人形回到自然中了。

师：回归自然了，我当然为她高兴了。我们都是自然之子。在这里这个超越可不得了呀，"生死超越"，生和死真是没有什么界限，这叫"向死而生"。好，非常棒！什么叫"曳尾涂中"？这是个寓言故事。

生："曳尾涂中"好像是说庄子特别饿，就向别人去借粮食，结果那人不想借，就委婉地跟他说："等到今年秋天收粮食的时候我再借给你。"因为当时拖延了很长时间，然后庄子就想出来了一个故事，说他有一天在小泥沟里看见有一条鱼，但泥沟里的水很少，快要干了，那鱼也快要干死了，于是鱼求庄子弄点儿水来救它，然后庄子说："我要到南方去，等我到了那儿用汪洋大海的水来救你。"鱼说："那你不用救我了，你到时候去卖鱼干的那里找我吧。"

师：你讲的这个故事非常生动，你的阅读面非常广，但你的记忆稍微有一点点偏差，你讲的不是"曳尾涂中"，而是"涸辙之鲋"。没关系，他宕开笔墨了。"曳尾涂中"说的是一件什么事呢？

生：说楚王要请庄子去做官，于是庄子就说："我听说楚国有一只神龟，已经死去三千年了，楚王把它装入木匣藏在庙堂之上。如果我是这只乌龟，我是做标本呢，还是快快乐乐地活在海里呢？"

师：说得真好！同学们的阅读面都是非常广的。战国有七雄，其中有三个大国，楚国是一个大国，请他做官他不做，他说要快乐地在自然中生活，他超越了名利。如果世人把这些东西都超越了，那真是一种境界。"相忘于江湖"前有一句话，把这两句话连起来，大家一起读。

生（齐）：相濡以沫，不如相忘于江湖。

师：我们不要互相用唾沫来润湿了，真是没有必要的，让我们在江湖当中忘掉彼此、忘掉自己吧。连自我都可以忘记，真是活到一定境界了，这是人生的大境界。所以，庄子可以超越物我、超越生死爱情、超越名利、超越自我。人生所有的羁绊和凭借，全部超越，那他是什么？全文结尾的那几句话，全班齐读，他要做一个什么样的人？

生（齐）：至人无己，神人无功，圣人无名。

师：他要做一个什么人？再说一遍。

生（齐）：至人无己，神人无功，圣人无名。

师：啊，要做"至人、神人、圣人"，忘掉自己，忘掉功名，这真是一种境界！庄子对中国文化的影响简直是太大了，太深厚了，没有庄子就没有中国的艺术，就没有中国的文学，想读懂中国的文学和艺术，我们必须读懂庄子。比如说，《红楼梦》当中就有一僧和一道，他们是生命的行者，儒道互补，中国大部分的精神世界都是儒道互补。接下来看李白的诗，全班齐读！

生（齐）：大鹏一日同风起，扶摇直上九万里。

师：这就是化用庄子的典故，再看苏轼，他怎么说？

生（齐）：小舟从此逝，江海寄余生。

师：这就活脱脱的"曳尾涂中"。陆游又怎么讲？

生（齐）：小楼一夜听风雨，深巷明朝卖杏花。

师：庄子崇拜的就是天，就是自然，他让我们学会了听风、听雨、赏月、赏花，让我们珍惜春夏秋冬。陆游被贬时期，他总希望能够卫国戍边，可惜"心在天山，身老沧洲""僵卧孤村不自哀，尚思为国戍轮台"，这样有一腔热血的男子，同样也有一颗琴心，他可以小楼一夜听那风声、雨声，明天会听到临安城那深深的巷子里的卖花声。那么杜甫怎么说？我们总觉得老杜板着面孔，杜甫仅有那一面吗？杜甫说什么？

生（齐）：飘飘何所似，天地一沙鸥。

师：你说我是谁？我是那天地间的沙鸥，我自由自在地活我自己，我孤独也好、寂寞也好，我是天地当中的远行客。那李煜这个亡国之君又怎么讲？

　　生（齐）：四十年来家国，三千里地山河。

　　师："三千里地山河"，也就说他的故国很大。他的白描手法就和"北冥有鱼，其名为鲲"完全一样，是洗尽铅华的美丽。再有，被称为"女词帝"的李清照，又怎么写？

　　生（齐）：九万里风鹏正举，风休住，蓬舟吹取三山去。

　　师：这是她唯一的一首豪放词。有一个文学家在《文学回忆录》里有一段精彩的论述，需要一个同学读一下，我希望充满感情地来读。

　　生（读）：汉的赋家，魏晋高士，唐代诗人，全从庄子来，嵇康、李白、苏轼全是庄子思想，直到民国的鲁迅骨子里都是庄子的思想。艺术观是老庄的。

　　师：非常好！读庄子要有艺术的感觉。著名学者林庚说："战国时代是混血的时代，战国时代是思维启蒙的时代，是智者的时代。"我想说，当我们无路可走的时候，庄子可以给我们指路，什么样的活法都是活，可以活出我自己，活成斥鷃也无所谓，但不要去笑话他人。不懂的时候也不要笑，活成自己就是了。庄子告诉我们，当无路可走的时候，我们可以飞翔。庄子不仅给我们智慧和悲悯，还给了我们生命的诗意。好，下课，同学们再见！

　　生：老师再见！

教 学 反 思

　　《逍遥游》是古文中的经典名篇，被多版高中语文教材收录，一线教师普遍认为这篇古文比较难教。其"难"首先在于文本表层意义艰涩，不仅篇幅较长，而且生僻字词较多。所以，教者往往无从下手。在备这堂课时，我主要从"课堂架构、教学运作、对话氛围"三个角度进行具体思量和设计，整堂课下来，基本上落实了预期的教学目标，实现了既定的教学过程，成功地引导学生理解文本的重难点。

一、课堂架构方面的设计

这堂课主要设计三个环节。

环节一：课堂导入。这堂课没有生搬硬套地从翻译文本开始，而是巧妙地从题目出发，让学生去体会"逍遥游"三字所内蕴的感觉和状态，然后自然地从"读者视角"过渡到"作者视角"：庄子是如何阐释"逍遥游"的？在打开学生阅读视野的同时，也从文本的整体感知聚焦到文本的最后那句"若夫乘天地之正，而御六气之辩，以游无穷者，彼且恶乎待哉"，进而引导学生品析这句话，初步得出"逍遥游"中的"坚守本性"和"不断转化"的意义。

环节二：文本梳理。从寓言故事的角度带领学生分析文本中的"时间、空间、人物或动物"等。时间名词方面重点解析了"上古""三月""六月"等，并从中渗透古人作文时对数字的考究和承传；空间名词方面重点解析了"北冥""南冥""楚之南""穷发之北"等，通过地理位置上的偏僻无极、辽阔广远，引领学生体会庄子的"时间无边界，空间无际涯"的时空观；人物或动物方面按照行文顺序，重点解析了"鲲""鹏""蜩""鸠""朝菌""蟪蛄""冥灵""大椿""彭祖""斥鹦"等，通过多组对比说明每个人都有局限，每个人也都有所期待，而这些都不是真正的"逍遥"。

环节三：思想阐释。主要是对文章主旨思想的挖掘与深化。通过"庄生化蝶""鼓盆而歌""曳尾涂中"等典故的介绍与理解，引导学生更深入地体会庄子"至人无己，神人无功，圣人无名"的思想。然后拓展苏轼、李白、杜甫、李清照等人的诗词，反观其中渗透的庄子思想，从而得出"中国的伦理观是孔孟的，艺术观是老庄的"。

二、教学运作方面的设计

除了课堂环节上的"特别用心"，我还在教学理念和教学操作方面"特别用心"。

首先，教学理念方面，我比较明晓课堂教学的核心主体与根本宗旨所在。课堂的核心主体当然是学生，教师只是引导者、帮助者、搀扶者，绝不能替代学生成为课堂的主人。比如，课堂伊始，阐释"逍遥游"时，我给予学生充分的思考时间和对话交流的空间，尽量地让站起来的同学有话说，并且说得合适、得体、恰当，这是我对师生观的一种理解。另外，课堂教学的根本宗旨在于正确引导并积极促进学生有效学习，不能出现"只有教、没有学"的课堂现象，也不能出现"只有学、没有教"的课堂现象。反观这堂课，在每一次问答中，都不是单向的信息传递，而是师生主体间的和谐交流，当学生一时无法顺利回应教师的问题时，我总是细心指导、静心等待。对一些需要勾连后文才能回答的问题，我采用"迂回"战术，稍后解决。比如，在分析"小小的蝉和小小的斑鸠在俯视鲲、鹏，而非仰望"的原因时，我没有着急让学生回答，而是留了悬念，在课堂的环节三中才去阐明，有利于学生更深刻地体会其中的寓意。我始终清醒地知道课堂的终极意义所在，即为了学生更好地学习。

其次，教学操作方面，从"环节一：课堂导入"到"环节二：文本梳理"，再到"环节三：思想阐释"，整堂课有条不紊，十分有序地推进着，没有生拉硬拽学生的感觉。虽然这篇文本在理解上难度很大，但通读课堂实录之后，并没有感觉到学生学得多么累，多么痛苦。我想这主要得益于我对"问题的提炼"和与学生"充分的对话"。每个大问题都被我细化为几个具体的小问题，然后通过层层铺垫，进而引导学生思考并解决大问题。如果问题设计是这堂课的教学保障，那么对话交流就是这堂课的成功手段。反观这堂课，有一对一、一对多、多对一等不同形式的对话，充分地将课堂变成了我们师生情感交融的能量场，真正地将文本、作者、教师、学生等融为一体了。

三、诗意氛围方面的设计

除了教学技术上的设计，我还特别注重课堂氛围的营造。尽可能地让整堂课中弥漫那种诗意盎然的语文味道。我们常说，有滋有味教语文。总体来说，我的这堂课就是极具语文味道的语文课。这种语文味道主要体现在我对传统文化的理解与灵活运用上。

比如，为了更好地理解"逍遥游"，我引入《道德经》，明确"德"即是

"性"；比如，为了理解文中"三月""六月"等时间名词，我引入李白的诗"白发三千丈，缘愁似个长"和毛泽东的词"粪土当年万户侯"；比如，为了让学生更直观地感受"美"，我引入《说文解字》中"羊大为美"的阐释等；比如，引用《易经》《天问》《红楼梦》《文学回忆录》等，这些材料或者说语文资源，我尽可能地充分提及并展开阐释，在帮助学生更好地学习的同时，也充分展示诗意语文的独特魅力。

《逍遥游》本身就是一篇富有浓厚古典文学色彩的作品，其中折射着强烈的思辨哲学身影，比如，对"有待"与"无待"、"现实"与"自由"、"出世"与"入世"等概念的思考，如此富有内涵的文本，如果再用"一句一句翻译，一段一段梳理"的方式来学，很显然会很大程度地消解学生对这篇作品的整体感知和赏评兴趣。而借助引经据典的教学契合、诗意盎然的情绪调动，无疑会让学生更好更易地走进文本，走进庄子，走进哲学的文化场。

当然，课堂总留遗憾。这堂课结束后，也引发我的一些新的思考，比如，对"文言知识"的教学，如何从"这一篇"走向"这一类"？学生在没有丰富的文化储备时，如何更好地进行此类文言文本的阅读与理解？学生在没有老师的循循引导时，如何更好地去进行此类文言文本的学习与鉴赏？这些也值得我们进一步去思考和研究。

（同）（行）（悟）（课）

让生命的诗意在课堂上流淌

安徽省宁国市宁阳学校　李　萍

特级教师董一菲执教的《逍遥游》是统编版教材九年级下册《庄子》二则之《北冥有鱼》一节的拓读课。

董老师是"诗意语文"的倡导者。"营造诗意的氛围，诗意唯美的教学语言，学生、教师、文本之间诗意地融汇，教师对文本诗意而富有哲理地解读。"董老师努力践行着诗意语文理念，她的课堂上氤氲着生命的诗意。

一、语言品析鞭辟入里

"语言是存在的家园"，我们阅读不光是为了文字，更是为了读懂作者和人物的生命，读懂他们内在的精神。

这节课上，董老师紧紧围绕文本中的核心词汇进行语言品析：说形容词"逍遥"的状态，谈时间名词"上古"给人的感觉，探数词"三""六""九"的大气；自"北冥"到"南冥"，从"穷发"到"转化"，认识"鲲""鹏"和"蜩""学鸠"，解字"美"与"笑"，识别"朝菌"及"蟪蛄"，直至"天问"和"无己"。在文字的逐层剥笋般的品析解读中，师生共同寻觅隐藏的人物心灵密码。

二、课堂拓展纵横捭阖

"在语文课堂上坚守守候，引领学生用诗意的眼光领悟汉语，传承文化。"这是董老师坚守的教学理念。

课上品字析句，宕开笔墨列举太白诗、毛主席词，去认识庄子的文化奠基意义；由流行歌曲"南山南，北秋悲"解读"北冥"，读懂诗意、唯美的庄子；结合流行语"世界那么大，我想去看看"以及《悲惨世界》的开篇走进庄子的大世界。

课上立足文本，纵横捭阖。有《说文解字》，有《易经》，有希腊神话，还有《红楼梦》的辩证思想，黑格尔的哲学智慧。有"不加劝"与"劝学"的"劝"字义的比较；由《赤壁赋》里的"既望"识"晦朔"；从屈原《天问》而及庄子之"问天"句；由"斥鷃"的注释想及陈涉的感叹"燕雀安知鸿鹄之志哉？"……

课上以生为本，回顾经典。在庄生化蝶、曳尾涂中、涸辙之鲋的故事中认识庄子思想的伟大；从后世的文字里观庄子翩然的身影，李白、苏轼、陆游、杜甫、李煜、李清照……笔下有庄子的典故；木心、林庚等学者，文字里有庄子的智慧……董老师说："当我们无路可走的时候，庄子可以给我们指路，什么样的活法都是活，活出我自己。"

如果说庄子在《北冥有鱼》中体现出一种智慧与理想，那么，董老师则在《逍遥游》里让生命的诗意纵情奔涌。

伊有一花园，足以慰平生

——《呼兰河传》整本书导读之《祖父的园子》

（统编版语文五年级下册第一单元）

《祖父的园子》授课现场

教学设计

一、教学理念

《祖父的园子》节选自萧红的小说《呼兰河传》。作者用诗情画意的语言，描绘了"后园"里的一草一木、一花一叶，叙述着"我"同"祖父"在后园里留下的欢声笑语。所以说，《祖父的园子》的字里行间充盈着天真的快活，稚拙的可爱，更充满着温情和暖色。

要想真正读懂《祖父的园子》，教师就需要和学生展开充满诗意的温馨对话。先从"后园"的一草一木入手，一个又一个节点地点拨，点燃学生的思路，激活学生的审美情趣；然后在反复诵读中，引导学生从那一朵朵玫瑰，一棵棵狗尾草，一株株迎风摇曳的庄稼里，成为"我"的知音，成为"祖父"的知音。在《祖父的园子》里，教师引导学生品味语言文字，将文本与生活打通、圆融。从而引导学生在语言中感悟童真童趣，触摸文字背后的温度与深情。

《祖父的园子》饱含挚爱亲情，教师需要借助文字，通过层层的对话、点拨，将学生带入了诗意唯美的境界，将传统文化中的诗意之美浸入学生的灵魂深处，充盈于未来美好的人生。

二、教学目标

1. 核心目标：在语言的感知积累的基础上曲径通幽，感悟童真童趣，触摸文字背后的温度与深情。

2. 条件目标：正确认读"蚂蚱、蚌壳、倭瓜、水瓢"等词语，通过查字典，理解不懂的词语；有感情地朗读文本，体会出"我"在园子里的快乐无忧；学会通过揣摩语言文字，理解文意、体会情感的方法。

三、教学过程

(一)牵"一词"，入后园门

1. 简约导入，明确内容：今天我们学一篇小说，小说节选自萧红的《呼兰河传》……

2. 用一个简单的句子"我家的后园有……"入手，开门见山，层层推进。

3. 直指本文核心"后园"，删繁就简，简约地进入文本内容的具体学习。

（大屏幕出示）

节选的部分主要写了什么呢？

有祖父，有后园，有我。

让学生带着一份兴趣，带着一份欣喜，走进"后园"，发现园子里的……

(二)赏"一园",品自由境

1. 我家后园的东西是什么状态呢?它们是以一种什么样的姿态生活在这里的呢?

从性质、数量、色彩的角度赏析"后园"之美,为下一环节体悟"后园"之自由做铺垫。

2. 在萧红的笔下,她的"后园"具有什么特征呢,用一个词语、一句话概括。

继续深入文本,在初步感知的基础上,深层次地概括提炼,既是对文本内容的理解,更是对写作对象情感的体悟。

3. 补充介绍作者萧红。

知人论世,结合学生所了解的萧红,全方位、多角度地了解作者,有助于学生更清醒明亮地深读文本,智读文本,悟读文本。

这一环节,教师细细发问,学生细读文本,在一字一句中发现"后园"之美,发现"后园"之自由,发现"后园"于"我"非同寻常的意义。

(三)读"两人",感亲情暖

1. 学生齐读"阅读链接"的开篇:

呼兰河这小城里边,以前住着我的祖父,现在埋着我的祖父。我出生的时候,祖父已经六十多岁了,我长到四五岁,祖父就快七十了。

重点品读"已经""就"两个副词。

这是怎样的生命的惶恐?因为爱,所以担心失去。她为什么要担心失去?

这种节制的抒情更动人心弦,有人说"静水流深"。她用的是一种记叙的表达方式,却超过了世间的千言万语,这就是祖父。"我"和祖父的关系是那样依恋,"我"担心、恐惧失去他。

敏感地捕捉意义厚重的副词,启发引导学生挖掘副词背后作者浸染的含蓄而深婉的感情。教师的点拨,如火星,如灯盏,将学生的生活阅历与体验在这一刻不动神色地打通、圆融。

2. 学生合作读第四自然段：

祖父整天都在园子里，我也跟着他在里面转。祖父戴一顶大草帽，我戴一顶小草帽；祖父栽花，我就栽花；祖父拔草，我就拔草。

重点品读"我"的情感，进而深入了解"祖父"的形象。

默读是一种思考，朗读也是一种思考。此处的朗读，教师特别注意强调关注动词。一个个看似一望而知的动词背后，亦有学生一望而暂时不知的东西。在教师的鼓励和帮助下，学生的理解渐入佳境。

3. 萧红笔下的祖父最突出的特征是什么？

选读祖父"笑"的句子，体会祖父的特征。祖父的笑穿越了时空，从遥远的黑龙江到同样遥远的香港，从她生命之初到她生命的终结。祖父的笑声包含了阳光的味道，祖父是一个什么的人，学生已经了解得非常到位。

学生分角色朗读第四自然段，旨在呈现丰满的"祖父"的形象。此环节由点到面，由现象到本质，采用生生对话，在丰富的朗读中，体会"祖父"这一温暖慈爱的形象，体会"我"与"祖父"之间最动人的亲情。

(四)荐"一书"，悟生命美

1. 穿插介绍萧红的轶事。

再次介绍萧红，是为之前的补充与丰富。这一环节意在为下面推荐整本书阅读蓄势。

2. 学生齐读《呼兰河传》结尾。

结尾设悬，与课堂伊始的简约一问遥相呼应。运用两个问句，点燃学生阅读《呼兰河传》的渴望，轻巧地从"这一篇"过渡到"这一部"，开启学生的整本书阅读进程。

课堂实录

授课时间：2016 年 11 月

授课地点：吉林省长春市外国语学校

整 理 人：黑龙江省牡丹江市第二高级中学　李霞

师：上课，同学们好！

生：老师好！

师：今天我们学一篇小说，小说节选自萧红的《呼兰河传》，节选的内容叫《祖父的园子》。（指向大屏幕）节选部分主要写了什么呢？有祖父，有后园，有我。"后园"有什么呢？给同学们两分钟时间读一读。在书中找，一个同学答出一种就很充实。

（生读，约两分钟）

生：有蝴蝶。

生：有蜜蜂。

生：有蜻蜓。

师：发音非常标准。

生：有庄稼。

师：老师问问你"庄稼"是什么含义？

生："庄稼"是我们平常吃的小麦、水稻……

师：那后园里有没有水稻、小麦？"庄稼"这个词是作者的口语。作者是谁？

生：萧红。

师：萧红是哪里人？

生：东北女作家。

师：我家的后园有蝴蝶、蜻蜓、蜜蜂、庄稼，还有什么？

生：有蚂蚱。

师：蚂蚱也好，蝴蝶也好，这些都属于什么类别呢？

生：都属于昆虫。

师：非常好！继续看这个后园，有昆虫，有植物，其实作者有一个词特别具有概括性，谁能找到这个词，我家后园里是什么状态呢？

生：新鲜漂亮。

师：无论是昆虫还是植物，都是新鲜漂亮的，这个词非常好！还有没有其他的词语？这是说它的性质，有没有与数量相关的词？

生：样样都有。

师：你能说说"样样"是什么意思吗？

生：各种各样的。

师：解释得很好！就像我们说"好好学习，天天向上"，意思是每天都向上，这里是每一样都有。这是一个王国，一个植物的王国，也是一个动物的王国，这里的颜色是那么鲜艳，还有没有补充？

生：有树。

师：花草是在地上的，树是在高处的，参差错落，她家的树侧重的是观赏树还是果树呢？

生：应该是果树。

师：果树和一般的树木相比，如杨树、柳树、槐树有什么区别，你更喜欢什么树呢？

生：我更喜欢果树。

师：果树怎样结果子呢？是不是有个词叫"开花"——

生（齐）："结果"。

师：下面同学们思考，小说里的"我"是不是一定是萧红？

生：不一定。

师：好，我们重说小说的主人公"我"。我家的后园有果树，有果树就有了想象的空间，它曾经长满了叶子，曾经开过花，又曾经结了果。有这么一句宋词"红了樱桃"——

生："绿了芭蕉"。

师：非常棒！这是红与绿的世界，萧红怎么描写的？谁读书的时候注意到了那些带有色彩的句子？

生：第二自然段"花园里边明晃晃的，红的红，绿的绿"。

师："红的红，绿的绿"真笼统啊！虽仅有红与绿，却有诗的味道。李清照曾经这样说过："试问卷帘人，却道海棠依旧。知否，知否——"

生："应是绿肥红瘦"。

师：绿的是什么？

生：绿的是树。

师：红的是什么？

生：我认为应该是海棠。

师：同学们，仅仅是海棠吗？

生：还可能是果实，是花。

师：好，所以有了"林花谢了春红"，有"万紫千红"，一个"红"囊括了后园的一切，一切的鸢飞与鱼跃。后园里昆虫也好，植物也好，样样都有，应有尽有，红的红，绿的绿。它们是以一种什么样的姿态生活在这里的呢？请读原文。

（男女生分别齐读，师及时鼓励评价）

生（男）：花开了。

生（女）：就像睡醒了似的。

生（男）：鸟飞了。

生（女）：就像在天上逛似的。

生（男）：虫子叫了。

生（女）：就像在说话似的。

生（全班齐）：一切都活了，要做什么，就做什么。要怎么样，就怎么样，都是自由的。倭瓜愿意爬上架就爬上架，愿意爬上房就爬上房。黄瓜愿意开一朵花，就开一朵花，愿意结一个瓜，就结一个瓜。若都不愿意，就是一个瓜也不结，一朵花也不开，也没有人问它。玉米愿意长多高就长多高，它若愿意长上天去，也没有人管。蝴蝶随意地飞，一会儿从墙头上飞来一对黄蝴蝶，一会儿又从墙头上飞走一个白蝴蝶。它们是从谁家来的，又要飞到谁家去？太阳也不知道。

师：有的地方分开读，有的地方齐读，同学们掌握得非常好！有几个字，同学们读得特别准确，比如，"结一个瓜"的"结"在这里读一声；还有"似（shì）的"。有一处地方，在萧红的原文里是"黄瓜愿意开一个谎花，就开一个谎花"。"谎花"是"说谎"的"谎"。什么叫"就开一个谎花"？

生：我觉得是黄瓜还没有结果实之前长的花。

师：蔬菜开了花却未结果，就像人说了谎一样，什么修辞？

生：拟人。

师：对，拟人的手法，口语化的描写，赋予黄瓜人格的特征。它不诚实，那么美丽、那么茂盛的谎花是什么颜色的花？

生（齐）：黄色的。

师：黄色，和太阳光颜色一样的花，像梵高笔下的向日葵一样的金黄。这就是后园，萧红笔下的后园，何尝不是她心灵的后园。我们经常讲我有一个后花园，心灵的后花园，心灵的栖息地。那么在萧红的笔下，她的后园具有什么特征呢？能不能用一个词语、一句话表达？

（生思考）

生：我觉得她的后园是无拘无束的。

生：是多姿多彩的。

师：词语非常丰富，用的是四字短语。

生：我觉得她的后园是非常令人愉快的。

师：植物啊，昆虫啊，你却用"愉快"表达。"愉快"何以见得？

生：是自由的，所以愉快。

师：还有呢？

生：她的后园是随心所欲的，愿意怎么样就怎么样。

师："随心所欲"可是一种境界啊。孔子多大年纪才可以做到"随心所欲不逾矩"？

生：七十岁。

师：是啊，到了七十岁的"至圣先师"孔子才修炼"随心所欲"。而在作者的童年时代，她梦中的后园、祖父的后园却是随心所欲的，一片大自由、大境界！

生：我觉得是一个五彩缤纷的后花园。

师："五彩缤纷"都有什么颜色？

生：红色、绿色……

师：有生命的颜色，有碰撞的颜色，是大自然原初的颜色。

生：还有白色。

师：白色从哪里看出来的？

生：第一自然段，"蝴蝶有白蝴蝶、黄蝴蝶。"

师：好，老师还想问问你，蝴蝶是静态的还是动态的？

生：蝴蝶是静态的，因为它落在花上。

生：我认为蝴蝶是动态的，因为动静结合。

师：看来颜色真是太多啦，刚才还说黄瓜花的颜色是金黄金黄的，像梦一样金色的童年。

生：园子是自然清新的，文章里提到的自然景观——花、草和鸟，透露出一丝清新的气味。

师：好啊，这是从字里行间读出来的，是用心灵触碰这些文字感觉到的，真会读书！

生：我认为后园是清新漂亮的。

生：后园是生机勃勃的。

生：后园是自然环境极好的。

师：你认为"极好"是一般程度还是最高程度呢？

生：是最高程度的。

师：把最高的礼赞献给萧红笔下的后园，非常棒！

生：我觉得后园是无忧无虑的。

师："无忧无虑"这个词经常是形容人的还是形容物的呢？

生（齐）：形容人。

师：你已经感觉到了，她写的哪里是园子啊，不仅仅是园子，还有她自己内心的感受。好，你做最后补充。

生：我觉得是她心灵最不悲伤的时候。

师：何以见得？你肯定是了解作者萧红的，刚才已经说到她出生在中国最北部的黑龙江省，并且生长在一座小城里，叫——

生（齐）：呼兰河。

师：萧红何许人也，能向我们透露一下吗？

生：那时候东北在日本的侵略下已经沦陷，萧红出生在 1911 年，她长大之后经历了许多战乱，也包括南京大屠杀。

师：历史背景介绍得挺好，但个别处不够清晰和准确，哪位同学还可以再补充你所知道的萧红？

生：萧红是中国近现代女作家，被誉为"民国四大才女"之一，是二十世纪三十年代的文学洛神。她的主要作品有《跋涉》《生死场》《小城三月》《在东京》等，文体特征是能够创造出场景性的小说结构，这篇文章主要写了在后园自由自在的生活。

师：你怎么知道这么多？在哪里学到的？

生：我看过一本书，但不记得名字了，具体介绍了萧红。

师：很会学习，也很会读书，在读书的时候做摘抄。你还有补充？

生：萧红刚出生的时候是在民国时期，她长大以后才目睹了东三省被日军侵入。

师：她亲历了这一段历史。

生：萧红 1932 年结识了丈夫萧军，1933 年发表了第一部小说《弃儿》。

师：我想请你算算，1933 年萧红发表第一部小说的时候多大？

生：二十二岁。

师：二十二岁已经发表了自己的第一部小说，真了不起。她的丈夫叫萧军，他们两个人是同姓吗？

生：不是，都是笔名。

师：同学们知识面真广，把两个人的名字连起来读，先把姓读出来，读两遍，就是——"小小红军"。

生："萧萧红军""小小红军"。

师：这就是谐音，正如"东边日出西边雨，道是无晴却有晴"。为什么两个人会把笔名这样取？那曾经是心心相印的岁月。后来呢？萧红在香港的浅水湾医院，在生命的最后时光写下永远的《呼兰河传》的时候，萧军在哪里？萧军已经有了自己的生活。此时的萧红会想什么？她想一生当中最难以忘记的东西，是她的童年，永远的呼兰河，永远的呼兰河小城，这里有后园，还有呢？请全班同学齐读"阅读链接"的开篇，揣摩这样的语言。

生（齐）： 呼兰河这小城里边，以前住着我的祖父，现在埋着我的祖父。我出生的时候，祖父已经六十多岁了，我长到四五岁，祖父就快七十了。

师： 大家看，在这里她没有想起萧军，也没有想起她的父亲、她的母亲，她想起的是祖父。思念是一种剪不断、理还乱的情怀，这样的情怀用什么样的方式来表达？古人说过用两种方式可以表达情感：一是浓入浓出，浓浓地入浓浓地出，如白居易的《忆江南》——

生（齐）： 江南好，风景旧曾谙。日出江花红胜火，春来江水绿如蓝。能不忆江南？

（师评价生的朗读）

师： 二是浓入淡出，一种浓得化不开的情感，有的时候就需要浓浓地入，淡淡地出，不着一字尽得风流，情悠悠荡悠悠，羚羊挂角无迹可求。就像这样的开头，全班女同学齐读。

生（女）： 呼兰河这小城里边，以前住着我的祖父，现在埋着我的祖父。我出生的时候，祖父已经六十多岁了，我长到四五岁，祖父就快七十了。

师： 这是生命怎样的惶恐？因为爱，所以担心失去。她为什么要担心失去？

生（齐）： 因为我出生的时候，祖父已经六十多岁了。

师（欣喜）： 非常棒！重音读"已经"，在人生七十古来稀的战乱年代，一个女孩子出生了。"君生我未生，我生君已老"是这样苍凉，那份因爱而产生的惶恐，再读一遍。

生（齐）： 我长到四五岁，祖父就快七十了。

师： 这是相依为命的人，这世界上仅有的温暖与爱的源泉，就是祖父。全班再读，争取背下来。

（生开始大声自由朗读并尝试背诵）

师： 这种节制的抒情更动人心弦，有人说"静水流深"。她用的是一种记叙的表达方式，却超过了世界上的千言万语，这就是祖父。我和祖父的关系是那样依恋，我担心、恐惧失去他。注意动词，我请一位男同学、一位女同学来读。

生（女）： 祖父整天都在园子里。

生（男）： 我也跟着他在里面转。

生（女）： 祖父戴一顶大草帽。

生（男）： 我戴一顶小草帽。

生（女）： 祖父栽花。

生（男）： 我就栽花。

生（女）： 祖父拔草。

生（男）： 我就拔草。

（师在男女生读完后评价朗诵）

师： 在这里同学们读出的是什么？我读出的是寂寞。你呢？

生： 我读出萧红对祖父的依恋。

师： 你读出了一个孩子对世间温暖的依恋，那份深深的、与生命等长的依恋。

生： 我读出了萧红和祖父在一起时的快乐。

师： 那是今生今世永远不再的快乐！

生： 萧红和祖父的感情十分深厚。

师： 十分深厚，深厚得像大地。同是《呼兰河传》，另有一个章节这样写她和她的祖父："我跟着祖父，大黄狗在后边跟着我；我跳着，大黄狗摇着尾巴。"大家想，这是在哪里？

生（齐）： 后园。

师： 非常好！这就是生命场，这就是我和我的祖父。"祖父栽花，我就栽花；祖父拔草，我就拔草。"那"我"是怎么种的菜？

生（读）： 不过是东一脚西一脚地瞎闹。有时不但没有把菜种盖上，反而把它踢飞了。

师： 白菜籽都踢飞了，何来白菜啊。为什么写这个细节？"我"又是如何铲地的？

生（读）：不过是伏在地上，用锄头乱钩一阵。我认不得哪个是苗，哪个是草，往往把韭菜当作野草割掉，把狗尾草当作谷穗留着。

师：谷穗全被铲掉了，《诗经》有"彼黍离离，彼稷之苗"，说植物有这样一个生长过程，先有种子，再发芽，然后长大，然后开花，抽穗结果。萧红在已经长成谷穗的时候，把它铲掉了，祖父怎么对她？

生：祖父特别慈爱地和她开了个玩笑。

师：真是太无法无天了，后园真是太让人依恋了，怪不得是萧红永世的追求与向往，永世的憧憬！萧红又是怎么浇菜的？

生（读）：祖父浇菜，我也过来浇，但不是往菜上浇，而是拿着水瓢，拼尽了力气，把水往天空一扬。

师：这就是萧红在园子里所做的。那"我"是一个什么样的女孩呢？

生：贪玩。

生：调皮。

生：有孩子气的。

师：她为什么特别像个孩子？

生：因为有祖父，有祖父的爱。

师：有祖父的呵护，她才彻彻底底像个孩子。

生：是一个特别喜欢爱问问题的女孩。

生：单纯的女孩。

师："单"便是单一，"纯"是纯洁，仍然是因为有了祖父。

生：是一个想象力丰富的女孩。

师：这个词真好！如果没有祖父，中国现代文学史上就少了四大才女之一，没有祖父的呵护，中国现代文学史上就少了文学洛神，这就是爱的力量。

生：她是个赖皮的孩子。

师：我喜欢这个词——"赖皮"，使我想起了辛弃疾的词："最喜小儿亡赖，溪头卧剥莲蓬。"一个人可以如此赖皮，是因为包容，是因为爱，是因为祖父，是因为那永远的乐园——后园。

生：她是一个阳光开朗的女孩。

师：吸足了阳光的女孩，在祖父的身边。我们成长的过程中有爸爸妈妈，有爷爷奶奶，有姥姥姥爷，我们是在他们合力的爱护下，长到今天，他们的爱就像萧红的祖父，我们的乐园，就像萧红祖父的一个——

生（齐）：后园。

师：就是这样的，我想到的同学们都想到了。祖父是一个什么样的祖父啊？记叙文首先要抓住人物最突出的特征，你认为萧红笔下的祖父最突出的特征是什么？

生：我认为萧红的祖父是一个慈祥的祖父。

生：我认为是包容。

师：祖父的慈祥、包容体现在哪儿？大家想林黛玉最突出的特征是——

生：多愁善感。

师：多愁善感体现在"想眼中能有多少泪珠儿，怎经得秋流到冬尽，春流到夏"。

生：爱哭。

师：祖父呢？

生：爱笑。

师：好，把写祖父爱笑的句子找出来，读一读。

生（读）：祖父大笑起来，笑够了，把草拔下来，问我："你每天吃的就是这个吗？"

师：一个园子，一个祖父；一个老老的祖父，一个小小的我。这里的一切都是自由的，鸢飞鱼跃，我听到的是祖父的笑声，回荡的是祖父的大笑。大家看，写一个人物的笑，祖父的笑是"我"心中永远的依恋温暖。《聊斋志异》中叫婴宁的女孩，婴儿的"婴"，宁静的"宁"，婴宁就特别会笑，笑到什么程度？请读《聊斋志异》。林黛玉就特别会哭，哭到什么程度？请看《红楼梦》。苏轼也特别擅长写一个人的笑，那便是周公瑾，在什么背景下写他的笑？

生：赤壁之战。

师：大战之际，年轻的周瑜"谈笑间"——

生（齐）："樯橹灰飞烟灭"。

师：《战国策》刘向特别擅长写荆轲的笑。荆轲要去干吗？

生：刺杀秦王。

师：秦国的大殿之上，荆轲"顾笑舞阳"，"顾"是什么意思？

生：回头。

师：太棒了，他回头。"回眸一笑百媚生"是女子的笑，笑得"六宫粉黛无颜色"。荆轲一笑，拥有"虎狼之师"的秦王威风扫地，这就是人物的肖像描写。"祖父的笑"穿越了时空，从遥远的黑龙江到同样遥远的香港，从她生命之初到她生命的终结！"祖父的笑"包含了阳光的味道。祖父是一个什么的人，同学们了解得非常到位。写祖父对萧红的爱，有正面描写，有侧面描写，作者略写了一个人物就是——

生：祖母。

师：祖母对萧红做了一件事，是什么事呢？

生：用针刺过萧红的手指。

师："我"当时多大？

生：三岁。

师：萧红三岁的时候做了什么事情，让祖母用针刺她？是因为把谷穗拔了吗？把菜籽都踢飞了吗？把水扬在空中了吗？

生：她只是捅破了窗纸。

师：窗纸可以再糊，把谷穗拔了还能不能再生？

生：不能。

师：祖父对"我"是什么态度？

生：笑。

师：而祖母却用针刺了我的手，刺在手上，疼在心上。这就是对比，没有对比衬托，就没有文学；没有环肥，就没有燕瘦；没有黛玉，就没有宝钗。双峰对峙，二水分流，记住写人物用衬托。"我"与祖父相依为命是"我"生命当中最明亮的爱，其实作者用得最精彩的笔墨是祖孙对话，我们来读一下？这位女同学读"我"，这位男同学读"祖父"，全班齐读旁白。

生（齐）： 祖父发现我铲的那块地还留着一片狗尾草，就问我……

生（男）： 这是什么？

生（女）： 谷子。

生（齐）： 祖父大笑起来，笑够了，把草拔下来，问我……

生（男）： 你每天吃的就是这个吗？

生（女）： 是的。

生（齐）： 我看祖父还在笑，就说……

生（女）： 你不信，我到屋里拿来给你看。

生（齐）： 我跑到屋里拿了一个谷穗，远远地抛给祖父，说……

生（女）： 这不是一样的吗？

师： 读得真好！在祖父这里萧红永远没有错，只有对。这就是萧红的祖父，这就是那个后园。萧红匆匆地走过了她人生的三十二个年头，她的生命中最多的是坎坷、流浪，还有饥饿、偏见、被遗弃，萧红八岁的时候没有了母亲，十九岁的时候深爱她的祖父也去世了。于是她就从呼兰小城走出来了，从一座城市走向另一座城市，哪里都是硝烟，哪里都是战火，而后她跑到了蛮烟瘴雨的南方，最后她逃到了香港。曾经在哈尔滨的时候，萧红也写过这样的一篇散文说她如何饥饿，如何想偷邻居的一个面包。萧红的经历，萧红的人生都在她的文字里，《呼兰河传》《生死场》，是带有浓重的自传性的小说。想知道萧红吗？请读《呼兰河传》。萧红有这样的遗言。一个人的遗言最能照见她的一生，萧红的遗言很长，却是这样结尾的，全班齐读。

（师指向大屏幕）

生（齐）： 半生尽遭白眼冷遇，身先死，不甘！不甘！

师： 读得真棒！这是一种呐喊，更是一种抗争。萧红小说的绝笔作是《小城三月》，小城是哪座城？

生： 呼兰小城。

师： 呼兰小城是永远的，无须想起，因为从未忘记。为什么要写三月？

三月是一年四季中哪个季节？

生（齐）： 春天。

师： 萧红要写春天，呼兰河是中国最北边的一座小城，"一年之中，倒有四个月飘着雪"，这是萧红在《永远的憧憬和追求》当中的描写，但她偏要写三月，永远的三月。她憧憬和追求的又是什么？

生： 爱与温暖。

师： 同学们是懂得萧红的，萧红是在薄情的世界里痴情地活着。《呼兰河传》分七章，写了那么多的人、那么多的事，祖父后来怎么样了？"我"又怎么样了？后来的故事全在结尾当中。《呼兰河传》的尾声这样的，请看课后的"阅读链接"，男生齐读前四个自然段，女生齐读中间三个自然段，最后一段全班齐读。

生（男）： 呼兰河这小城里边，以前住着我的祖父，现在埋着我的祖父。我出生的时候，祖父已经六十多岁了，我长到四五岁，祖父就快七十了。我还没有长到二十岁，祖父就七八十岁了。祖父一过了八十，就死了。从前那后花园的主人，而今不见了。老主人死了，小主人逃荒去了。那园里的蝴蝶、蚂蚱、蜻蜓，也许还是年年仍旧，也许现在完全荒凉了。

生（女）： 小黄瓜，大倭瓜，也许还是年年地种着，也许现在根本没有了。那早晨的露珠是不是还落在花盆架上，那午间的太阳是不是还照着那大向日葵，那黄昏时候的红霞是不是还会一会儿工夫会变出来一匹马来，一会儿工夫会变出一条狗来，那么变着。这一些不能想象了。

生（全班齐）： 以上我所写的并没有什么优美的故事，只因他们充满我幼年的记忆，忘却不了，难以忘却，就记在这里了。

师： 这就是祖父，《呼兰河传》里的祖父，希望大家课下去读萧红，读她的小说。她的故事，她的生命，她的爱恨情仇都在她的文字里。下课！同学们再见！

生： 老师再见！

教 学 反 思

我应主办方邀请，到一所外国语学校去讲课。听课的是七年级学生，而要讲的篇目，则是入选小学语文教材的《呼兰河传》（节选）。课文的题目叫"祖父的园子"。

小说《呼兰河传》是东北作家萧红的自传性作品，也是萧红写给故乡呼兰河的传记，更是写给她最爱的祖父的一首唯美而感伤的诗。

课文节选的内容，饱满深情地描绘了祖父的后园。一草一木，一花一叶，都浸润着金色童年的无忧无虑、自由自在，还有对童年的怀恋、对祖父的怀念。

从内容上来看，学生理解本文并没有什么难度，也没有什么障碍。但是，正如孙绍振先生说："在语文课堂上重复学生一望而知的东西，我从中学时代就对之十分厌恶。从那时我就立志，有朝一日，我当语文老师，一定要讲出学生感觉到却又说不出来，或者认为是一望而知其实是一无所知的东西来。"这节课的首要，是挖掘出学生"以为一望而知，其实一无所知的东西来"。

如此看来，这节课如果仅仅停留在对内容的梳理和理解上，于升入初中的学生而言，自然显得又单薄又肤浅。

如何立足于文本，带领着学生朝着文字更深处漫溯与追寻，叩问与思索，感悟与收获，发现与创造？

在反复研读文本的基础上，阅读了萧红的《呼兰河传》《生死场》，阅读了关于萧红的一些文学评论以及萧红和迟子建的对比研究等大量资料之后，做出了如下设计。

一、紧扣题目，牵一词而带全篇

课文的题目叫"祖父的园子"，不绕弯，不兜圈，不曲曲折折，就从题目入手，不蔓不枝地进入课文的学习。"后园里有什么？""后园里的东西是什么状态？""它们以什么样的姿态生活在这里？""后园有什么特征呢？"牵着

"后园"这个词，一步一步地走近"后园"，走近"后园"的花花草草，走近"后园"背后站着的那个可爱可敬的祖父，走近"后园"里那个活泼淘气的"我"。

随着一句一句的师生对话，一个又一个节点的点拨，学生的思路被点燃，视野被打开，审美被激活。他们就是文中的那一朵朵玫瑰，一棵棵狗尾草，一株株迎风摇曳的庄稼。他们，更是"我"的知音，是"祖父"的知音。

二、反复朗读，在鼓励中实现超越

《祖父的园子》，语言明媚有趣，男生女生的合作朗读，还原了生活现场，更借助美妙的声音贴近人物的灵魂。学生读得热烈，读得张扬，读得声情并茂。教师恰到好处的鼓励，是助力学生思维飞翔的翅膀。美丽的声音，美丽的鼓励，让学生看见一个更美丽的自己。

三、诗词点缀，让课堂呈现诗意的美

茅盾先生这样评价："《呼兰河传》不像是一部严格意义的小说，而在于它这'不像'之外，还有些别的东西 —— 一些比'像'一部小说更为'诱人'些的东西：它是一篇叙事诗，一幅多彩的风土画，一串凄婉的歌谣。"如散文一样优美的语言，如诗歌一样灵动的语言，是这部小说的最大特点。

课堂上，先后引用了李清照、李煜、白居易等人的诗词，穿插了《论语》《诗经》《聊斋志异》。这样，课堂的容量大了，也不显得单薄了。

当然，没有完美无缺的人，也没有完美无缺的课。课堂教学不仅要打通文史哲的经脉，打通诗词歌赋的经脉，打通小说、散文、诗歌、戏剧的经脉，还要打通生活的经脉、经历的经脉、成长的经脉。课堂教学更要在起承转合中，拨云见雾，扣动心弦，于无声处看见春暖花开的风景。

教学，是打磨，是深思，也是不完美地拔节生长。诗歌的引入，将学生带入了诗意唯美的境界，但真正浸入骨髓的理解，还需要时间的沉淀，需要成长的历练。

我们，都在成长的路上，砥砺前行。

⟨同⟩⟨行⟩⟨悟⟩⟨课⟩

道器兼容　诗意对话

湖北省荆州市监利县城关中学　丁克松

　　《易经·系辞》有云："形而上者谓之道，形而下者谓之器。""道"可以纳入精神文化层面来考察，"器"则属于方法技艺层面。《论语·为政》："子曰：'道之以政，齐之以刑，民免而无耻；道之以德，齐之以礼，有耻且格。'"杨伯峻先生认为"道"有引导的意思。一堂好的语文课既有"道"的导引，又有方法技艺的规训，并且通过构建学习的对话性实践活动，丰富课堂。这正是董一菲老师《祖父的园子》为我们呈现的诗意语文课堂的图景。

　　一菲老师曾言："诗意语文继承中国传统文化的诗意精神。诗意语文就是以诗意的灵光唤醒沉睡的灵魂。"在和学生们学习《祖父的园子》时，一菲老师引导学生重说主人公"我"的后园："有果树就有了想象的空间，它曾经长满了叶子，曾经开过花，又曾经结了果。有这么一句宋词'红了樱桃'——"学生立刻接上"绿了芭蕉"，师生在宋词的红绿间稍微做停留，便重回萧红的文本"花园里边明晃晃的，红的红，绿的绿"。涵泳红与绿的交响，品咂诗的味道，相继嵌入李清照的"试问卷帘人，却道海棠依旧。知否，知否?""林花谢了春红"。学生沉睡的灵魂被这持续的诗意唤醒，缠绵于古典诗词的红与绿中，徘徊于萧红随心所欲的花园里。七十岁的孔子才修炼得"随心所欲不逾矩"，而童年时代的萧红在祖父的后园里却是随心所欲的! 学生置身在这一片大自由、大境界里，受到这些情感的感染，从而去感悟、去体会萧红对梦想的后园的最高礼赞。

　　"授人以鱼，不如授人以渔"。在《祖父的园子》的教学过程中，一菲老师对学生学习方法的规训也相继进行，润物无声。当一个学生补充介绍萧红的资料时，谈到自己曾看过一本讲述萧红的书，但记不得书名了。一菲老师首先夸她很会学习，很会读书，并提醒他在读书时得做摘抄，所谓"不动笔墨不看文章"。在师生和文本对话时，反复诵读"阅读链接"中开篇极富情感张力又节制的抒情文字，适时地给予技艺的训练——用两种方式表达感情：其一是浓入浓出，列举白居易的《忆江南》来印证；其二是浓入淡出，请全班女生再次诵读开篇这段文字，细品其中的荒凉、惶恐。诗意对话注重生命的体验，谈到祖父形象，强调记叙文应该抓住人物最突出的特征时，一菲老师引导学生关注黛玉爱"哭"的特征，祖父爱"笑"的特征，水到渠成，自然流出。并串联铺设了《聊斋志异》中婴宁的笑、《红楼梦》中黛玉的哭、苏轼词中周公瑾的笑以及刘向《战国策》中荆轲的笑，为学生课后研读这类文本种下探究的种子。

一菲老师"批文以入情"，用自己的诗意以及深情，共振《祖父的园子》中蕴含的情感，使学生产生共鸣，和作者一起深深涵泳在祖父的爱中，这爱与温暖是萧红抵抗薄情世界的唯一支撑！

今生一场荷花梦

——《古诗十九首·涉江采芙蓉》群诗阅读导读

（统编版语文八年级上册第三单元）

董一菲老师在河北徐水二中授课

教学设计

一、教学理念

《古诗十九首》是我国五言诗成熟的标志，被称为"五言之冠冕"，有"千古五言之祖"的称誉。《涉江采芙蓉》作为代表作，更能集中体现其艺术价值。由一个字词到一个时代，由一首诗到《古诗十九首》诗群，涵盖多，辐射广，需要小切口，大深入。

作为古诗群阅读的导读课，要从诵读一个词、感悟一个物入手，引导学生与文字对话，揣摩"千金字"，解读"个性意"，体悟古诗中质朴的诗情和蕴藉哲思。从题目切入，从意象的丰富性生发开去，做诗歌美与意的解读，由"芙蓉"到"远人"，由意象到深情，引领学生进入古诗的河流徜徉。

《涉江采芙蓉》语言平淡质朴，却有着含蓄隽永之意。挖掘深意，理解深情，就要巧妙设问，体悟深切思恋下无法言喻的浓重悲情。

宗白华先生说："魏晋时代，向外发现了山水，向内发现了自己的深情。"群诗阅读，就从意象起程，向深情抵达；从单诗入手，向群诗进发。从《古诗十九首》各诗间的共性认识到不同风格诗文间的辨析，点面结合、纵横交错，建构丰富立体的汉诗世界。

二、教学目标

1. 核心目标：曲问吟咏，揣摩语言文字，品读意象内涵，感悟五言诗语言、形象和情感之美，帮助学生形成思维品质和能力。

2. 条件目标：对话拓展，鉴别、评价不同时代和不同风格的作品，感受诗意情怀、诗词蕴含的血脉精神，发现传统诗词文化的独特魅力。

三、教学过程

(一)以花为引悟诗情

1. 巧设疑问，感知意象。

《涉江采芙蓉》是几言诗？这种诗在哪个时代成就最高？

我国是诗歌的王国，从《诗经》、楚辞、汉赋，一直到晚清的龚自珍，在这样一条长长的诗歌河流里，五言诗出场，是一个时代的标志；五言诗达到成熟，是一个朝代的终结。四言诗是《诗经》的时代，唐朝是七言诗的王国，引导学生认识五言诗的时代。

2. 吟咏联想，感悟诗情。

选取典型意象——有关"荷"的诗句，一边诵读，一边感悟。

· 叶上初阳干宿雨，水面清圆，一一风荷举。

· 十里荷花，三秋桂子。

- 山有扶苏，隰有荷华。
- 制芰荷以为衣兮，集芙蓉以为裳。
- 江南可采莲，莲叶何田田。
- 《芙蓉女儿诔》
- 采莲南塘秋，莲花过人头。低头弄莲子，莲子清如水。

(二)一诗入境点面生

1. 曲问通幽，激发想象。

"芙蓉"是什么？将"草字头"去掉，"芙蓉"二字怎么理解？

为什么抒情主人公要"涉江采芙蓉"，如果采不到芙蓉就去采芳草不是一样吗？"芙蓉"指谁？

《说文解字》解释："芙蕖华，未发为菡萏，已发为夫容。"此"夫容"即芙蓉，是花开的状态。特意采撷盛放状态的花来赠远人，那么对方又是怎样的一种存在？美丽的、纯洁的、值得珍惜的、令人牵念的……

引导学生联想，由物到人，由文字入诗情，勾勒属于自己的古诗意境。

2. 点面相生，丰美鲜活。

- 盈盈一水间，脉脉不得语。(《迢迢牵牛星》)
- 行行重行行，与君生别离。(《行行重行行》)
- 人生天地间，忽如远行客。(《青青陵上柏》)
- 思君令人老，轩车来何迟。(《冉冉孤生竹》)
- 生年不满百，常怀千岁忧。(《生年不满百》)

联系《古诗十九首》的创作时代背景，拓展诵读，启发学生充分发挥自己的想象，丰富对古诗情感的认识，提升鉴赏古诗的思维品质。

(三)品诗论文辨诗风

1. 反复品读，比较《涉江采芙蓉》和《上邪》情感表达上的区别。

上邪

上邪，

我欲与君相知，长命无绝衰。

山无陵，江水为竭。冬雷震震，夏雨雪。

天地合，乃敢与君绝。

2. 赏析《洛神赋》（节选）、《上邪》《涉江采芙蓉》的风格。

世上有百媚千红，我只爱这一种，《古诗十九首》《洛神赋》（节选）、《上邪》你爱哪一种？

洛神赋（节选）

其形也，翩若惊鸿，婉若游龙

荣曜秋菊，华茂春松。

髣髴兮若轻云之蔽月。

飘飖兮若流风之回雪。

冷与热、浓与淡、动与静、盛装与素颜，对比鲜明，冲突激烈，在比较赏析中，深化对《古诗十九首》风格的认知，加强对汉诗的理解，提高审美能力，提升思维品质。

（四）静水流深诵诗魂

1. 齐诵，总结。

要藏，要隐，要蓄势，这才是诗。把诗用蓄势的方式写出来，在中国古典诗歌当中唯有《古诗十九首》。我们中国的诗歌走过了美的历程，每个阶段的美是不同的，《古诗十九首》以这样的美烙印在我们民族的精神里。

2. 推荐阅读：《古诗十九首》《美的历程》。

引导学生深化对美的感知，让诗意的理解与追寻自然融入生活，这是诗意语文课堂的艺术留白，同样余韵悠长。

课堂实录

授课时间：2017 年 7 月 30 日

授课地点：河北省保定市徐水二中

整 理 人：河北省保定市徐水二中　高薇

山东省济南市北坦小学　董亚君

一、解题

师：上课，同学们好！

生：老师好！

师：来，同学们看黑板，"涉江采芙蓉"几个字？

生：五个字。

师：这叫几言诗？

生：五言诗。

师：非常好！我国是诗歌的王国，从《诗经》《楚辞》、汉赋，一直到晚清的龚自珍，这样一个长长的诗歌河流里，五言诗出场，是一个时代的标志；五言诗达到成熟，是一个朝代的终结。这应该是哪一个朝代呢？猜猜看。

（生思考）

师：四言诗是《诗经》的时代，五言诗在哪个时代绚烂风华？我再提示同学们，唐朝是七言诗的王国，往前推！

生：汉朝。

师：对。同学们再来看题目"涉江采芙蓉"，"芙蓉"是什么？可不可以说说它其他的名字？它也许叫——

（生思考）

师：没关系，观察大屏幕。

（生观察 PPT 上的图画，陷入思考）

师：同学们，听说我们离白洋淀也很近，看到第一张幻灯片中的花了吗？

生：荷花。

师：还叫什么？在江南它是美的节日，是爱情的节日，是花的节日，江南可采什么？

生：江南可采莲。

师：对，芙蓉也叫莲。请同学们齐读诗题。

生（齐）："涉江采芙蓉"。

师：同学们感受一下：芙蓉也叫荷花、莲，它在传达某种情感、某种信息。为何诗人不说"涉江采莲花""涉江采荷花"，偏偏要说"涉江采芙蓉"呢？

（生静静思考）

师：同学们接着看，在古诗词中，它无数次出现。请看黑板，依次传麦克风，一人一句读下去。

（大屏幕出示）

> 叶上初阳干宿雨，水面清圆，一一风荷举。
>
> 十里荷花，三秋桂子。
>
> 山有扶苏，隰有荷华。
>
> 制芰荷以为衣兮，集芙蓉以为裳。
>
> 江南可采莲，莲叶何田田。
>
> 《芙蓉女儿诔》
>
> 采莲南塘秋，莲花过人头。低头弄莲子，莲子清如水。

（生每人依次读一句，师及时给予鼓励评价）

生（读）：山有扶苏……

师：这个字，我先说读音，它读"xí"。"山有扶苏，隰有荷华。"山上有桑树，我们农耕的民族对桑和蚕独有深情。看偏旁，猜猜看，这个字会表示什么？汉字有表情，有温度，我们这是表意的文字。方块字里有太多的文化，太多的情感。这个字下面有四个点，表示它——

生：与水有关。

师：非常好，再看它的偏旁。双耳旁表示什么？这是一种暗示，暗示它在大地的——

生：表示它在边上。

师：很好，大地的边缘，它表示"水岸"。同学们回答得非常好，特别有想象力。接下来是屈原的诗。

生（读）：制芰荷以为衣兮，集芙蓉以为裳。

师：读得非常标准，为什么读"cháng"？古人上衣为衣，下衣称裳。接着全班齐读下一句。

生（齐）：江南可采莲，莲叶何田田。

师：再下面不是一句诗，而是一个诗题，它是另一种文体。最后一个字读"lěi"，是祭祀的文章、祭奠的文章、怀古的文章、悼念的文章，是宝玉写给晴雯的。全班一起齐读这个诗题。

生（齐）：《芙蓉女儿诔》。

师：很好！最后一句我来读："采莲南塘秋，莲花过人头。低头弄莲子，莲子清如水。"同学们，有没有一种最基本的感动，有没有一种最基本的感发？曾经的芙蓉，它叫莲，那是一份爱；曾经的芙蓉，它叫荷花，曾经十里的荷花氤氲了江南。同学们，再回到之前的那个问题：为什么不说"涉江采莲花""涉江采荷花"，而说"涉江采芙蓉"？这首诗它有可能传达着什么样的情感？

生：我觉得莲花、荷花代表美好的事物，而这首诗不是特别美好。

师："不美好"是指形式不美好还是情感不美好？

生：情感。

师：你认为的情感不美好有可能是指什么，是指品德不高尚吗？

生：不是。

师：我懂了你的意思，你想说，也许这里面承载着的是一份悲情。语感非常强。

（生会意点头）

师：同学们，名字是非常重要的。鲁迅先生在他的小说代表作《阿 Q 正传》里开篇用了大量笔墨解释他为什么叫阿 Q，而不叫阿贵，为什么？因为这个名字里承载着那份沉郁、那种悲凉。任何一个名称都承载了一种情感，同一种事物的不同名称之间是有细微差别的。

二、分析诗歌内容，解答"芙蓉者何，所思者谁？"

师：把书打开，谁来读一下《涉江采芙蓉》？

（一女生朗读，感情到位、声音洪亮）

师：大家看，"芙蓉"是什么？芙蓉者何，所思者谁？

（生思考）

师：有同学说，刚才讲到的"芙蓉"不就是"荷花"吗？但是在此我称它"芙蓉"。大家抬头看，在这里老师将"草"字头去掉，"芙蓉"二字怎么读？

生（齐）："夫容"。

师：这朵花中辉映的不只是江南的莲，田田的莲，而且是夫容。同学们，何谓"夫容"？

生：远在天边的丈夫的容貌。

师：好一个"远在天边的丈夫的容貌"。从哪里读出来的？

生（读）：所思在远道。

师：非常好！"远"是一个确定的词吗？

生：不确定。

师：陶渊明有一句诗："心远地自偏。"有多远？远是虚指，也许是在水一方的远，也许可能是天涯，也许是时空永远无法抵达的远方。刚才有没有注意到一个问题，这首诗有作者吗？出处是哪里？

生：没有作者，出自《古诗十九首》。

师：这位同学，老师想让你调动所有的聪明才智告诉我，《古诗十九首》，有多少首？

生：十九首。

师：非常好！这个问题就像我曾问别的同学："莎士比亚十四行诗有多少行？"同学们陷入了久久的思索。十四行诗，十四行；《古诗十九首》，十九首。同学们，《古诗十九首》作者是谁？我告诉你：佚名。请大家看"佚"怎么写？"佚"——单人旁加个"走失"的"失"，是什么意思？

生：不明确的意思。

师：说得非常好！作者的姓名已经散失了。相传是由东汉末年的文人创作的，是在血雨腥风当中上位的曹丕吗？是为妻子死亡而一夜白头的潘安吗？难道是"洛阳纸贵"的左思吗？

生：不可能是，他们生活在**魏晋时代**。

师：但我可以告诉你，创作《古诗十九首》的文人们，是他们的先行者。同学们，能不能再告诉老师：芙蓉仅仅是一朵花吗？请同学们再读这首诗。

（生齐读《涉江采芙蓉》）

师：好，同学们，芙蓉还是那个小名叫莲，又名荷的芙蓉吗？

（生结合刚读的诗句进行思考）

师：它是谁？为什么抒情主人公要"涉江采芙蓉"？为什么"兰泽多芳草"？如果采不到芙蓉，采芳草不是一样的吗？芙蓉指谁？

生：我认为芙蓉是珍贵的文化，江是指危险的环境。

师：非常棒，芙蓉是珍贵，是珍宝。还可能——

生：我认为芙蓉是当时非常重要的人，是无可替代的唯一。

师：是一种唯一，是天地间的一种大美。还可能是——

生：老师，我也认为芙蓉是很珍贵的东西，想送给珍贵的人。

师：好，这就足矣！我们再往下看。

（大屏幕出示）

《古诗十九首》创作于东汉末年大黑暗、大动荡、大转折时代：

> 盈盈一水间，脉脉不得语。（《迢迢牵牛星》）
>
> 行行重行行，与君生别离。（《行行重行行》）
>
> 人生天地间，忽如远行客。（《青青陵上柏》）
>
> 思君令人老，轩车来何迟。（《冉冉孤生竹》）
>
> 生年不满百，常怀千岁忧。（《生年不满百》）

师：同学们，想要理解这些诗，必须回到那个时代。那个时代是怎样的一个时代？

生（齐）：大黑暗、大动荡、大转折。

师：同学们，曾经群雄割据，曾经三国纷争。这是政治，不是人生。人生是什么？人生是这样的："盈盈一水间，脉脉不得语。"同样是水的阻隔，"所谓伊人，在水一方"的阻隔与"盈盈一水间，脉脉不得语"是有区别的，是这样的吗？

生：是的。

师：区别在哪里，这水是长江吗，是黄河吗？都不是，是什么？

生：银河。

师：这水是银河，是天河。东汉所有的阻隔都化作了天河。第二句："行行重行行，与君生别离。"什么叫"行行重行行"啊？

生：我觉得是艰难的路一条又一条。

师：人生如逆旅，我们不怕行走，但没有了光明，走得多绝望！"与君生别离"，何为生，生为何，"生"是什么意思？

生：活着。活着的时候就有别离。

师：同学们，中国古典戏剧、小说都喜欢大团圆，都有一个明亮的结尾，但只有一部小说是真正的悲剧，这部小说叫《红楼梦》。《红楼梦》的结局极为无奈：苍茫大地，白雪纷飞，宝玉披红色大氅走向永远的永远，走向雪的世界，走向离别。这是结尾，这是悲剧，这是震撼。"与君生别离"，十九首诗唱出的是我们生命中最深沉的痛，唱出了最深层的无奈。"人不怕睡，人怕醒"，这是我们民族觉醒期的歌唱。正如宗白华先生所说："魏晋时代，向外发现了山水，向内发现了自己的深情。"我们为何而活着？"涉江采芙蓉，兰泽多芳草。"下一句："采之欲遗谁——"

生（齐）："所思在远道"。

师："人生天地间，忽如远行客。"我们经常说我们是大地的主人，我们诗意地栖居，但是《古诗十九首》说：不，我们是天地的——

生：行客。

师：非常好，行客。

师："思君令人老，轩车来何迟"，这里说出了我们人生当中无穷无尽的令人绝望又希望、希望又失望的一种——

生：是一种等待。

师：是啊，等待。我在岁月的深处等你，用我的一生。你的轩车什么时候来？也许是明天，也许是今生今世永不再来。这就是《古诗十九首》，这就是东汉末年文人的诗，它替一个时代在思考，替人生在思考。我们再读。

生（齐）：生年不满百，常怀千岁忧。

师：翻开《世说新语》，那个时代和东汉末年非常接近，我们听到的是一片哭声，我们听到的是一片忧愁。还记得曹孟德的诗吗，《短歌行》开篇便是——

生（齐）：对酒当歌，人生几何？譬如朝露，去日苦多。

师：忧从中来，不可断绝。

三、体会《涉江采芙蓉》《上邪》《洛神赋》情感表达上的区别

师：我们刚才说到，这首诗它要表达的是什么？"芙蓉"是美好，是一朵花。它要送给谁？也许是丈夫，也许是希望，也许是生命当中一切的美好，但是太遥远了。这种情感怎么才可以表达出来？"诗言志"，诗歌要表达一种情感，如何表达是关键。《古诗十九首》被称为"五言诗之冠冕"。什么叫"冠冕"啊？

生：皇冠。

师：非常好！"冠冕"就是指最棒最棒的表达。可是老师没觉得它是最棒的表达啊，表达这样一种感情我们读起来很费解啊。为什么费解啊？我们再来看，我想让一名同学再读前四句，尝试着背下来。

（一生背诵《涉江采芙蓉》前四句）

师：为你骄傲，你背得很熟练。刚才说《古诗十九首》是"五言诗之冠冕"，是说它是最棒的表达。可是我并没在这里找到华丽的辞藻，也没有找到震撼的情感。不就是一朵花吗？而且这朵花还没有送出去。这首诗在表达上通篇用的是什么呢？是叙述，是描写，还是抒情？

生：叙述。

师：同学们，一首诗居然全篇用叙事来表达，还被称为诗中的"冠冕"，我实在是不理解。我喜欢另一首诗，它同样是汉代的作品。刚才我们在猜芙蓉是什么，送给谁，用来干什么。而这首诗完全不用猜，这是爱的誓言。

情书写得如此热烈，谁来读？

（大屏幕出示）

上邪

上邪！

我欲与君相知，长命无绝衰。

山无陵，江水为竭。冬雷震震，夏雨雪。

天地合，乃敢与君绝！

（一男生举手）

师：这位同学非常对不起了，但这是女孩子写给男孩子的情诗，不能让你读。

（一女生朗读。读得声音洪亮，抑扬顿挫）

师：很好，声音和自信是女性独立的宣言书，读得非常棒！让我感动的是许多古音读得很棒。"邪"，天哪，"邪"读得棒。"夏雨雪"的"雨"，名词做动词，破音读得棒。在表达感情的时候，多么热烈，多么真爽。要我说，《上邪》才是情书之冠冕。同学们，这两首诗在表达感情上有什么样的区别？说出一点即可，我可以做一下提示。

（大屏幕出示）

冷与热

浓与淡

动与静

盛装与素颜

生：《涉江采芙蓉》情感表达比较含蓄，它表达的是相思之人难以相见的一种悲情；而《上邪》直抒胸臆，它表达的是一位女子对男生的爱恋。

师：我听懂了，也就是说内容上不同：《涉江采芙蓉》有人生；《上邪》是狭窄的，只是爱情。

生：我觉得《涉江采芙蓉》没有《上邪》情感表达得激烈。

师：在这位男孩子的审美当中，隐性存在着这样的认知，我们这个民族讲究温柔敦厚，不追求那么热烈的情感。热烈的结果是短暂，不隽永，无法回味。好，非常敏锐的审美能力。

生：我认为《涉江采芙蓉》用叙事手法写得平淡，平淡地写出了一件事；但是《上邪》用的词语稍微华丽一点。

师：这位同学读出了什么呢？《上邪》是直抒胸臆的抒情，甚至连抒情都不是了，而是在喊。有一位诗评家说："汉朝以前的诗歌是长出来的，唐朝的诗歌是喊出来的，宋朝的诗歌是仿出来的。"同学们，你们认为哪一种状态最好呢？

生：长出来的状态最好。

师：非常好，可以做诗评家了。同学们继续说一说。

生：我认为它们的情感态度不同：《上邪》是火热的，而《涉江采芙蓉》是柔美的。

师：火热和我们民族的传统是不相接的。我们民族的传统是中庸之道，不道破，不多说一个字，一定要温柔蕴藉。大家看过中国武术，一个打拳的拳师绝不会把双拳都拿出，他要藏，他要隐，他要蓄势，这才是诗。把诗用蓄势的方式写出来，在中国古典诗歌当中唯有《古诗十九首》。我们再来看曹植的《洛神赋》。从小我们就知道《七步诗》的故事，有一个和曹植息息相关的成语，写他才气非常高，有没有同学知道？

生：才高八斗。

师：《洛神赋》中有洛神的外貌描写，我仅仅从文中选取了洛神的几处外貌描写，请同学们读一下。

（大屏幕出示）

洛神赋（节选）

其形也，翩若惊鸿，婉若游龙。

荣曜秋菊，华茂春松。

得髣髴兮若轻云之蔽月，

飘飖兮若流风之回雪。

（一生朗读）

师：真好，这是词语的盛宴。曹植的赋就是如此，和我们刚才读的诗相比是完全不同的风格。同学们，《古诗十九首》《洛神赋》《上邪》，你喜欢哪一个？

生：我更欣赏曹植的《洛神赋》，他把诗歌的华丽体现得淋漓尽致。

生：我也欣赏曹植的《洛神赋》，因为读起来带劲。

师：怪不得读得那么好，这是汉语的极致，将每一个汉字都打造得熠熠生辉。

生：我更欣赏《涉江采芙蓉》。《涉江采芙蓉》的作者可能不是特别有名，但是情感真挚，语言虽然平实，但能打动人。

师：打动人的可能并不是词语的美，真情更重要，很会鉴赏。再有一个问题，还是看这首小诗。结尾的两句，全班齐读。

生（齐）：同心而离居，忧伤以终老。

师：读得不好，读得太轻了。同学们，什么叫"同心而离居，忧伤以终老"？心是相同的，却天各一方，一生就这样过去了。有人说，《涉江采芙蓉》是最绝望的诗。王国维说："真正的好诗要表现一种绝望。"我问的是："绝望的诗是用绝望的方式表达的吗？"

生：应该不是。

师：不动声色，静水流深，绝望之情只用淡淡的语言表达。同学们还记得辛弃疾的词吗？"少年不识愁滋味，爱上层楼。爱上层楼，为赋新词强说愁。而今识尽愁滋味，欲说还休。欲说还休，却道天凉好个秋。"不是芙蓉无处寄吗？爱人与希望在远方啊！那也没有关系，还是这样的表达，继续读。

生（齐）：同心而离居，忧伤以终老。

师：《涉江采芙蓉》不是《上邪》，不是《洛神赋》，它是它自己，它是《古诗十九首》那份"云淡风轻"的人生不足与人生残缺，是永远难以弥补的东西，请同学们齐背《涉江采芙蓉》。

（生齐背《涉江采芙蓉》）

师：我希望前面有一个摄像机记录，因为同学们都是背诵出来的。老师将三首诗比较着读，在诵读中，同学们理解了诗的风格特点。好诗是在琅琅书声中感受出来的，而不仅仅是讲出来的。同学们，回去继续读《古诗十九首》，读李泽厚先生的《美的历程》，我们中国的诗歌走过了美的历程，每个阶段的美是不同的，《古诗十九首》以这样的美烙印在我们民族的精神里。好，同学们下课！

生：老师再见！

教 学 反 思

王国维把艺术境界划分为三种基本形态："上焉者，意与境浑；其次，或以境胜；或以意胜。"我认为诗歌教学也要能够"写境""造境"。结合统编版教材体例的特点和新课标的任务要求，本课作为《古诗十九首》群诗阅读的导读课，我选取《涉江采芙蓉》一诗作为赏析品读的切入口，在传统诗词文化的背景上，在审美思维激发下，在充满诗意的对话中，给学生们打开一扇门：走进去，徜徉在古典诗词的诗情画意中，融入中华民族传统诗词文化的血脉里。这节课基本完成了我的教学构想，也初步可得群文阅读教学的路径——"深入浅出"法，一诗引领深入，多诗比较生发。

一、一诗引领深入，牵一发而动全身

选择代表性文章，作为举一反三的"一"，对"一"进行深入赏析品鉴，"主问题"引领，诗意语言造境。从感悟一词或一意象（"芙蓉"）入手，引领学生在反复诵读、吟咏中感受《涉江采芙蓉》语言的质朴，在一次次对芙蓉之意、采芙蓉之人的猜想推测中，品味诗词情感的真挚。

师：如果采不到芙蓉，采芳草不是一样的吗？芙蓉指谁？

生：我认为芙蓉是珍贵的文化，江是指危险的环境。

师：非常棒，芙蓉是珍贵，是珍宝。还可能——

生：我认为芙蓉是当时非常重要的人，是无可替代的唯一。

师：是一种唯一，是天地间的一种大美。还可能是——

生：老师，我也认为芙蓉是很珍贵的东西，想送给珍贵的人。

由一物"芙蓉"到"采芙蓉之人"到"遗芙蓉之因",由意象到情感,到背景(《古诗十九首》创作年代),逐渐深入诗歌。"主问题"牵动对整首诗歌的体悟,引出对群诗的感知理解。通过与学生对话,引导学生在古诗的文字上渗透个人的情感体验,表达出个体生命的品位和气质,从而激发学生内在的诗性思维,形成自我的诗意情感品质。

二、多诗比较生发,窥一斑而探全豹

以感知古诗的文化特质,培养学生的诗性思维为目标,从一首代表性诗歌出发,以类比、对比的方法,从比较阅读的角度做拓展延伸,纵横交错,在广度的延展上向深处探索,让《古诗十九首》的主题内容与语言风格自然显现。

曲问、深问、连问,我和学生的对话由一个文字变化游戏开始,到《古诗十九首》的典型诗句延宕开去,以同时代、不同时代的时空交错,创设点面相生的审美境界。引导学生把"一朵芙蓉"放到广阔的古诗文化背景中,开始五言诗审美情趣的想象和渴望。在诗词比较过程中,深刻体会诗词含蓄蕴藉、温柔敦厚的审美情趣,品味"诗歌是长出来的"内涵,培养学生敏锐的审美能力。

作为《古诗十九首》群诗阅读的导读课,我追求从一朵花到满树芳华的简净课堂思路,在诗意的丰美绚丽中,顺利完成学生对五言诗审美鉴赏的引导任务。

当然,反思整堂课的过程,还是难免留有遗憾。其一,作为导读课,在环节的设计上还是欠缺自然流畅的诗意生成,如何引导学生由一首诗开始,循序渐进地走入《古诗十九首》"五言之冠冕"殿堂,还需要大家的指导,在今后的课堂上可以继续完善。其二,在诗句的整合、比较的赏析过程中,诗句的含意和情感把握基本到位,但文化内涵的挖掘深度不够,针对统编版教材和新课标的具体要求,传统诗词文化内涵的诗意解读,是今后课堂教学努力的一个方向。

（同）（行）（悟）（课）

春和气象，浩荡江天

河北省沧州市泊头市第一中学　王青生

朱永新说："一个人的精神发育史就是他的阅读史。"董一菲老师酷爱读书，且涉猎文学、史学、哲学、美学等多领域。由此而涵养出的气度、风范无不融入她的教学课堂中。诗意语文课堂的美，是乾坤开阖自由之大美。《涉江采芙蓉》作为《古诗十九首》的导读课例，容量大，美感典型，气象恢宏。

一、汉字之美，文化濡染

董老师对汉字有着独有的敏感以及品鉴力，在她的课堂上汉字是饱含生命力的精灵。本课对"隰"字的解读，从偏旁入手，落在"水边"，生动而自然地切入主题；由"芙蓉"到"夫容"，在趣味中不断将学生导向文本的更深层次；"裳""诔"读音的诠释，"佚"词义的补充，将汉字之美一层一层呈现，语文课堂的文学味儿也随之愈聚愈浓。

二、诗文之美，润物无声

"芙蓉"这个意象是美的，与其听人详细解读，不如自己含英咀华。无论是"荷花"还是"莲"，在诗文的诵读中，体会可意会而不可言传的美感，汉语之美当是含蓄的、隽永的。在师生交互的诵读中，意象之美如出水芙蓉，迎风送芳，这是美的供养，滋润每一个人的心田，而这个过程又不易察觉，似春雨入夜，润物无声。

三、群文之美，举一反三

"用教材教"还是"教教材"？董老师本堂课有了自己的回答，"授人以鱼，不如授人以渔"，课堂教学教给学生的应是活水，学生习得的是语文的素养与能力。《涉江采芙蓉》亦非单纯的爱情之悲美，离开时代的背景，我们见到的便不是全貌。董老师在课堂上又补充了《迢迢牵牛星》《生年不满百》等篇目，在群文比较阅读中，我们能够感受到时代的动荡与沉浮、个人的渺小与无奈。

四、意境之美，浩荡江天

在问与答、读与解、思与辨、比较与概括、补充与延伸中，诗意语文课堂大气磅礴的美喷薄而出。课堂充实，容量丰富：环环相扣，步步为营；互动充分，教法灵活；不愤不启，不悱不发；涵养生长，厚积薄发。诗意语文的美是生态的、体系的、庞大的、有序的，《涉江采芙蓉》由花及人，由人及情，由情及世，由世及生命之真谛、生命之美，诗意语文的美最终指向人的成长，指向诗意的栖居。

青春的雪，黄钟大吕之美

——《沁园春·雪》审美鉴赏（统编版语文九年级上册第一单元）

《沁园春·雪》授课现场

教学设计

一、教学理念

毛泽东诗词是中国革命的史诗，《沁园春·雪》更是无数人的最爱，南社盟主柳亚子盛赞其为千古绝唱。每每读来，仿佛聆听到了历史时空中的无数呼喊，仿佛回到了那个战火纷飞的年代，仿佛看到了伟人在指点江山，让人不由沉醉。

伟人笔下，雪是骨、魂、魄的化身。

有一种高度来自心灵，有一种高度来自境界，有一种高度来自人格，写诗就是写人。这首荡气回肠的词作就是词人伟大人格的映照。如何让学生悟词、悟景、悟情、悟人，我尝试从以下几个方面立足课堂。

(一)漫溯文字深处，调动感官感受诗歌的抒情性

郭沫若说："诗的本职专在抒情。"抒情性构成了诗歌的艺术生命。我也认为，课堂的主体应是活色生香的文字和思维多变的学生，以诗歌中立体的、磅礴的文字来带给学生丰富的感官体验和抒情之美。

课堂开篇即以诵造景，感受词境，以学生真实的阅读激发真实的表达，充分调动学生的热情感受词作。同时又带领学生漫溯在"千里万里""风流""娇""妖娆"等词的深处，感受词的上阕所描摹的祖国山川河流、华夏大地之壮美，感受语言文字的丰富和厚重，以此感受词作无与伦比的美丽和对祖国饱满真挚的热爱。这也正是诗的抒情性所体现的美的力量，也是读者跨越历史时空，仍为诗作所震撼的原因。

(二)洞察形象之美，以深入的探讨引领学生思维发展

文艺理论认为，诗歌的主要表现手段是诉诸读者直观感觉的形象和声韵。形象鲜明、声韵铿锵是本诗的一大特点。

这一首白雪歌因其"雪骨、雪魂、雪魄"而成为无可超越之作。对诗歌的"雪骨、雪魂、雪魄"的探讨就奠定了课堂的语言美、人文美、情怀美的基调。我跟随学生的思维流转，带领学生在无可超越的词句中品味词人所望、所看，感受词作的形象之美，由古代的帝王联想到当今的"风流人物"，感受词作的气魄之壮。教师的问题引领与学生的思维落点不断碰撞，使自然之形象、人物之形象共同构成了词作的形象之美和课堂的思维进阶。

(三)把握高远意境，以词作的高度感知词人的高度

诗的意境之美，或因景略情浓，或因情略景浓，景物引起诗人心动，诗人用心去感受景物，于是产生了诗意。

本词的意境美是作者巧妙地把意与境结合起来，自然和谐，情景交融。词人以胸怀代替双眼，远望祖国山川，遥想历史人物，意与境一经触发，激发出课堂思想的汪洋之水，流向词作辽阔的视野、壮阔的河山、开阔的

胸襟、广阔的情怀，流向学生心底深处对词作的感悟、对词人的感知。

二、教学目标

1. 核心目标：能联系诗人生平和创作背景，感受诗人借雪来表达自己辽阔的视野、博大的胸怀和豪迈的情感。

2. 条件目标：能正确认读"沁、莽、蜡、裹"四个生字，能有感情地朗诵诗歌，理解"妖娆、风骚、风流"等词的意思并能理解词作的内涵；字斟句酌品味语言，体悟伟人的非凡气度，感受传统诗词文化的魅力。

三、教学过程

(一)以诵造景，感受词境

1. 用形容词概括一下对词作的阅读感受。

磅礴的白雪歌

_____的白雪歌

因声求气、吟咏诗韵是鉴赏古典诗词的有效方法，在有感情的朗读氛围里，让学生感受毛主席词作恢宏的气势，并且让学生用形容词表达阅读感受，调动学生的主观思考，体会词作的抒情性特点。

(二)以雪延展，感受雪魂

1. 有人说："毛泽东的《卜算子·咏梅》是《沁园春·雪》的姐妹篇。"请谈谈你的看法。

雪骨　雪魂　雪神　雪趣

毛主席格外喜欢拥抱冬天，格外喜欢冬天的梅花，自然而然过渡到《卜算子·咏梅》，进而引领学生探究"雪骨""雪魂"。

(三)品字析句，体悟豪迈

1. 国民党组织一群舞文弄墨的文人填写《沁园春·雪》，却无人可以超越。请同学们细读这首114字的词，找一找，哪些词句无人超越？

大气磅礴的词作里，彰显着毛主席无人能及的伟人魅力，景之境无人能超越，情之境无人能超越。"以我观物，物皆着我之色彩"，豪情浸染下的山河也被豪情镀上了金色。通过这个活动，激发学生内心的豪情和热情。

(四)以诗解诗，陶冶诗情

1. 分析作者通过"望"，望见了什么？

围绕关键词"望"字，激发学生走进毛主席更丰富的诗词世界，让学生自由表达，感受毛主席辽阔的视野、博大的胸怀和豪迈的情感。

2. 教师进一步拓展，让学生在王之涣、岳飞、司马迁、鲁迅等先贤佳作中感悟诗词的妙，领略诗词的美。

教师是课堂的主导，学生是课堂的主体。教师善于倾听学生的表达，及时捕捉跳动的思想，及时点拨鉴赏诗词的方法。学之有法，赏之得法，学生的收获才会更充实、更真实。

3. 上阕中作者都想到了什么？语言标志是什么？

看毛主席由眼中所望山川大河纵横跳跃古今，畅想心中人物随时涌上心头。在毛主席词情与学生青春激情的碰撞交融中，让课堂生成更有魅力。

4. 下阕中作者看到了哪些人？

由实而虚，由虚而实，远古当下，浑然一体，感受词境的捭阖大气，词情的激荡飞扬。

(五)以写带思，感受特色

1. 书写"俱往矣，数风流人物，还看今朝"的开创性特色。

举例：一笔超历史

一笔动世界

……

2. 感悟"江山如此多娇，引无数英雄竞折腰"妩媚中更有豪放的美。

创作就是倾诉，阅读就是倾听，词作就是桥梁。设计两个问题的目的，是让学生在写作和对比中挖掘词作的创新特色，深入感悟毛主席深厚的文学底蕴。

(六)课堂结语

昆仑之巅，长城之墙，仿佛是他胸中的笔。

华夏大地，高天厚土，仿佛是他笔下的纸。

黄河的水，长江的浪，仿佛是他纸上的墨。

炮声隆隆，千里莺啼，是诗中独到的平仄和韵脚。

万丈长缨，百舸争流，是诗中卓绝的遣词和句式。

——陈晋

好的课堂，就像一首优美的诗歌。语言是诗意的，旋律是优美的，起承转合的结构是完整的。通过大才子陈晋对毛主席的评价，回归到"毛主席为什么有无人能及的魅力"的问题上来，草蛇灰线，一脉相承。最后，在朗朗的读书声里，结束诗意之旅。

课堂实录

授课时间：2019 年 4 月 27 日

授课地点：陕西省西安市曲江一中

整 理 人：陕西省宝鸡市姜谭高级中学　张肖侠

陕西省宝鸡市岐山县岐山高级中学　王建红

师：同学们好！今天我们共同来学习毛泽东的《沁园春·雪》，先请同学来读一下题目，注意每个字音都要读准。

生：《沁园春·雪》。

师：请同学们读时注意第一个字的声母，好，再试一遍。

生：《沁园春·雪》。

师：请再读一遍，注意"雪"的声调。

生：《沁园春·雪》。

师：这次读得很好。请全班齐读题目。

（生齐读，整齐且有感情）

师：老师想请两位同学朗读这首词，是请男生还是女生？

生：男生。

师：为什么呢？

生：因为毛泽东这首词写得比较壮阔。

师：我们一般将词分婉约和豪放两大类，这首比较壮阔的词就属于豪放派。我请两位男生来诵读这首词。

（一男生立即主动站起，另一男生在师鼓励下站起）

师：正文内容这两个同学一人一句，上阕结尾句和下阕结尾句请全班同学齐读。同学们请注意，在诗词中一个逗号就是一句，请同学们读时注意。

（生按要求有感情地朗读）

师：大家读得很好，尤其是这位男生，读出了超越年龄的浑厚和魅力。

（大屏幕出示）

磅礴的白雪歌

_____的白雪歌

师：对这首词的最初感受，请同学们用一个形容词概括一下。我说"这是一首磅礴的白雪歌"，你说——

生：这是一首雄浑的白雪歌。

生：这是一首壮阔的白雪歌。

生：这是一首激昂的白雪歌。

生：这是一首抒情的白雪歌。

师：你为什么说这是一首抒情的白雪歌呢？诗词是以抒情为主的，请你回答一下，从哪里可以看出这首词是在抒情呢？

生：从词的后半部分可以看出是对成吉思汗等历史人物的敬佩之情。

生：我觉得是一首惋惜的白雪歌。从词中"惜秦皇汉武，略输文采，唐宗宋祖，稍逊风骚"可以看出。

师：一年有春、夏、秋、冬四个季节。在古典诗词中，词人最钟爱的是哪两个季节呢？

生：春季和冬季。

师：那你能试背一下有关冬季的诗词吗？

生：毛泽东写过一首《卜算子·咏梅》，词中写道："待到山花烂漫时，她在丛中笑。"

师：毛泽东描写冬天的优秀诗词，除了这一首，就应数《沁园春·雪》。其实，从古典诗词的源头《诗经》到晚清诗人龚自珍，文人墨客最喜欢的两个季节应该是春与秋，春喻美，秋示悲。毛泽东却用自己的情怀拥抱冬天，并且唱出一首白雪歌。那么这首白雪歌的"雪骨"在哪里？"雪魂"在哪里？"雪魄"在哪里？我们一起来看。

（大屏幕出示《沁园春·雪》）

师：有这样一段佳话，毛泽东 1936 年写下《沁园春·雪》，在 1945 年重庆谈判时期发表，震动了整个重庆文坛。国民党组织一群舞文弄墨的文人纷纷填写《沁园春·雪》，却无人可以超越。请同学们细读这首 114 字的词，找一找，哪些词句无人超越？

（生默读，找词句）

生："江山如此多娇"，毛泽东的这种气度是其他文人墨客不具有的，其他人不易理解这些句子想要表达的情感，所以也就难以有人超越。

师：回答问题的时候请不要用抽象词。比如，刚才用到的"这些"就比较抽象，回答问题必须具体化。情感是具体的还是抽象的？

生：抽象的。

师：抽象的应该怎么答？

生：具体答。

师：所以回答问题时不能用抽象的词，而应该具体化，遵循"虚则实之"。

生："惜秦皇汉武，略输文采，唐宗宋祖，稍逊风骚。"秦皇汉武和唐宗宋祖在文采上也略输和稍逊，所以后人也就难以超越这首词了。

师：1936 年 2 月，毛泽东写下这首《沁园春·雪》，上阕中有一个重要的动词统领全词，请大家找一找这个词。

生（读）："望"。

师：请同学找一下带"望"字的这句。

生（读）："望长城内外"。

师：请全班同学齐读。

（生齐读此句）

239

师：作者通过"望"，望见了什么？我们回忆唐代王之涣《登鹳雀楼》，望见了什么？

生（读）：欲穷千里目，更上一层楼。

师：王之涣的意思是，站在高高的楼上可以看得更远。另外辛弃疾还有"何处望神州？满眼风光北固楼"，岳飞的《满江红》同学们能回忆起来吗？岳飞如何望？"抬望眼"，望到什么？

生（读）：抬望眼，仰天长啸。

师：古人云"登高望远"，这首词中毛泽东望到了什么？词中未写站在高高的鹳雀楼上，未写站在高高的北固亭上，未写抬眼望去。那他望到了什么？请同学们齐读。

生（齐）：望长城内外，惟余莽莽。大河上下，顿失滔滔。山舞银蛇，原驰蜡象，欲与天公试比高。

师：看这几句词，毛泽东都望见了什么？每位同学回答一句就可以。

生：望见了长城。

生：望见了大河。

师：大河是哪条河？

生：黄河。

师：如果词中写成黄河，你试读一下，有什么不同呢？

生："黄河上下，顿失滔滔"，黄河没有大河读起来顺口、响亮、有气魄。

师：毛泽东站在陕西的土地上举目"望"去，这块有着黄帝陵的土地，有着轩辕柏的土地，有着五千年文明史的土地。毛泽东望见了长城，望见了黄河，还望见了什么？

生：还望见了山川。

师：毛泽东特别喜欢山，也特别热爱冬天。喜欢山的人，喜欢冬的人，同学们认为会是个什么样的人？

生：他是个豪放的人。

师：对，他写过很多有关山的诗。如"横空出世，莽昆仑"，写的哪一座山？

生：昆仑山。

师："五岭逶迤腾细浪"，写的哪一座山？

（生沉默）

师：大家看是什么岭？

生（误答）：秦岭。

师（耐心地纠正）：五岭。

师：还有"乌蒙磅礴走泥丸"，又是哪座山？

（生沉默，师补充）

师：乌蒙山。还有"山，快马加鞭未下鞍。惊回首，离天三尺三"，这句诗又是哪座山？

（生沉默，师启发）

师：刚才提到昆仑山、五岭、乌蒙山，那现在这是一座具体的山吗？

生：不是。

师：对，这是对所有山的感觉。毛泽东站在黄土高原——最中国、最民族、最诗意的高原，他无须登楼，放眼望去，他望到了什么？请同学们一起回答。

生（齐）：长城、黄河、山川。

师：还有什么？

生（齐）：平原、高原。

师：对，毛泽东站在黄土高原上，平原也看到，高原也亲见。同学们学过地理，站在陕西北部的黄土高原上，他真的可以看见长城内外、大河上下吗？

生：不能。毛泽东不是用眼睛，而是用心看到的。

师：我们一起回忆一下，中国古代浪漫文人庄子的视野，庄子设想水里有鲲，天上有鹏，鹏能飞多高多远？

生：鹏能飞九万里。

师：九万里高飞的鹏，那它背负青天向下望时，望见"野马也，尘埃也，生物之以息相吹也"。生命的一呼一吸，庄子都能感觉到，这就是庄子的视野和胸怀。毛泽东的诗词为何无人能及？庄子如是说，庄子如是看，庄子如是思。再看看李白，李白这样说："君不见黄河之水天上来——"

生（齐）："奔流到海不复回"。

师：大家看这个视野，李白一望，黄河从起源的地方，浩浩荡荡向东流去。几千千米的长度一眼便知，这就是诗人的大视野、大胸怀。我们是否可以说，这个"望"字用得好？"望"字用得好，体现出这首诗无人能及的是什么呢？是否还有文人能够做到呢？我们说司马迁可以，他写中国历史，三千年的历史，不再是客观冰冷的，他给历史中注入了人的温度、人的情感，他在《史记》中创造了一种体例，叫什么？

生：纪传体。

师：这就是创造，司马迁在历史中看到的是人，是人的情感，这是司马迁的慧眼。鲁迅在《狂人日记》里说，"翻开历史……从字缝里看出字来，满本都写着两个字"，什么字？

生："吃人"。

师：读江山，望江山。毛泽东的视角、视野常人不能比，在词的上阕中，还有什么常人不能比？

生：胸怀不能比。

师：有多大的胸怀，做多大的事，当然是那些"蝉噪鸦鸣之徒"不能比的。

生：高远、远大的志向不能比。

师：我们看"志"由哪两个字组成？志，十个人里才有一个，十里挑一的读书人的一颗心。太大的志向无人能比。

生：豪放的气魄不能比。

师：气魄不能比。一眼望去便是惊世的豪气。

生：毛泽东开阔的心胸别人不能比。他身在北国，心却想得很远，他有宏观的历史观："欲与天公试比高。"

师：对，赏析诗词就要抓住关键词。我们来看"千里冰封，万里雪飘"，这里的"千里""万里"严格来讲是诗词的大忌，"千里""万里"是重复的。看似重复，但为何这样写？

　　生："千里""万里"，展示的就是一种开阔的胸怀。

　　生："千里""万里"就是千万里。

　　师：意思就是无涯无垠，"千里""万里"用了反复的字。大家读诗要学会揣摩语言。上阕里有作者看到的，那么作者想到了什么？有语言标志吗？

　　生（读）：欲与天公试比高。

　　师："天行健，君子以自强不息；地势坤，君子以厚德载物。"为什么要"与天公试比高"呢？

　　生：比的是志气、情怀、理想、担当、责任。

　　师：1936 年，红军兵力不足，当时的中国"城头变幻大王旗"，毛泽东人到中年四十多岁，眼中是天与地、黄河与高原。同学们刚才抓词特别准，"欲"就是想象，这一段中还有哪里是想象？

　　生："须晴日"中的"须"，表示必须、一定。

　　师：好，前面我们研读了上阕，现在我们一起赏析下阕。毛泽东站在北方，站在黄土高原上，望中国的大好河山，然后他又看到了什么？看到了哪些人？

　　生：看到了秦皇汉武、唐宗宋祖、成吉思汗。

　　（师纠正"汗"的读音）

　　师：一共是几个人？

　　生：五个人。

　　师：这五个人从分类标准来说都是什么人？

　　生：领导者。

　　师：这个是比较西化的称呼，用中国传统的表达方式来讲，他们是什么人？

　　生：每个朝代开疆拓土的帝王。

　　师：皇帝、国王，共同的意思是什么？

　　生：至高无上的统治者。

　　师：在五千年的岁月中，毛泽东用什么样的眼睛、什么样的心灵、什么样的价值评判，一眼望穿，看到了开疆拓土的人，从词中哪些句子可以看出？

生：秦皇汉武，唐宗宋祖，成吉思汗他们都是一代伟人，但毛泽东觉得他们还稍有瑕疵：略输文采，稍逊风骚，只识弯弓射大雕。这些句子表现毛泽东雄伟的志向：像这些伟人一样建功立业、开疆拓土。

师：如果说鲁迅重新塑造了一个词：孩子。那么什么是孩子？从来没有被人吃，从来也没吃过人的新人类。毛泽东也创立了一个新的名词：新人类。他赋予这个"新人类"什么含义？

生："俱往矣，数风流人物，还看今朝"，是"风流人物"这个词。

师：何为"风流人物"？请同学们先用"风"组词，如意气风发。

生：风华正茂。

生：风流倜傥。

生：玉树临风。

师：玉树临风，形容男性还是女性？

生：男性。

师：然后再看"流"，恐怕是与时俱进吧。这就是创造。赏析到这里，同学们似乎能理解一点点历史上文人墨客无法超越本词的原因，因为有一种高度来自心灵，有一种高度来自境界，有一种高度来自人格。写诗就是写人。

（大屏幕出示）

任选其一回答问题。

1. 俱往矣，数风流人物，还看今朝。

点评：一笔超历史

一笔动世界

……

2. 毛泽东《沁园春·雪》中的"江山如此多娇，引无数英雄竞折腰"与苏东坡的"江山如画，一时多少豪杰"，哪个更好？

师：两道题任选一道。

生：我觉得"江山如此多娇，引无数英雄竞折腰"比较好。这一句写出了江山风景的美丽，抒发了对国土的热爱。

生：我也觉得"江山如此多娇，引无数英雄竞折腰"好，因为"江山如此多娇"，写出了江山的娇媚，而"江山如画"显得片面一些，没有具体地写出来，也就是只能看。后面的"一时多少豪杰"只写出了豪杰英雄的数量众多，而毛泽东的"引无数英雄竞折腰"则具体突出了战士们为江山奔赴沙场的英雄无畏的精神。

师：语感特别好。同学们看"江山如此多娇"的"娇"用了什么手法？这首十分浩瀚辽阔、大气磅礴、荡气回肠的词，居然用了三个"女"字旁的字，请大家找一找。

生："妖娆""娇"。

师：这三个"女"字旁的字，有没有给这首词增加脂粉气？

生：没有。

师：对，虽然用了三个"女"字旁的字，但这首词依然写得磊落霸气、荡气回肠，这是什么效果？在表现手法上叫什么？

生：对比、映衬、反衬。

师：大家回忆豪放词人辛弃疾的词："我见青山多妩媚，料青山见我应如是。"妖娆多娇的是我的祖国。同学们，世界上所有的感情之中，友情、爱情、亲情，哪一种最强烈？

生（误答）：亲情。

师（纠正）：最强烈的感情应该是爱情。诗人常把对祖国的爱比作爱情，如郭沫若在诗中把我们古老的祖国比作"我年轻的女郎"。所以，毛泽东的词中虽使用"妖娆""娇"，表面妩媚，实际妩媚使壮阔更壮阔。

师：我们来看第 1 题。

生：我填的是"一笔出文采，一笔抒豪情，一笔传千古"。

生：一笔述美情，一笔展豪情，一笔壮远志。

生：一笔惊文坛，一笔绘历史，一笔描壮志。

师：毛泽东研究专家陈晋，他回答了我们开篇的问题：为什么无人能及？请大家齐读。

（大屏幕出示）

昆仑之巅，长城之墙，仿佛是他胸中的笔。

华夏大地，高天厚土，仿佛是他笔下的纸。

黄河的水，长江的浪，仿佛是他纸上的墨。

炮声隆隆，千里莺啼，是诗中独到的平仄和韵脚。

万丈长缨，百舸争流，是诗中卓绝的遣词和句式。

——陈晋

（生齐读）

师：同学们，毛泽东不仅是政治家、哲学家、革命家、军事家，他还是一位诗人。他以这样的笔、这样的纸、这样的墨、这样的韵脚、这样的句式写成了如此壮阔豪迈的《沁园春·雪》，还有哪位诗人比得上呢？这首词是这样浩瀚，这样辽阔，这样难以企及。有一个外国的记者说："是一个诗人赢得了一个国家。"古人有这样一句话："灭人之国，必先去其史。"可见文化对一个国家的重要性！我们生长在诗的国度，为我们丰厚的文化积淀而骄傲，请同学们起立，齐读第一小节。

（大屏幕出示）

北国风光，千里冰封，万里雪飘。

望长城内外，惟余莽莽；

大河上下，顿失滔滔。

山舞银蛇，原驰蜡象，欲与天公试比高。

须晴日，看红装素裹，分外妖娆。

（生有感情地齐读）

师：同学们，下课！

教 学 反 思

沁园春·雪是毛主席的代表性作品之一，词境豪迈、壮阔。在课堂上，通过鉴赏，带着学生品读诗词，感悟诗词的美，汲取诗词的营养，丰富学生的内心和精神世界，让诗意浸润课堂，让文化点缀课堂，进而延展至生活、人生，是诗词鉴赏课的诗意追求。

一、在朗读中激荡诗情

琅琅书声，是语文课上最美的声音。诗词鉴赏，更是不能游离在朗读之外。《沁园春·雪》一词，通过描绘冰雪覆盖大地山河之壮美景致，抒发了作者纵越古今之豪迈情感。所以，在教学环节中始终贯穿朗读，并以诵造境，让学生通过朗读，找到品味词作的桥梁和理解情感的突破口。再者，中国的诗词具有音韵美，只有在平平仄仄的准确朗读中，才能让跌宕的情感喷涌而出，摄人心魄。教学设计安排了学生领读、齐读、默读，读题目、读关键词、读句子，引导学生在诵读的意境里去感受豪放词的特点，去体会词作景致的大气、壮美，词人阔大的胸怀、无人能及的魅力，做到不仅仅是浅阅读，还要深阅读，让学生在课堂问题的推动下，深入词的内里，读出韵味，咀嚼词味。

从教学效果上看，学生通过反复朗读，感悟到了词的壮阔之境，读出了超越年龄的浑厚，品出了词人的气魄，达到了预期的效果。遗憾的是，课堂时间有限，如果教师能参与其中，做到示范引领，甚至与学生合作朗读，可能会收获更多的惊喜。

二、在问题中感悟词境

立足文本，在问题的推动中，抽丝剥茧，层层深入，带领学生感受毛主席情感的壮阔。首先让学生表达对整首词的感觉，出示示范性句子"这是一首磅礴的白雪歌"，激发学生对文本阅读感受的思考，重在让学生欣赏、领悟和表达，自然引出词作抒情性的大气磅礴，进而引领学生挖掘"这首白雪歌的雪骨和雪魂"，感受毛主席用自己别样的情怀拥抱冬天的豪迈。"千里冰封，万里雪飘"是"望"的背景，"长城内外，惟余莽莽，大河上下，顿失滔滔"是"望"的内容，"山舞银蛇，原驰蜡象，欲与天公试比高"是"望"的感想。置身严冬酷寒、茫茫雪野、苍苍大地之中，却没有苦寒之感，反而胸中豪情激荡，眼界更加邈远，心境更加开阔，豪迈之感尽显字里行间。

启发学生感受毛主席笔下山河之美，望江山之景远非目力所及，读江山之豪情远非常人能及。非凡与伟大呼之欲出。

八年级的学生，思想稚嫩，理解毛主席高屋建瓴的思想确有难度，尝试从词作中，寻找关键字、句，品汉语之美，启发学生的诗心慧眼。问题设置由浅入深，在教师创设的意境里，感受黄钟大吕般的词境，这个教学过程，点燃得很成功。如果学生能有更自主、更深入的思考，在问答环节里就能迸发出更多的交流火化，摇曳诗情，旖旎诗意，课堂生成会更加精彩，这是课堂的缺憾。

三、在对比中点染文化

对比，是有效鉴赏诗词的不二法门。在纵向和横向的对比中，提高学生的思考深度，拓展学生的思维宽度。为了能更好地理解毛主席眼中有山川，眼中所望的山川别有洞天，引入王之涣《登鹳雀楼》、岳飞《满江红》中所"望"内容进行对比；为了更好地理解毛主席眼中山的意境的阔大、辽远，引入毛主席对昆仑山、乌蒙山、五岭等的描绘，进而领略主席所望视野的无极，再拓展李白"君不见黄河之水天上来"的大视野，司马迁开创纪传体的大情怀，庄子笔下大鹏翱翔九万里高空的大想象，鲁迅先生笔下"吃人"历史的大深度，让学生徜徉在"汉魂唐魄"的文学世界里，从而感受毛主席站在新的历史舞台上心胸的开阔以及别人无法企及的大无畏的责任和担当。让学生在这种对比中，感受词作的细腻与独特，感受文学作品背后深邃的思想和博大精深的文化，进而培养学生敏锐的洞察力。

书香缱绻才能岁月悠长。陆游说："汝果欲学诗，工夫在诗外。"学生只有不断阅读经典作品，不断积淀文学修养，才能将经典之作解读得入骨入髓，才能更好地感受中华诗词的深邃之美。遗憾的是，在拓展庄子时，学生有些茫然，效果欠佳，无法领略庄子天马行空的大美之境。

语在左，文在右，走在语言道路的两旁，细细品味诗色、词香、曲味。在诗词传承的路上，语文人应不遗余力，晕染书香，熏染有生命质感的灵魂，薪火相传，诗意前行。善思者行，成其久远。

报文学以至美　许生命以至诚

吉林省桦甸市第八中学　车　坤

好的教学实录是自然流淌的文学作品。一菲老师的教学实录报文学以
至美，许生命以至诚，注重文本解读的文学性，还原学生的生命体验，《再
别康桥》唯美至情，《无题》瑰丽奇谲，《归园田居》大开大阖，《沁园春·雪》
一脉贯之……徜徉在这些文字间，诗意盎然，文采斐然，真情陶然。

一、建构诗语，涵养审美意蕴

诗歌是凝练的艺术。在鉴赏过程中，一菲老师引领学生重新建构诗语，
于平平仄仄中拨开层层意象，创造系列排比新句，如：这是一首磅礴的白
雪歌，这是一首雄浑的白雪歌，这是一首壮阔的白雪歌，这是一首激昂的
白雪歌，这是一首抒情的白雪歌。如：风华正茂，风流倜傥，玉树临风。
如：一笔出文采，一笔抒豪情，一笔传千古；一笔述美情，一笔展豪情，
一笔壮远志；一笔惊文坛，一笔绘历史，一笔描壮志。汪洋恣肆，仪态万
方。横向语言的延展为我们创设了恢宏无垠的无尘世界。

二、美读诗语，理解语言内涵

朗读是理解的捷径。以读贯之，方法引路，课堂实录中六次朗读，三
读题目，交叉读全诗，重点读关键句，最后以朗读结束本诗。读法决定教
法，一菲老师鼓励孩子们朗读，重视读法指导，声母、音调都有强调，读
"志"字，读出"十里挑一的读书人的一颗心"。读关键词"欲""须"另开想象
空间，用朗读创设诗境，追求对内容理解的深度和广度，以读解诗，妙甚
至哉！

三、拓展诗语，纵深文化脉络

一名优秀的教师，首先应是位博古通今的学者。本篇实录引文十七处
之多，其博闻强识令人叹为观止！隽永的精神内涵，博大的人文情怀，定

然离不开深厚的文化底蕴。浓耶淡耶，静乎动乎，虚耶实耶，景语情语，色彩幻化出起始，音响演奏出绝篇，实录进行诗与思的对话，通过三处想象，复活文字的感性生命，文本的文学性在其对文化经络的延伸中得以彰显。

四、贯穿诗语，提升发散思维

艺术的不二法门，永远在于比较。"国民党组织一群舞文弄墨的文人填写《沁园春·雪》，却无人可以超越。"让学生对比其他诗歌思考，以主问题"此诗为何无人超越"一线贯穿，这条主线如何贯穿，更多依托于想象、对比艺术的应用。一反诗人贯写春秋而放眼寒冬，视角独特；视野不同凡俗，放眼江山，境界开阔；胸怀气魄之广，志不在小。

一菲老师以其诗意、真情之语娓娓道出文化乃巨大影响之源，笔短文深，温润沁心，给学生一次穿越古今的文学之旅、一次绝美的生命体验。

雪魂·诗魂·教者魂

北京师范大学天津生态城附属学校　王翠翠

《沁园春·雪》是一代伟人毛泽东的代表作之一，其诗意境辽阔，气象磅礴。一菲老师作为诗意语文的掌门人，优雅知性，从容大气。当一菲老师遇见壮阔的《沁园春·雪》，一堂有"魂"的好课应运而生。雪有"魂"，诗有"魂"，教者亦有"魂"。

一、"望"——魂之所在

教学伊始，一菲老师以"雪魂"为切入点，引出《沁园春·雪》的写作背景，从而引导学生深入具体词句中去理解词的内涵与意境。于是，同学们找到了统领全词的"望"字，随一菲老师一起，登高抬望眼，览古今山河，品诗词意味。在《登鹳雀楼》中领悟"欲穷千里目，更上一层楼"，在《南乡子·登京口北固亭有怀》中感叹"何处望神州？满眼风光北固楼"，在《满江红》里悲叹"抬望眼，仰天长啸"，古人"登高望远"的诗词传统就此呈现。

与古人所望之景不同，毛泽东望见了长城，望见了大河，望见了山川，望见了平原。此时，一菲老师以庄子的视野来解读毛泽东的"望"，赋予"望"以庄子的浪漫和胸怀。这样的解读不仅让学生更容易理解诗人一眼便"望长城""望大河""望山原"的想象手法，也让这首词融入中国古典文化的历史长河，有了历史的质感与文化的传承。这正是《沁园春·雪》的精魂所在，一菲老师感知到并且在课堂上完美地将它呈现出来了。

二、"志"——魂之所指

解读完"望"字，一菲老师又带领学生走进"志"。一菲老师解读"志"字是"十里挑一的读书人的一颗心"，从而让学生感知一代伟人毛泽东的胸襟与气魄。这种胸襟与气魄是"欲与天公试比高"时表现出的无所畏惧，是评判秦皇汉武、唐宗宋祖、成吉思汗时所展露的雄伟志向。最后，诗人将这一切的雄心抱负归结为一个词——风流人物。

一菲老师以一颗异常敏锐的心，从"欲"和"惜"两句中提炼出了伟人的"志"，又捕捉到"风流人物"与"志"的密切关系。伟人的宏大志向，即建功立业、开疆拓土，而"风流人物"的"流"，则是一种与时俱进的创造精神，这便是历史上的"无数英雄"相比今朝"风流人物"所不能及之处。而这个所不能及的"高度"，源自诗人的人格修养和精神境界。

一菲老师带领学生读白雪，读诗人，读历史，读今朝，读无数英雄，亦读风流人物。在一菲老师的探索下，毛泽东笔下的雪有了文化的灵魂，有了民族的精魂，而唯有教者有"魂"，才能将这雪中之"魂"与诗中之"魂"，贯通古今，融于一课，在字里行间感受伟人的胸襟与气度。

課例 14

鬼才诗成动长安

——李贺群诗阅读（统编版语文八年级上册第六单元）

董一菲老师与青年教师们

(教)(学)(设)(计)

一、教学理念

诗歌色彩是诗人内在精神世界的部分表现，它反映着诗人的生命经验、生存状态及美学思考，更是诗人心灵图像的真实写照。具有"诗鬼"之称的李贺巧借色彩，找到了属于自己生命中不具平衡的美感。在色彩的辅助下，李贺将命运捉弄的悲愤、生不逢时的苦闷、豪情满怀的抱负，构筑在一个

252

新奇瑰丽的世界中，将多种情绪嵌在了奇彩异色的意象中，惊艳古今。

想要让学生真正地读懂李贺，色彩可谓打开李贺精神世界的一扇门。

在李贺所存的诗中，94 次写了白色，88 次用了金色，69 次用了青色，69 次用了红色。除此之外，他还创造出来很多新的色彩词语：愁红、老红、幽红、冷红、凝绿、丝绿、静绿等。

《雁门太守行》是他的经典作品之一。此诗用浓艳斑驳的色彩描绘了一幅悲壮惨烈的战斗场面。"黑""金""紫""红""黄金"，直接传递出作者的情感，而"秋色""燕脂""霜色""玉色"却是间接隐含的颜色，意味深长，包容性强，多义、朦胧，似在诉说着战争的残酷、死亡的阴影、对功名的渴望、青春的梦想……

(一)平中见奇巧发问，抽丝剥茧探文心

为了使学生能在李贺所创的色彩世界中沉醉、沉潜，贴近李贺的脉搏，理解他的绝望人生。本节课化繁为简，以朴素的开头拉近诗人、作品、读者的关系，调动学生勾连对比、联想想象的能力，引导学生表达自己独特的思考，在平中见奇的发问中，让学生体味诗的情感内核，从色彩走向文心。

(二)选择时机引作者，水到渠成理感情

"《苏小小墓》带有李贺自传的色彩吗?"这一问题将李贺色彩意象的价值核心引入深处，在对话中探讨，在探讨中比较，在比较中理解。适时地补充资料，引导学生理解李贺色彩宣泄的情感世界。

(三)尝试跨界析对比，开阔视野鉴作品

为了能让学生触摸到色彩所蕴含的中国含义，理解李贺色彩即是思想与情感的载体。本节课以画解诗，尝试跨媒介阅读，此设计既能调动学生通过比较、推断等方式，有中心、有条理地表达观点，还能培养学生的批判性思维。最后，选择李贺运用色彩最有代表性的诗群，拉宽学生对李贺诗歌的色彩印象，进一步体会李贺独创的色彩意义，最终将教学指向核心素养。

二、**教学目标**

1. 核心目标：能借助画作、诗文、诗人生平，理解色彩是诗人思想和情感的载体。

2. 条件目标：能从《雁门太守行》中初步感受颜色的运用及在诗中传递的情与志；能从画中领会色彩在诗中所蕴含的深意；拓展阅读，进一步理解诗人用色彩传递思想的意义。

三、教学过程

(一)一诗作引，触摸色彩

1.《雁门太守行》写了哪几种颜色？主色调是什么？

"黑""金""紫""红""黄金""玉色"等。引导学生能够说出这些色彩背后的情感或含义。比如"黑"的沉重、紧张与压抑，"金"的明亮与锋利，"紫"与战场相联系以后分明含了血色，"黄金"的富贵与人生期待，"玉色"的高贵与坚贞……

战争之前的景色，以黑色为主色调。

2. 李贺在黑色的底上作画，他想让这些颜色诉说什么？

在这个问题上，重点解读"秋色""霜色""燕脂""玉色"这几种颜色，在师生对话、生生对话中，让学生明白，铺排在黑色底色上的这些色彩，渲染着一种强烈的视觉冲击力。这些色彩正在讲述李贺"少年"的"拿云心事"，在诉说着战争的残酷、死亡的阴影、功名的渴望、青春的梦想、生命与热血……

(二)以画解诗，探访色意

1. 在梵高《星月夜》的主色调中，你会选择哪三种颜色？

引导学生关注这三种颜色的视觉感受，它们之间对比鲜明、纠结缠绕、阴暗近明亮远，进一步让学生理解梵高的挣扎与痛苦，冷静与绝望。由此，牵引学生去探究《雁门太守行》中蕴含的思想。

2. 李贺的《雁门太守行》中主色调是黑色，你还会再选哪两种颜色作为诗歌表达感情的主色调？

学生可以根据教师给出的对比支架（李贺与李白的《将进酒》对比，与经典名著、与《苔》等诗对比），选择"红色"（热烈的报国的情怀）、"玉色"（坚贞高尚的品质)、"紫色"(生命的流淌与高贵)……引导学生在先前理解的基础上,逐步读懂李贺的情怀。

(三)群诗汇集,解密色蕴

1. 在李贺诗歌斑斓的世界里,色彩蕴含着怎样的思想?

· 琉璃钟,琥珀浓,小槽酒滴真珠红。烹龙炮凤玉脂泣,罗帏绣幕围香风。吹龙笛,击鼍鼓;皓齿歌,细腰舞。况是青春日将暮,桃花乱落如红雨。(《将进酒》)

· 云根苔藓山上石,冷红泣露娇啼色。(《南山田中行》)

· 秋坟鬼唱鲍家诗,恨血千年土中碧。(《秋来》)

· 蛮娘吟弄满寒空,九山静绿泪花红。(《湘妃》)

· 我有迷魂招不得,雄鸡一声天下白。(《致酒行》)

· 画栏桂树悬秋香,三十六宫土花碧。(《金铜仙人辞汉歌》)

引导学生运用本课的所学所感,体会李贺诗歌中色彩的斑斓耀目,探寻每一种色彩的深厚意蕴,触碰诗人内心深处最隐秘、最深刻的情感。

2.《苏小小墓》带有李贺自传的色彩吗?

李贺的人生有三重苦难:体弱多病、无缘科场、青春夭折。而他的人生苦难,就通过他无数首诗,用各种方式诠释。其中,最具代表性的就是《苏小小墓》:

幽兰露,如啼眼。无物结同心,烟花不堪剪。

草如茵,松如盖。风为裳,水为佩。油壁车,夕相待。

冷翠烛,劳光彩。西陵下,风吹雨。

通过各种对比:李贺的才与小小的貌,李贺的不能为君效力和小小的不能与爱人长相厮守,李贺的守候与小小的期盼,感受两人的相似;而"冷翠烛"中的"冷绿色",再一次彰显了李贺人生的阴暗凄惨,凸显了他"诗鬼"的特征。

(四)诗鬼铸魂,斑斓夺目

1. 总结李贺诗歌中使用频率最高的词语与创新的色彩词语。

白色、金色、青色、红色是李贺诗歌中使用频率最高的色彩,颜色与冷暖对比鲜明，传达出的就是作者情感的强烈与复杂。

而他创新出来的表达色彩的词语：愁红、衰红、老红、幽红、冷红、堕红、困红、笑红、寒绿、颓绿、凝绿、幽绿、细绿、丝绿、静绿等，不仅让他的诗歌色彩更加丰富，表情达意更加准确，而且为后世的颜色描写开拓了一片新天地。《红楼梦》中各种颜色的细致描摹就是上佳的例子，更成为一种留传后世的"中国元素"。

2. 作业：拟写下联。

飞红点翠，时花美人不足为其色

在深入解读了李贺诗歌中的色彩以后，鼓励学生运用自己学到的"中国元素"完成任务。

课堂实录

授课时间：2018 年 3 月

授课地点：云南师范大学附属中学

整 理 人：黑龙江省牡丹江市第二高级中学　林森

师：我们首先欣赏李贺的代表诗作《雁门太守行》，请大家齐读，感受这首诗，并且思考问题：这首诗歌运用了哪些色彩来重写情感？

（大屏幕出示）

雁门太守行

李贺

黑云压城城欲摧，甲光向日金鳞开。

角声满天秋色里，塞上燕脂凝夜紫。

半卷红旗临易水，霜重鼓寒声不起。

报君黄金台上意，提携玉龙为君死。

（生齐读）

师：请几位同学谈谈，读一句诗，你从其中读出了什么颜色？

生："黑云压城城欲摧"，我读出了黑色。

师：黑色，开篇运用黑色笼罩，用黑色作为底色。

生："甲光向日金鳞开"，金色。

师：黑色的底色上，是光芒万丈的金色。全班齐读第二句。

生（齐）：甲光向日金鳞开。

师：第三句呢？

生："角声满天秋色里"，应该是秋色。

师：这个难度很大。秋色，是秋天的颜色。黑色、金色、秋色，请继续读。

生："塞上燕脂凝夜紫"的紫色。

师：请重新读这句。

生（读）：塞上燕脂凝夜紫。（断句依然不合理）

师（范读）："塞上/燕脂/凝夜紫"，好好品味，有几种颜色呢？

生：胭脂色和紫色。

生：下一句"半卷红旗临易水"有红色。

生："霜重鼓寒声不起"，霜的颜色。

师：霜色，真有感觉。不是霜重（chóng），不是霜叠着霜，而是霜太重（zhòng）了，鼓声都不敢起。

生："报君黄金台上意"的黄色。

师：再想想，是黄色吗？请全班同学齐读一次。

生（齐）：报君黄金台上意。

师：究竟是什么颜色呢？

生：哦，是黄金的颜色。

师：我们应该对色彩色泽敏感。俄罗斯有个大画家列宾曾说过："色彩即思想，一点一滴偏差都来不得的。"好，请大家继续！

生："提携玉龙为君死"，这里有玉色。

师：玉色。这么多的颜色集中在这里，在这五色斑斓中，你认为李贺表达的最主要是哪一种颜色呢？

生：黑色。

师：一首诗歌的主题与色彩也是息息相关的。你选择黑色，它表达怎样的主题呢？

生：代表战争的压抑。

师：有战争就会带来死亡，我们知道，死亡是黑色的，死神的翅膀似乎是黑色的。李贺一生未到过边关，但是他竟有这样的雄心壮志，他说，"少年心事当拿云""男儿何不带吴钩，收取关山五十州"，这样的情怀表达非常曲折，它寄寓在色彩当中。

刚才同学们说得非常好，所有颜色中，黑色是主色调，每一种颜色都有它独特的担当，每一种颜色都是无言的诉说。这里的黑色、紫色、金色、红色，包括黄金色，都是确定的颜色。但是有几种颜色是不太确定的，需要加问号。这些颜色，每个人都读出了自己。这是战争，这是雁门，是兵临城下，是短兵相接，是马革裹尸。是的，这么多颜色中有三种颜色不太确定，想倾听你们的意见。

（指向大屏幕）第一种颜色，秋色，这秋色画成这样的颜色。这是他对李贺《雁门太守行》的理解，你心中的秋色，应该是什么颜色？

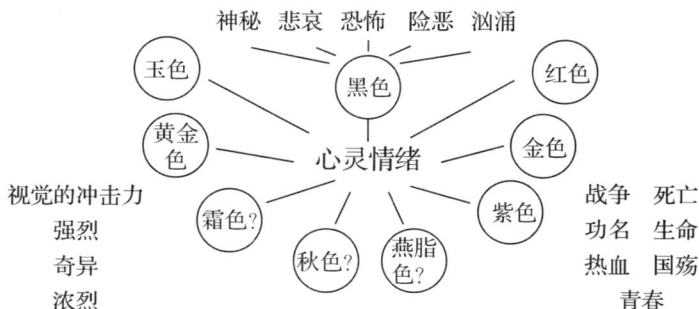

神秘　悲哀　恐怖　险恶　汹涌

玉色　　黑色　　红色

黄金色　　心灵情绪　　金色

视觉的冲击力　霜色？　　　　紫色　　战争　死亡
　　强烈　　　秋色？　　　　　　　　功名　生命
　　奇异　　　　　燕脂色？　　　　　热血　国殇
　　浓烈　　　　　　　　　　　　　　　　青春

生：老师，秋色在我心中应该是金黄色，代表麦田丰收的喜悦，所以在我的印象中，是硕果累累的，是金黄色。

师：金黄色的秋天，很不错。不过，有一个小小的细节，麦子是在夏天成熟的。秋天有无边的高粱，高粱是红色，有无边的玉米、水稻。为什么金黄色要无边地叠加？金色，金黄色。为什么这么钟爱这种颜色？你怎么理解？

　　生：他在这里写秋色，可能是描写战争前的景象。

　　师：反复写金色的原因是什么？

　　生：我认为是一种美好的象征。

　　师：《雁门太守行》给了你一种美好，还是美好被破坏的感觉？

　　生：一种美好被破坏的感觉。

　　师：鲁迅先生说过，悲剧就是将人生美的、有价值的东西撕毁给人看。这样金色的画面上，大唐这样辽阔的国土，就这样被蚕食和鲸吞。金色，金色，还是金色，但在诗歌中是不可以重复的，于是换了一个词。在你心目中，秋色还可以是怎样的颜色？请大家再次齐读这首诗，感受诗歌的整体基调。

　　（生齐读）

　　师：在此诗里，你心中的秋色是什么样的颜色？你是如何理解的？

　　生：我觉得秋色是一种苍凉的颜色。

　　师：为什么呢？

　　生：因为这首诗的主题，含有战争的生与死，整体是压抑的颜色。"报君黄金台上意"，为了皇帝，为了赢得这场战争，甘愿去死，那是壮烈的感觉。

　　师：这里有壮烈，一切景语皆情语，于是他理解为秋色是苍凉的颜色，是冷色调，我觉得很有道理。

　　生：我认为秋色是悲壮的，因为诗描写的是一场战争，战争就是生死，生死未卜，这是悲壮。赤胆忠心上战场，在秋天这个万物都衰落的时候。

　　师：肃杀的感觉，我同意。你认为该用什么颜色来绘制这种悲壮色？

　　生：我觉得该用像落叶一样的棕褐色。

　　师：岩石般的颜色，壮烈的情怀，真有色彩感，具有强烈的美感。

　　生：秋色是暗淡的红色。

　　师：我中华民族，几千年的文化，几千年的色彩，最后的精粹都在故宫里，那里可以找到一切的颜色，也能找到你说的这种颜色。具体是怎样的红色？

生：逼近黑色的红色。

师：近黑色的红，殷红。什么样的事物是殷红的呢？

生：血。

师：对，血的颜色。殷红的血，为什么用血的颜色来写你在《雁门太守行》读到的秋色？

生：因为这首诗主要描写的是战争，在战争中免不了死亡，死亡就有殷红色。

师：这就是热血的颂歌，这就是血染的风采。这样的秋色很有劲道！还有些色彩非常难以理解，比如说霜色。"霜重鼓寒声不起"，霜，不仅仅是白色的霜，它是落在战鼓上的。在古代战争中，一个是旗，一个是鼓，鼓声不绝，红旗不倒，这是军心，这是士气。此时，战鼓上霜重，为什么不是战靴上霜重，铠甲上霜重？李贺说，不，这都不到位！"霜重鼓寒声不起"，那么霜在你的心目中是什么颜色呢？

生：我认为霜色像茄子被霜打蔫了的颜色。

师：霜具有生命的收缩感，是这样的状态。"霜重"让我们感受到，霜色被赋予重量，霜色被赋予质感。比如愁，愁本没有重量，但是李易安说"只恐双溪舴艋舟，载不动许多愁"，南唐后主李煜会赋予愁一种绵延不绝的感觉，"问君能有几多愁"——

生（齐）："恰似一江春水向东流"。

师：霜色不仅是一种颜色，简直是装满了重量和质感的颜色。"塞上燕脂凝夜紫"的地点是哪里？

生：塞上，边塞。

师：说到边塞，你想到了什么？

生：我想到荒芜、荒凉。

师：自然会想到塞上的烽烟，那么，塞上的"燕脂"是什么？《红楼梦》中贾宝玉有个癖好，特别喜欢吃女孩子脸上的胭脂膏子。你懂这个胭脂是什么意思？谁来读一下注解？

生（读）：胭脂，是古代女孩子的化妆品，它很早之前是用牛、羊骨脂做的，所以是可以食用的。

师：是啊，另外还有纯植物成分的胭脂。在《红楼梦》里的胭脂是这样的，在塞上的"燕脂"，你想到了什么？怎么又"凝夜紫"呢？当时古代男子参军行伍，不能带女子同行，似乎只有一个人例外，那就是项羽。他每次作战都带着虞姬，他是一个赤诚男儿，流淌的是青年人的热血，垓下之围时，他会真诚、深情地对虞姬说："虞兮虞兮奈若何？"但是在这里如何理解"燕脂"呢？

生：我认为，"燕脂"是雪（血）的颜色。

师（故意曲解）：我看过雪的，我来自雪城牡丹江，雪是白色的。

生：我说的雪（血）是人体内流动的血。

师：那个字没有 xuě 的读音，应该是血（xuè）和血（xiě）。应该是——

生：我想到了血的颜色。这里的胭脂，是古代女子的化妆品，也是一种淡淡的红色，但这里的"燕脂"更为浓重。

师：非常有想象力。这个"燕脂"一定在塞上吗？也可以是这样的："可怜无定河边骨，犹是春闺梦里人。"可惜，赴国捐躯的战士，他可怜的恋人、他的妻子，还不知道他已经战亡，夜夜入梦。请齐读感受其中意境。

生（齐）：可怜无定河边骨，犹是春闺梦里人。

师：这个梦，可以是胭脂色。还有其他的想法吗？

生：我认为胭脂除了红色，还有紫色。

师：请解释。

生：它一开始是红色，因为他们一直在战斗，伤亡很多人，死了很多人，"凝夜紫"，到了夜晚渐渐变成了紫色。

师：胭脂是鲜血的颜色，紫就是殷红的颜色，胭脂还会有其他解释吗？大漠的胭脂草，是给女孩子做化妆品的，胭脂色，是那些战士的情怀，因为他们也有老母亲，也有心上人。但是，为国捐躯的时候，这一切，战士们都舍弃了。还有一种颜色不太懂——玉色。

生（读）： 提携玉龙为君死。

师： 读出骄傲和慷慨，请再读一次。

生（读）： 提携玉龙为君死。

师： 你认为玉色是什么颜色？玉在我们民族，在我们国家的地位是不可动摇的。《说文解字》中有一句话："玉，石之美。"石头中最美的东西，它代表一种美德。作为臣子，最大的美德是什么？

生： 为皇帝牺牲。

师： 是的，忠！高大，非常宏大的东西，用玉轻轻地涵盖，这就是诗。带有含蓄的美，其中太多的暗示和象征。

（指大屏幕）这是一幅画，作者是梵高。梵高生活在十九世纪的法国，他是荷兰人。李贺生活在中国的中晚唐时代，九世纪末十世纪初，相隔这样的距离，他们是否彼此懂得？有人说，李贺特别像印象画派。何为"印象派"？就是注重色彩，注重光，不注重别的内容。梵高这幅《星月夜》，它的主色调，给你三个机会，你会选择哪三种颜色？

生： 深蓝色、浅蓝色和金黄色。

师： 把颜色分得多细，深蓝、浅蓝和金黄色。梵高最有名的一幅画是什么？

生（齐）： 《向日葵》。

师： 《向日葵》主要的色彩是什么？

生（齐）： 金黄色。

师： 这就是星月夜，这就是夜晚，这就是月亮、星星。这是梵高的情怀，那份挣扎，那份痛苦，活着的时候一幅画都没有卖掉，穷困潦倒一生，最后开枪自杀，死时只有三十几岁。李贺的《雁门太守行》中主色调是黑色，毋庸置疑，你还会再选哪两种颜色作为诗歌表达感情的主要色调？

生： 我认为是金黄色和红色。

师： 为什么要选择金黄色？在这首诗中金黄色出现在"甲光向日金鳞开"中。

生： 金黄色写出了战士们披坚执锐的情怀。

师：还有别的选择吗？

生：我也选择红色。

师：红色是鲜血的颜色，还有另外的意义吗？

生：还象征着战争中的牺牲。

师：还有补充吗？

生：我认为红色不只代表牺牲，还有一种生命力。

师：还有一种生命力。这是我大唐的国土，曾经在初唐时代，"宁为百夫长，胜作一书生"，大家投笔从戎，建功立业，于是边塞诗成了唐代的一朵奇葩。边塞诗人是盛唐的仪仗队，所以用血色，用红色来描绘大唐江山曾有的威仪。李贺姓什么？

生（齐）：李。

师：骄傲的国姓，贵族的情怀。你们知道唐代三李，指唐代三位著名的诗人——李贺、李白、李商隐。为何写红色？那是李贺的心，李贺的骄傲，作为皇室后裔的骄傲。《雁门太守行》除了黑色作为底色，"黑云压城城欲摧"之外，你还会为这幅画设什么颜色？

生：我选择紫色。紫色代表夜幕降临，有一种压抑，还有未知的感觉。

师：你对于紫色的感觉太好了。古代的紫衣只有大官可以穿，僧侣可以穿，真有非常神秘的感觉，让你抓住了。讲得真棒！

生：我会选择霜色。因为战争结束是在傍晚，给人的感觉是凄凉的。

师：黄昏的伤感。请允许我追问一句，"霜重鼓寒声不起"，谁有可能去击这个战鼓呢？

生：战士。

师：谁可以发这个号令去击战鼓？

生：将军。

师："将军百战死，壮士十年归""将军白发征夫泪"，所以霜不是落在铠甲上，而是落在战鼓上。这位同学抓住了关键点，对霜色的理解令人叹服。

生：我选择玉色。

师：非常温润。珠圆玉润，温润如玉，玉如君子。

生：在文中"玉龙"是宝剑的意思，表达了作者誓死报国的雄心。

师：玉是一种忠诚，她读出来了。"玉龙"是宝剑，因为战士就是国之利器，用现代词来描述，一个军队要讲究血性军魂。这位同学抓住了关键点。

生：我也选择玉色。在古代，带兵打仗都需要持有虎符，有的虎符是玉做的，虎符是权力的象征。

师：在这里，她想到了虎符。这是绝对中国符号的物件。非常棒！梵高用金色、蓝色，深情地拥抱人生，生命中无人给他温暖和爱，但他在这凉薄的世界上，无情的世界上，深情地活过。李贺也这样，他是一个羸弱的少年，他从小体弱多病，从未到过边关，但他用色彩有如下的诉说。《将进酒》是谁的作品最出名？

生：李白。

师：这次来看李贺的《将进酒》，我们共同读这首诗。

（大屏幕显示）

将进酒

李贺

琉璃钟，琥珀浓，小槽酒滴真珠红。

烹龙炮凤玉脂泣，罗帏绣幕围香风。

吹龙笛，击鼍鼓；皓齿歌，细腰舞。

况是青春日将暮，桃花乱落如红雨。

劝君终日酩酊醉，酒不到刘伶坟上土！

（生齐读）

师：李贺生活在"夕阳无限好，只是近黄昏"的中晚唐时期，这首《将进酒》一如既往地用了那么多明媚的颜色，却一如既往地抒发了同样的情怀。同一首歌，那份哀伤，那份伤感，眼前是"皓齿歌，细腰舞"，但是"况是青春日将暮，桃花乱落如红雨"。这就是李贺的《将进酒》，劝酒歌写得如此伤感，如此柔肠寸断，这就是中晚唐的写照，人不能逃离时代，他是时代精神的缩影。李白生活在盛唐，青春的盛唐，青春的李白，绣口一吐，就半个盛唐，他写劝酒歌《将进酒》——

生（齐）：君不见黄河之水天上来，奔流到海不复回。君不见高堂明镜悲白发，朝如青丝暮成雪。

师：同样的劝酒，不一样的人生况味。

（大屏幕显示）

· 琉璃钟，琥珀浓，小槽酒滴真珠红。烹龙炮凤玉脂泣，罗帏绣幕围香风。吹龙笛，击鼍鼓；皓齿歌，细腰舞。况是青春日将暮，桃花乱落如红雨。（《将进酒》）

· 云根苔藓山上石，冷红泣露娇啼色。（《南山田中行》）

· 秋坟鬼唱鲍家诗，恨血千年土中碧。（《秋来》）

· 蛮娘吟弄满寒空，九山静绿泪花红。（《湘妃》）

· 我有迷魂招不得，雄鸡一声天下白。（《致酒行》）

· 画栏桂树悬秋香，三十六宫土花碧。（《金铜仙人辞汉歌》）

师：再看李贺其他的诗，"云根苔藓山上石，冷红泣露娇啼色。"在田垄中走过，孟浩然看到的绝不是这样的景象，"故人具鸡黍，邀我至田家。"那么温暖，那么温馨。但是"诗鬼"李贺在田间走过，"登山则情满于山，观海则意溢于海"，他眼中看到了什么？

生：他看到了苔藓。

生：他看到了山中的石头。

师：山上的石头，光秃秃的，突兀的，也是冰冷的。关于苔藓，苔藓给人什么样的感觉？

生：苔藓是绿色的。

师：是寂寞的。在 1986 年版的电视剧《西游记》中，石猴子孙悟空被压在山下五百年，如何表现五百年的光阴，五百年的岁月，五百年的沧海桑田？

生：石头上会长满苔藓。

师：长满青苔，石猴太寂寞了。"应怜屐齿印苍苔，小扣柴扉久不开。"石头、苔藓，还有什么呢？

生（齐）：云。

师：云生于什么？山石，还是苔藓？"白云生处有人家"，在山顶上生出白云。除了云、苔，山上的石头，还有什么？

生：他看到了"冷红泣露"。

师："冷红"代指什么呢？露水落在什么上？世间有万紫千红，那红指什么？

生：他描述的是一种冷红，很萧瑟的红色，而不是我们看到的鲜艳的红色。在李贺心中，他的内心总是冷色调，他的思想非常忧伤。

师：忧郁、忧伤，这冷红就代表花，花上的露水，"冷红泣露娇啼色"。再看下一句。

生（读）：秋坟鬼唱鲍家诗，恨血千年土中碧。

师：杜甫被誉为"诗圣"，李白被称为"诗仙"，李贺被称为什么？

生（齐）：诗鬼。

师：李贺为什么被称作"诗鬼"呢？而不是"诗魔"，或者"诗佛"？

生：依我的理解，因为他的诗都非常压抑。

师：那样压抑，不属于白昼，只属于黑夜。还有其他的解释吗？

生：他不像诗仙逍遥自在，他写的是一种压抑。

师："压抑"一词就足矣！

生：李贺的诗会有很多的色彩，刻画出一种奇异。

师："奇异"就是太奇怪了。用艳丽的色彩表现压抑，如此奇异，非人间之色，非人间之诗也。

生：李贺沉迷于写诗，从小身体不好，在他二十几岁去世了。

师：二十几岁就殁世，就离开了人间。他是天上派来的，不属于人间，可谓鬼斧神工。鬼，非人即鬼，不是恐怖阴森之鬼。

师："秋坟鬼唱鲍家诗"，鬼会唱鲍照的诗，李贺选材多用鬼。下一句"蛮娘吟弄满寒空，九山静绿泪花红。""九山"是中国的神山，西方希腊神话中的神山是奥林匹斯山，那是诸神之所。中国的神住在哪里？

生（齐）：昆仑山。

师：太棒了！在屈原的笔下，在楚国的大地上，还有一座山，叫"九嶷山"，那也是众神所在的地方。"九山静绿泪花红"，九嶷山上的女神，是谁？湘妃，眼泪是什么颜色？

生：透明的。

师：不对，湘妃的眼泪是什么颜色？

生：红色。

师：为何？里面有相思之血泪。黛玉的前生是什么？

生：绛珠仙草。

师：绛是什么颜色？是红色。下面两句："我有迷魂招不得，雄鸡一声天下白。""画栏桂树悬秋香，三十六宫土花碧。"他不是说所有的宫殿都变成土，土花是什么？袁枚的《苔》："白日不到处，青春恰自来。苔花如米小，也学牡丹开。"还是苔花，用什么写出了宫殿的荒芜，盛极而逝？

生："三十六宫土花碧"，是碧绿色。

师：就这样完成了岁月的更迭，对盛衰的感叹。李后主"雕栏玉砌应犹在，只是朱颜改"，李贺用一个"碧"写出了一切，写出了盛衰与感动。

李贺有三重苦难，个人的三重苦难。他从小就体弱多病，还有殿试不第、青春夭折。殿试不第，说来简直是人生的最大玩笑，为什么考不上？在唐代取士不考八股文，只考诗歌创作，"诗鬼"李贺的一支生花妙笔，又怎能考不上呢？原因非常简单，他的父亲叫李晋肃，李贺如果参加殿试考中，就成了李进士，这就犯了他父亲的名讳，虽然韩愈几次三番为他说情，但他还是终身不第。想想，一个才华横溢的年轻人，一生不能考殿试，等于他一辈子不能进入主流社会。在李贺的二百多首诗中，有人说，《苏小小墓》是最具有李贺自传色彩的诗。苏小小，是齐朝（南朝四朝之一）的一位歌女，李贺写出了她的游魂。但人们说这是李贺的自传，你们怎么理解呢？我请两位同学朗读这首诗。

（大屏幕显示）

苏小小墓

李贺

幽兰露，如啼眼。无物结同心，烟花不堪剪。

草如茵，松如盖。风为裳，水为佩。油壁车，夕相待。

冷翠烛，劳光彩。西陵下，风吹雨。

（两生一人一句读）

师： 你认为这是具有李贺自传色彩的诗吗？你怎么理解？回答是或不是都可以。只要能自圆其说。

生： 我觉得不是他的自传，因为他有三重苦难，苏小小没有那么多苦难。

师： 诗歌以抒情为主，不可能是论世，不会具有自传色彩的，这是认真思考、认真读后才有的结论。

生： 虽然这首诗没有李贺苦难多，但也有异曲同工之妙，它这里所说的苦难就是一种特别的凄惨。

师： 凄惨是相同的。苏小小作为一个女子，不能和自己相爱的人在一起；李贺作为一位士子，不能为君效力，这一点是相同的。所以屈原的《离骚》，永远把自己比作一位女子，把楚怀王比作自己心目中追求而不得的对象。

生： 我认为有自传色彩，因为诗中有一句"风为裳（shang），水为佩"。

师： "风为裳（cháng）"，裳为下衣。你认为苏小小美吗？

生： 美。

师： 实际上李贺有没有才呢？

生： 有。

师： 苏小小一生都在苦苦守候，"油壁车，夕相待"，从早晨等到黄昏，但是接她的人始终没有来到。李贺一生能不能去做官呢？

生： 不可以。

师： 诗中"冷翠烛"是什么颜色呢？

生： 冷绿色。

师：冷绿色其实是鬼火，鬼火在闪耀。李贺被称为"诗鬼"的原因之一，是他写了若干鬼魂，但他的鬼魂绝不像《哈姆雷特》中的鬼魂那样吓人。《哈姆雷特》是谁写的？

生：莎士比亚。

师：这就是李贺。"幽兰露，如啼眼"永远是一种绿眼。"无物结同心，烟花不堪剪"如此之美。"草如茵，松如盖。风为裳，水为佩。油壁车，夕相待"用一生来等待，用一生来守候。但是莫名其妙的原因让他一生不得进仕，即使有着开放精神的唐代，也是这样对人不公。

李贺的诗最愿意用的色彩是白色，其次是金色、青色、红色。同样地，李贺还有好多发明，创造了很多新的色彩。笔补造化，没有造出的词，他都写出来了。"怡红公子"是谁呢？

生：贾宝玉。

师：请全班男生一起读"怡红公子"所领起的词语。请女生读黛玉所领的词语。

生（男）：愁红、衰红、老红、幽红、冷红、堕红、困红、笑红。

师：一个"红"有这么多感情啊！

生（女）：寒绿、颓绿、凝绿、幽绿、细绿、丝绿、静绿。

师：你最喜欢李贺创造的什么红、什么绿？

生：笑红。"笑"这个字带有感情色彩，再加上红，更加增强了它的感情色彩，使其更加深厚。

师：真棒！言简意赅，充满鉴赏力。

生：凝绿。"凝"让我想到了非常清澈，非常细腻，它不像颓绿、寒绿，让人感到淡淡的忧伤。凝绿，更让人感觉有一种细腻和温润。

师：感觉太好了。这就是一颗诗心，你们都读懂了李贺。最后为大家留一份作业，上联是"飞红点翠，时花美人不足为其色"，请大家对出下联。注意上联最后一个字的平仄，因此下联的最后一个字应是平声。另外对联词性相对。我们昆明著名的大观楼，有中国最长的一副楹联，我相信大家完成这副对联完全没有问题的。

师：同学们，下课！

生：老师再见！

教学反思

李贺的诗，对于八年级的学生，他们懂得的。青春夭折的"诗鬼"李贺，他的秾艳，他的忧伤，他的泣血的歌唱，他未能实现的才华与抱负，他上天入地却无觅处、无归途的绝望，本来就属于少年，属于青春。"男儿何不带吴钩，收取关山五十州。""少年心事当拿云，谁念幽寒坐呜呃。"

走向李贺的路径有许多，从色彩入手是条捷径。本节课有挑战的惊喜，也有些许遗憾。

一、立足目标 培植素养

1. 轻声慢语话颜色，深层对话探真奇。

长文短教，短文长教，化简为繁，化繁为简，绚烂者朴之，朴素者绚烂，这就是某种艺术的辩证法。

一首七律《雁门太守行》，诗中句句是色彩，给我们以强烈的视觉冲击力。它是战争、死亡、功名、青春、生命、热血、国殇，它奇异且浓烈，它肆意且裹藏着力量。

面对李贺无尽的斑斓、秾鲜欲滴的色彩世界，我以最朴素的开头带领学生漫入诗中。用俄国画家列宾的话"色彩即思想"过渡到深层对话。在主问题"这首诗运用了哪些色彩来写情感"的引领下，学生把李贺诗中直接表达的"黑色、金黄、紫色、红色、黄金色"理解得全面、饱满。而面对意味深长、多义、朦胧的色调，如"秋色、胭脂色、霜色、玉色"等间接隐含的颜色，学生不能第一时间捕捉，我便引导学生精读语句、追问引路，"哪些颜色模糊而具有极大的包容性？""你心中的秋色，应该是什么颜色？""李贺为什么这么钟爱金色，你怎么理解？"在曲径通幽处见柳暗花明。

2. 名画助解共着色，跨界尝试拓视野。

为了使学生进一步理解"色彩即思想"的深层含义，我在本节课中引入了梵高的画作《星月夜》。以此为支架，建立李贺与梵高的色彩互话关系。在渲染中、铺陈下，使学生游弋在诗画之间，引领学生从直觉感受过渡到理性认识，从而培养学生的审美创造能力。

3. 恰当时机显背景，水到渠成解作者。

如果说以诗为导航，以画为支架，这还不足以贴近李贺。那么，李贺的人生经历定会让学生触摸到诗人的脉搏，感受他用色彩调和的精神世界。李贺的色彩里藏满了他的志向与苦难。抛出问题："你认为《苏小小墓》这首诗具有李贺自传色彩吗？"学生便贴着李贺的心跳全面理解诗人的色彩意蕴，在环环相扣的思考中，揭秘被称作"诗鬼"的缘由，同时，也为培养学生的高阶思维能力埋下伏笔。

二、巧借杠杆　注重生成

引入梵高做比较，插入《红楼梦》探"燕脂"，话用李贺诗群析意象。本节课，巧借杠杆，调动学生的视觉和听觉；拓宽由单篇到多篇的色彩世界；拉长了李贺的生活经历，尽可能地让学生理解色彩在李贺诗中的运用，领悟色彩背后隐喻的志向与无奈，领会"诗鬼"独创的色彩元素内涵。在此过程中，学生由初认知到高能力的转变成为课堂的亮点。例如：对"秋色、燕脂色、霜色、玉色"的逐层剖析，对"诗鬼"李贺的探因研究等环节，都展现了师生沉浸式的美好画面。以问解问的互动生成，也为课堂增添了些许智慧与快活。

三、繁花相簇　仍需改进

本课例是让学生用一种仰望的视角读经典，去除从众，去除课堂表面的热闹，将经典诗歌的单篇短章专题化的理念来设计，这也是语文教学，特别是经典篇目的语文教学，应该有的高度和难度。本课结束，细细回味，有教学相长的欣喜，有思想碰撞的惊喜，有认知拔高的狂喜。以画解诗和以诗解诗环节本在引导学生迈向高阶思维，但视野的桎梏也给课堂留下了些许遗憾。另外，在作业"补写对联"中，没有充分考虑学情，针对八年级的学生应该给予相应的支架或示例，让学生结合自己的阅读经验和独特视角，百花齐放。

（同）（行）（悟）（课）

色彩奔涌，诗意激荡

河北省邯郸市钢苑中学　张艳霄

陶文鹏在《论李贺诗歌的色彩表现艺术》中曾经这样评价："李贺的诗歌，是用生命的色彩燃成的瑰宝。"李贺的生命燃烧着色彩，色彩燃烧着他奇艳的诗歌。当一菲老师将色彩在李贺的诗歌中铺展开来，不仅在课堂上燃起了诗意的烈火、生命的烈火，更是将文化传承进行到底。

一、精巧简洁的课堂设计，曲径通幽

一菲老师的课向来简洁又诗情洋溢，这一课仅设了三个讨论话题，从讨论这首诗运用的颜色和主色调，到赏析李贺诗歌中耀目的色彩和它体现的思想，到更进一步去探讨李贺为何钟情用那么明媚的颜色来表达晦暗与哀伤。课堂内容丰厚，节奏分明，由读诗而读人，层层深入。

二、奔涌流淌的色彩铺排，诗意激荡

当一菲老师问"这首诗歌运用了哪些色彩来写情感"这个简单又开放的问题时，立刻激起了学生的兴趣。他们不仅关注到了平常熟知的黑色、金色、红色、紫色、黄金色，更在一菲老师的引导下，读出了可能是他们人生中第一次认识的秋色、燕脂色、霜色、玉色等，让学生体会到古人对色彩的解读，竟然也是如此诗意。而李贺诗中的"红雨""冷红""泪花红"等经由一菲老师的引导，一个接一个撞入学生的心中，让人体会到他用明媚的颜色表达的"柔肠寸断""寂寞忧伤"，触摸到他对岁月更迭、盛衰变迁的感慨。那鼓荡的诗情诗意让人迷醉，乃至沉沦。

三、巧妙诗意的文字解读，生命勃发

一菲老师的诗意解读总是弥漫着生命的味道。"塞上燕脂凝夜紫"中的"燕脂"二字，在一菲老师的解读下，不仅是被将士鲜血染红的土地的颜色，更是由《红楼梦》中的"胭脂膏子""可怜无定河边骨，犹是春闺梦里人"联想到等在家乡望眼欲穿的老母亲、心上人，柔情的丝飘拂过荒寂的战场，似乎无数个生命也随之涌入。

四、恣意广阔的艺术延展，文化流香

更为精彩的是，一菲老师的课从来都不被局限在一课或一个小问题上。她似乎是穿越千年而来，举手投足间散发的都是古典文学的气韵。《红楼梦》《苏小小墓》，以及莎士比亚、梵高、袁枚……一一走入她的课堂，现身说法，讲述那些沉落的故事，筑造文化的殿堂。

被文化浸润的一菲老师是诗意满怀的教者，她的课，总是洋溢着一种诗意，弥漫着一股深情，流淌着一片灵动；她的课，更是涌动着满腔的热血，雕刻着情感的模样，传递着文化的温度……

妙语连珠师生对

辽宁省盖州市第一初级中学　迟金凤

《义务教育语文课程标准（2011 年）》中强调："语文课程致力于培养学生的语言文字运用能力，提升学生的综合素养，为学好其他课程打下基础。"董老师"李贺群诗阅读"的课堂实施，真正诠释了"工具性和人文性的统一，是语文课程的基本特点"。董老师的语文课堂无处不诗意，被她纠错的学生也会感到暖暖的幸福。

试举几例：

师：霜色，真有感觉。不是霜重（chóng），不是霜叠着霜，而是霜太重（zhòng）了，鼓声都不敢起。

我想每个学生不仅会读"重（zhòng）"，还知其所以然了。

生：我认为，"燕脂"是雪（血）的颜色。

师（故意曲解）：我看过雪的，我来自雪城牡丹江，雪是白色的。

生：我说的雪（血）是人体内流动的血。

师：那个字没有 xuě 的读音，应该是血（xuè）和血（xiě）。

《诗经》云："伐柯伐柯，其则不远。"知识来不得半点马虎，字音决不能模棱两可。当我们借班上公开课时，往往只想着自己的预设而忽略了这类似的微末生成。董老师的课不仅教会了学生赏析李贺诗色彩美，更教会了我们这些站在讲台上的"学生"如何用慧眼慧心去观察、去聆听，然后走出自我，拥抱天地。

"你心中的秋色，应该是什么颜色？""反复写金色的原因是什么？"当学生答出"是一种美好的象征"时，睿智的董老师进而追问："《雁门太守行》给了你一种美好，还是美好被破坏的感觉？"学生顿悟："一种美好被破坏的感觉。"此时，董老师引用鲁迅的"悲剧论"，再来问你心中的秋色是怎样的颜色，水到渠成。由李白的《将进酒》到李贺的《将进酒》，体现了盛唐和中晚唐的不同；由"云根苔藓山上石"而谈及 1986 年版电视剧《西游记》中猴子被压五百年时的石头和苔藓，体现了寂寞、孤独。处于晚唐的李贺，27 岁的年华，绛珠仙草湘妃泪，淡淡忧伤李贺心。

弗格森说："每个人都守着一扇只能从内开启的改变之门，不论动之以情或晓之以理，我们都不能替别人打开这扇门。"董老师就是这样：字字珠玑落玉盘，妙语连珠穿金线。诗意语言来纠错，飞红点翠意无言。

课例 15

温馨的回忆和理性的批判

——《朝花夕拾》整本书导读(统编版语文七年级上册第三单元)

《朝花夕拾》整本书导读授课现场

教学设计

一、教学理念

《朝花夕拾》原名《旧事重提》,是现代文学家鲁迅的散文集,收录了鲁迅的十篇回忆性散文。带有思考的阅读,是整本书导读教学的前提。与文字面对面对话,方可真实真切地了解文本内容。

《朝花夕拾》的文字中,有鲁迅先生童年时代在绍兴的家庭和私塾中的生活情景，又有胸怀抱负的青年知识分子在旧中国茫茫黑夜中，不畏艰险，寻找光明的困难历程；既有对往日亲友、师长的怀念，又有对半封建半殖民地社会种种丑恶的不合理现象的揭示……《朝花夕拾》的故事中，更形象生动地反映了鲁迅先生性格和志趣的形成经过。叙事、抒情和议论融为一体，不时穿插着幽默和讽喻；质朴的语言又富有诗情画意。

这一切的故事，这一切人世情感，这一切的精神品格，都在先生的文字里熔铸为"民族魂"。所以，从"题目"切入，创设思考情境，引导学生与作品对话，整体上与作品生产情愫。在学生初步阅读的基础上，教师需要在与学生的对话中，再以问题引发思考，引导学生试着去与文字对话，品味文字的内涵；与每一个故事对话，感受情感的温度；与整本书去对话，探知作者的心灵世界，进而理解鲁迅的"民族魂"，从而擦亮自己清澈纯真的灵魂。

二、教学目标

1. 核心目标：阅读感知，揣摩语言文字，领略整本书主要内容，感受经典作品中蕴藏的丰富深沉的民族情怀。

2. 条件目标：通过阅读分析书名、目录、重点篇目等，明确本书"回忆性散文集"的特点，初步了解阅读一本书的基本方法。

三、教学过程

(一)整体感知：以"题"起意，入文通读

1. 通过题目比较，浅问深出引导学生整体感知作品。

开门见山，直问进入，降低问题难度，消除师生之间的陌生感，缓解学生面对阅读经典作品的畏难情绪。激发学生兴趣，给学生一个逐阶而上的平台，让学生在题目的思考中，进入《朝花夕拾》的文字中。

《朝花夕拾》题目好在哪里？

《旧事重提》在结集出版的时候改为《朝花夕拾》，你更喜欢哪一个题目？为什么？

我们读书时一定要学会读题目，因为一本书的题目往往是一个作家、一个诗人呕心沥血思考的结晶。

2. 通过分析篇章目录结构，引导学生提纲挈领，系统解读作品。

《朝花夕拾》的结构

线性结构：时间为序

环状结构：◯◯◯◯◯◯◯◯

这十篇文章是一个整体，是散文集，也是相对独立的。你中有我，我中有你，和而不同，提纲挈领。

(二)深入文本：创设情境，取"目"设问

1. 借助文章题目，巧妙创设问题情境，激活学生生活体验，激发联想与想象，加深对文本内容的生活化理解，消除学生与文本的隔阂感。

(1)《朝花夕拾》写了哪些人和事？

(2)如果让你写回忆童年的十篇文章，你会写什么？

2. 结合作品描述对象，引导学生深入文本内容，层层递进解读作品内涵。

《朝花夕拾》十篇都写了什么？想一想你看出了什么？

动物(爱与恨)、保姆(爱与善)、老师(严谨正直)、朋友(青春与伤逝)、邻居(丑与恶)、父亲(爱与伤害)、孝道(愚孝)、中医(科学迷信)、民俗(爱与伤)、私塾(教育与约束)、看戏(强与弱)、自然(乐园与童真)

(三)个性解读：入"言"涵泳，含英咀华

引导学生由宏观到微观，在语言的品味与涵泳中增强语言意识，发展辩证思维和批判思维，提升学生的鉴赏能力。

1.《狗·猫·鼠》

其实人禽之辨，本不必这样严。在动物界，虽然并不如古人所幻想的那样舒适自由，可是噜苏做作的事总比人间少。它们适性任情，对就对，错就错，不说一句分辩话。虫蛆也许是不干净的，但它们并没有自鸣清高；鸷禽猛兽以较弱的动物为饵，不妨说是凶残的罢，但它们从来就没有竖过"公理""正义"的旗子，使牺牲者直到被吃的时候为止，还是一味佩服赞叹它们。

2. 阿长与《山海经》

我们那里没有姓长的；她生得黄胖而矮，"长"也不是形容词。又不是她的名字，记得她自己说过，她的名字是叫作什么姑娘的。什么姑娘，我现在已经忘却了，总之不是长姑娘；也终于不知道她姓什么。记得她也曾告诉过我这个名称的来历：先前的先前，我家有一个女工，身材生得很高大，这就是真阿长。后来她回去了，我那什么姑娘才来补她的缺，然而大家因为叫惯了，没有再改口，于是她从此也就成为长妈妈了。

3.《藤野先生》

上野的樱花烂漫的时节，望去确也像绯红的轻云，但花下也缺不了成群结队的"清国留学生"的速成班，头顶上盘着大辫子，顶得学生制帽的顶上高高耸起，形成一座富士山。也有解散辫子，盘得平的，除下帽来，油光可鉴，宛如小姑娘的发髻一般，还要将脖子扭几扭。实在标致极了。

4.《无常》

他不但活泼而诙谐，单是那浑身雪白这一点，在红红绿绿中就有"鹤立鸡群"之概。只要望见一顶白纸的高帽子和他手里的破芭蕉扇的影子，大家就都有些紧张，而且高兴起来了。

5.《范爱农》

这是一个高大身材，长头发，眼球白多黑少的人，看人总像在渺视。他蹲在席子上，我发言大抵就反对；我早觉得奇怪，注意着他的了，到这时才打听别人：说这话的是谁呢，有那么冷？认识的人告诉我说：他叫范爱农，是徐伯荪的学生。

(四)提升思维：绘"色"畅想，探幽发微

鼓励学生多角度、发散思维解读文本，激发学生的创造力。

体会思想情感与艺术风格(任选一题)

1. 有人说，鲁迅先生的作品是五味杂陈，结合文本谈一谈。

2. 如果用色彩来比喻鲁迅的《朝花夕拾》，你会用什么颜色？

3. 有人说，《朝花夕拾》的主题还是"救救孩子"，你有何看法？

（五）精神传承：诵"诗"铸魂，立德树人

引导学生以一颗诗意之心，从每一篇作品的文字中对话鲁迅先生高贵的灵魂，读懂树人之"民族魂"，读懂浓烈的家国情怀，以《自题小像》结束课堂，延续一份精神和担当。

（课）（堂）（实）（录）

授课时间：2018 年 5 月

授课地点：山东省曲阜一中

整 理 人：山东省青岛市西海岸新区实验高级中学　张艳艳

福建省泉州市南安一中　张贺

师：同学们手里都有鲁迅先生的《朝花夕拾》，很好！请问《朝花夕拾》的题目好在哪里？鲁迅先生曾经在期刊上连续发表了《旧事重提》，这是原名，后来需要结集出版，改为《朝花夕拾》，请全班同学齐读书名。

生（齐）：《朝花夕拾》。

师：为什么要齐读？是为了体会。《旧事重提》在结集出版的时候改为《朝花夕拾》，你更喜欢哪一个题目？为什么？我们读书时一定要学会读题目，因为一本书的题目往往是一个作家、一个诗人呕心沥血思考的结晶，比如，《悲惨世界》的作者是谁？

生：雨果。

师：法国浪漫主义文学的大文豪——雨果，他说："这个世界，我眼中的巴黎，这样的法国，它在我眼中是一个悲惨世界。"因为雨果的心中充满着大悲悯。

师：《红与黑》的作者是谁？

生：司汤达。

师：同学们知识面真广！司汤达是法国小说家，他把自己的小说命名为《红与黑》，两种色彩，"红"是隐喻和象征，囊括了太多的精神实质，以至于对巴黎、对法国及对人、对年轻人那种最大的思考，同时也是最大的悲悯。"红"代表什么？在当时的法国，只有成为红衣主教，才可以超越自己的阶层。"黑"代表什么？这位同学请你讲一下。

生："红"代表宗教，"黑"代表战士。

师：拿破仑是生活在科西嘉岛上的一个平民子弟，他可以通过赫赫战功跻身上流社会甚至可以称帝，这是《红与黑》的名字。再看，作为能够和世界上诸多大文豪比肩的中国"民族魂"——鲁迅先生，他的散文集的名字叫《朝花夕拾》，你觉得好吗？有什么含义呢？

生：我觉得，第一，《朝花夕拾》蕴含着之前的《旧事重提》，作者把所经历的事情重新讲一遍。第二，把"故事"比喻成"花"，体现了对曾经的故事的怀念。

师：非常有逻辑性。第一是包含重叠关系，第二是形象，第三是很有情感。很有自己的思想，关键是非常会表达，哪位同学还可以补充？

生："朝"与"夕"是时间上的对比，"朝"代表他的童年，而"夕"代表中年。"花"本身就是一个非常美好的意象，所以这里隐藏着"他的童年生活是美好的"；在中年时候，把落花拾起来，首先是表达了自己对童年生活的怀念之情，并且题目"朝花夕拾"有非常丰厚的散文的美感色彩。

师：曲阜一中的同学真了不起！正如《论语》所说的，回答问题、跟长者谈话，侃侃如也。注意字，是我们学习语文的过程。首先，从文字入，再经历思维、审美和文化的推敲过程，再从文字出。同学们把"朝"与"夕"抓得多好啊！"朝"——青春的岁月、童年的时光，"夕"——中年，用词精准！鲁迅先生写《朝花夕拾》时是四十五六岁，人到中年，这份情感通过"朝"与"夕"来表达，他不仅看到了这种对称之美，中国汉字是讲究对称之美的，中国文化是讲究对称之美的，比如故宫的中轴对称、音乐中轴对称等。文字亦如此，"朝"与"夕"，不仅注意了字，还注意了一个重要的意象——"花"，前面两位同学都注意到了，用"花"来说自己的童年，自己的青年时代，那一瞬过往的日子如花一样美好，漂亮！要向同学们学习表达，学习观察。还有补充吗？

生："花"需要"拾"起是因为花落了，鲁迅先生是说自己的童年离去了，现在重新回忆它。

师：她不仅注意了"花"的意象，还注意了动词"拾"，表面上是"拾起"，实际暗含了太多的过程，那个过程是花开与花落，岁月如花，多美的体会。鲁迅先生对于语言的敏感当然是一流的，没有鲁迅先生，就没有中国现代文学史永远的第一块基石，因为鲁迅先生写了中国现代文学史上第一部白话小说，叫——

生（齐）：《狂人日记》。

师：鲁迅先生对语言的推敲达到了炉火纯青的地步，记得鲁迅先生有这样一句话，描写院子里的那两棵树，谁记得？

生（齐）：一棵是枣树，另一棵还是枣树。

师：这就是鲁迅先生式的语言；他对语言的敏感不独体现在散文集《朝花夕拾》中，也许还体现在诸多的散文诗、小说、杂文中，哪位同学能说一说你记得或欣赏的鲁迅先生其他作品的名字？

生：《且介亭》杂文，因为这个名字本来叫租界亭。

师：鲁迅先生在上海一住就是十年，在这里成就了这部杂文集。"租界"何以成了"且介"了呢？

生：去掉了"禾"字和"田"字，是想表达当时的中国失去了"禾"，失去了"田"，就没有了"国"。

师：多么深沉的爱！多么深沉的象征与暗示！你懂得了"且介亭"的辛酸和悲愤，请继续讲。我提醒一下，鲁迅先生的小说集有三部——《呐喊》《彷徨》《故事新编》，散文诗集《野草》，散文集《朝花夕拾》，十多部杂文集。除了刚才这位同学说的《且介亭》杂文，你还对哪些作品有想法？

生：我想说两部可以连贯起来的作品，《呐喊》和《彷徨》，《呐喊》的写作时间要比《彷徨》早，《呐喊》是鲁迅作为知识分子，作为心怀救国之志的青年，在时势黑暗，中国找不到出路时，发出的"呐喊"，他想化成一把利剑刺穿黑暗；《彷徨》是国民革命失败之后，他对于国民党和当时新兴的共产党，都无法从本质上挽救中国的这个困境产生了犹豫，他不知道如何去做，所以写下了《彷徨》。这两个题目揭示了作者在为民主革命而奋斗的矛盾的心理状态。

师：鲁迅的知音！从《呐喊》到《彷徨》有个时间顺序，有个心路历程，尤其是鲁迅先生的政治立场。这位同学把握得精准。知人方能论世，知之深，方能爱之切。

生：鲁迅先生杂文集中的《热风》，一般"风"给我们的感受是清凉，鲁迅先生却用"热风"作为题目，是和现实生活相反的一种感受，反映了写作时代背景的黑暗，批判了当时的社会。

师：非常好！同学们，什么叫智慧？什么叫智商？什么叫聪明？（手势比画相反方向的箭头）有这个方向的思维，同时兼具另一个方向思维——逆向思维的人当然是智慧的。方才这位同学说风是冷的，但鲁迅先生永远会为它翻出新意，"热风"是鲁迅式的表达，他永远说"不"，但他不用简单的"不"来呈现，而是"热风"。同学们，越来越接近鲁迅先生的心灵了，越来越接近这个伟大的灵魂了。《野草》《呐喊》《彷徨》《朝花夕拾》《故事新编》《坟》《热风》《南腔北调集》等，还有小说的名字吗？我们等待一位同学更精彩的内容。咱们来个简单的对话，鲁迅先生最有名的小说，你认为是哪一篇？

生：我认为是《药》。"药"这个题目是小说的一条线索，另一条线索是一个英雄的逝去，表现了人们内心的愚昧，是两个故事，双线结构，同时发生，给人带来心灵冲击。"药"也表现了鲁迅先生想要挽救黑暗的旧社会，给中国开一剂良药。

师：多好的表达！"药"既是线索又是多重的意象，一个词——振聋发聩。当然，鲁迅先生公认的最好的小说是《阿Q正传》。生活中，你遇见一个人的名字叫阿Q、阿A吗？以此类推，这个题目有没有意思？阿Q，还"正传"。

生：鲁迅先生之所以把他命名为阿Q，是因为这个名字不代表一个人，而是某一类人。而且，鲁迅先生着眼于小人物，而不是寄希望于大人物。这个题目蕴含着鲁迅先生对小人物的感情。

师：真深刻，同学们读了多少书啊，才会有这样的见识、这样的表达。阿Q，小人物也。鲁迅先生不是司马迁，不为帝王将相作传，不为游侠作传，也不为货殖作传。这些都还不够，他将自己的双眸，深情而又冷峻的双眸，看向我们民族生活在底层的人，他要为他们立传，他们才是我们民族的魂灵。我们读一本书时，不要忘记先读题目，一定要懂得。之后，要做什么呢？如果让十五六岁的我们回忆童年，一定要写一些人、一些事，你不用写十篇文章，写《朝花夕拾》，未必是"夕拾"，回忆少年时代的事，你会写什么？你会以怎样的心情写？我来采访一位同学。

生：我会写成长中的点滴故事。

师：点点滴滴。动作是"拾"，捡起失落的东西，带着美好的感觉。

生：我会写对我来说比较重要的事情，因为它们构成了我的生活。

师：我听懂了。"我"是谁？"我"从哪里来？"我"是"我"过去的一切的总和，非常有人生哲理。不仅写"我"的欢乐，也写"我"的悲伤，怎么让"我"有特点？写成就"我"的大事，成就"我"的人。还有谁来说？

生：我会写童年过程中陪伴我长大的人。

师：永远写人。"人"与"事"，最后永远落在"人"上，文学作品最后完成一个字——"人"，让"人"成为更好的"人"，就是文学的意义、哲学的意义。鲁迅先生是文学家，也是思想家，他叫什么名字——

生（齐）：周树人。

师：他原名叫——

生：周樟寿。

师：真渊博！周樟寿，不外乎祝福他长寿，有福气而已。鲁迅先生说：不，我不叫什么周樟寿，我要叫周树人。他要树的不仅是自己这一颗灵魂，不仅是一己之树，树的是整个民族。1936年，鲁迅先生去世，人们自发地为他送行，有人说有四万人。当时的上海，还不是现在的国际化大都市，不是几千万人口的大上海。他的身上，覆盖着一面红旗，红旗上书三个字——

生（齐）：民—族—魂。

师：《朝花夕拾》是回忆自己的童年和青年，如何回忆？什么样的视角？怎样选材？怎样的情感？这是我们在读书时要留意的。同学们了解萧红吗？萧红从白雪覆盖的呼兰河小城一路走向更大的生命场，后来她在香港的浅水湾医院去世，绝笔之作便是那永远的《呼兰河传》——现代文学史排名第九位的小说。她不仅写一个小女子的人生境界，更为整个呼兰河，生活在东北的那么多父老乡亲，那么多悲惨的灵魂立碑作传——《呼兰河传》。刚才一位同学谈得特别好，《朝花夕拾》的写作时间在《呐喊》《彷徨》之后，《朝花夕拾》绝不只包含我们曾经学的《从百草园到三味书屋》和《藤野先生》。那么，它有多少篇目？看看目录，全班齐读。

（大屏幕显示）

《朝花夕拾》目录

小引

狗·猫·鼠

阿长与《山海经》

《二十四孝图》

五猖会

无常

从百草园到三味书屋

父亲的病

琐记

藤野先生

范爱农

后记

（生齐读）

师：总共十篇散文，薄薄的小册子。究竟涵盖了什么？请看目录，你最熟悉的文章是什么？最感兴趣的是什么？最难解的又是什么？第一读题目，第二读目录，这是我们拿起一本书先要做的事情。

生：我对《阿长与〈山海经〉》《从百草园到三味书屋》《父亲的病》《藤野先

生》比较熟悉。

师：几乎占去了十篇文章的一半。第二个问题，如果打开《朝花夕拾》看了十篇文章的题目，你最想读下去的是哪一篇？为什么？没有固定答案，每个人的兴趣不同，认知不同，答案当然不同，我们随便聊聊。你喜欢哪一篇？你想从哪一篇读下去？

生：《从百草园到三味书屋》，涵盖了在这两个地点发生的事情。

师：又是一个对语言非常敏感的同学。两个场景，作为文字，它有一种召唤，有一种谜一样的存在。你呢？

生：我想读《二十四孝图》，因为我们都知道"二十四孝"，我想知道鲁迅先生是怎样写的。

师：挑战鲁迅先生思想的尺度在哪里，边际在哪里，"我"是否可以超越？这位同学很有思想，"二十四孝"已经成为定论，中国往往以"孝"治天下，孔夫子也讲过。在中国的传统文人心里，要有两块重要的人格基石：一"忠"二"孝"。那么，鲁迅先生会谈出什么呢？这是这位同学的好奇，带着好奇心去读，去对话，去形成自己，就像一位教育家所讲的："一个人的精神成长史就是他的阅读史。"

生：我最感兴趣的是《无常》。众所周知，"无常"是中国古代神话中地府的一种鬼怪，我很好奇，鲁迅先生通过"无常"能写些什么？

师：你很了不起！的确，"无常"是古代神话中的一种鬼怪。希腊神话中的冥王是谁？

生：冥王哈得斯。

师：冥王哈得斯。中国是阎罗王，然后有"无常"，"无常"关乎鬼怪。《论语·述而》："子不语怪——"

生（读）："子不语怪、力、乱、神"。

师：孔子说，我不谈神和鬼，我只谈人间事，我只谈生，"未知生，焉知死？"而鲁迅先生的《朝花夕拾》，居然明晃晃地有一篇，叫作《无常》，孔夫子不谈的，我来谈，这是鲁迅先生的气魄胸襟。同学们一眼就看到了，这是你的见识，非常好！你还对哪篇文章感兴趣呢？

生：鲁迅被称为"民族魂"，但在《朝花夕拾》里有个日本名字，所以我很好奇，作为一个爱国作家，鲁迅会怎样写《藤野先生》，写的是什么？

师：真是具有一双慧眼，看出这么多问题。同学们，我们都会写回忆的文章。而鲁迅在"我的老师"当中，写了三味书屋中的启蒙老师寿镜吾先生，另一位是日本的藤野先生。可以看出鲁迅先生对人的评价超越了——

生（齐）：国界。

师：他尊重的永远是人性的善与品德的端方。藤野先生正直、严谨，作为一个师者，足矣！不用在意国界。鲁迅先生看见的永远不是表象，而是内在的灵魂。唐朝有一项政策：旅居在中国的外国人，可以考唐朝的公务员。我们在世界各国都有一条街——

生（齐）：唐人街。

师：它不叫宋人街，它不叫明人街，它叫唐人街。因为盛唐有那种海纳百川的气度、胸怀，一个人想成为巨人，要有胸襟，不要有任何的偏见。鲁迅反对任何偏见，他目光所及的任何地方，没有黑暗，没有死角。不要忘了鲁迅先生生活的时代，在那样的时代却有这样的情怀。还有同学有疑问吗？

生：我特别好奇《狗·猫·鼠》。《朝花夕拾》是按时间顺序写的，从第一篇到第十篇应该是从小时候到民主革命时期。也就是说《狗·猫·鼠》是写作者小的时候很喜欢小动物，他仍然记得那样清楚，肯定留下了深刻的印象。并且，用三种动物作为题目，题目显得比较含蓄，我想知道表达了什么。

师：鲁迅剑走偏锋，就看这三种动物，如果是我们选择喜欢的动物，三选一，有人会选择鼠吗？惯常的思维绝对不会选鼠，但鲁迅先生说他喜欢鼠，讨厌猫。这就是鲁迅。童年的记忆从这开始，因为涉及一个孩子的价值观，是与非，其实就是这样。题目我们就读到这里，我们来看看书写的形式，追求整齐划一了吗？

生（看幻灯片）：没有。

师：鲁迅追求的永远是变化。我们面对的是高考的作文和平时的写作，有人谈写作这样说："第一个用鲜花比喻女人的是天才，第二个是庸才，第三个是蠢才。"我们齐背一下。

（师生齐背）

师：如果一个作家在他十篇回忆录中的题目完全大同小异，他太缺乏生命的活力与创造力了，一定要避免。艺术与文学追求的是个性，科学求同，文学艺术求异。观察这个题目，你最喜欢哪一个，可以学习一下。有的是把人名作为名字，有的叫"……记"，有的叫"……会"，有的叫"……的……"，等等。这十篇文章毕竟是一个整体，是散文集，又相对独立，你中有我，我中有你，和而不同。《朝花夕拾》十篇都写了什么？看起来也没有新鲜的，也比我们伟大不了多少，想一想你看出了什么。来，请你读一下，顺时针从动物读。

（大屏幕出示）

生（齐）：动物、保姆、孝道、赛会、无常、乐园、私塾、中医、父亲、邻居、老师、朋友。

师：真的是惯常的回忆呀，那个时代，富有一点的人家都会请保姆。孝道是中国的大道，汉代以"孝"治天下。很多帝王的谥号都要带一个"孝"，汉孝文帝、汉孝景帝、汉孝武帝。赛会，就是社戏，我们也许没看过社戏，但应该看过电影和戏剧。无常，生命中的乐园，学校，当时的中医，他的父亲，他的邻居，他的老师，他的朋友，只看选材，真的没有什么。但这是鲁迅的自传，不同于其他的自传。我们一起来研读。第一篇文章是——

生：《狗·猫·鼠》。

师：鲁迅不喜欢狗，也不喜欢那看似除害而温柔的猫。他喜欢老鼠，是一般的老鼠吗？

生：是他小时候的宠物——隐鼠。

师：读书读得真好！不是一般的老鼠，也不是田鼠，为什么叫隐鼠呢？因为它只有拇指大，小到似乎不存在似的，所以称为隐鼠。他只是想说他喜欢隐鼠吗？当然不是，是因为什么？这是文本比较深入的东西了，我们暂时不做探讨，不要有压力，我们只是在做导读，导读是你在读之前的阅读。狗、猫、鼠，鲁迅先生讨厌猫，他喜欢弱小的隐鼠，但是隐鼠死了，他很伤心。就这样一个故事，他想表达什么？这组男同学，说一下自己有宠物吗？要是有的话想养什么？

生：我没养过宠物。我想养只狗，因为它很可爱，可以玩儿。

生：我没养过宠物。我想养一只乌龟。（全体笑）

生：我养过宠物，我养过一只乌龟。

生：我养过两只宠物，两只小狗。

生：我没养过宠物。我想养只狗。

生：我养过宠物，一只中华田园犬。

师：鲁迅喜欢鼠。对于孩子喜爱宠物的偏好，作为成人来说最好的方式是什么？

生：支持。

师：你会是一个好父亲。（全体笑）鲁迅先生干脆就有一篇文章《我们现在怎样做父亲》。他就喜欢那只小隐鼠，但是因为长辈的疏忽一不小心把隐鼠弄死了。他的伤心无人懂，无人理会。还有很多深层的东西，这是主线，这是鲁迅式杂文的笔法。

鲁迅在描述自己这样一颗小小的心灵，原来如此。那么第二篇或者第三篇呢？《阿长与〈山海经〉》大家最熟悉不过，你能三言两语地说鲁迅在表达什么吗？人的一生要修炼一种爱的能力，爱的能力是怎样修炼成的？我简单地告诉你，是在被爱的过程中修炼出来的，有些年轻人，不会恋爱，是因为不会爱，是因为没被爱过。在《阿长与〈山海经〉》中你读到了什么？

生：因为《阿长与〈山海经〉》中阿长是欲扬先抑的形象，鲁迅一开始对她就比较厌烦，后来阿长给他买了《山海经》，是唯一一个懂鲁迅需求的人，给予鲁迅想要的爱，鲁迅对她就比较敬爱。所以鲁迅先被关爱，然后敬爱阿长。

师：一个人在童年要吸收足够的爱，他才可能成为阳光的人，他才可能成为君子，他才能爱自己，爱他人，爱家人，爱这个世界。鲁迅想说我这辈子所有的爱，其实来自一个平凡得不能再平凡的女人——阿长。阿长知道什么是《山海经》吗？她知道我们这个民族的沉沉大梦就在《山海经》里吗？她为什么费尽千辛万苦，都要给童年的鲁迅买一本《山海经》呢？理由很简单，因为鲁迅喜欢。这就是爱，不用讲原则，不用讲为什么。爱的力量来自心里，这就是《阿长与〈山海经〉》，永远不能忘记的阿长。就像艾青永远不能忘记的是——

生（齐）：他的保姆——大堰河。

师：就像萧红，这个三岁没有母亲的才女，她的童年所有爱的源泉是她的祖父。同学们，我们来想一想，为我们的人生寻找一种根源，让它更具动力，更具前行的力量。关于"孝道"，关于父母，我们说一说，这是中国人长期固守的准则，同学们翻译这句话——"天下无不是之父母"。因此有了《孔雀东南飞》的悲剧，因此有了陆游与唐婉的爱情悲剧。"天下无不是之父母"，我们一起翻译这句。只要是父母说的和做的都是对的。

生：对。

师：父母就是真理。

生：对。（课堂笑）

师：在二十一世纪的今天，我们再说鲁迅，再说"天下无不是之父母"，同学们都笑了。在鲁迅的时代，他可以在《朝花夕拾》中向"父权"说"不"。《朝花夕拾》的战斗性强于《呐喊》《彷徨》，大于他十六部杂文集，知不知道有这样一个细节？他要去看——

生：我记不清是哪篇了，好像是《五猖会》。他要去看会，父亲让他背一篇古文，他背完了，最后都没心思看戏了。

师：同学们看，这就是一种思考。鲁迅是思想家，是民族魂。他的文章是投枪匕首，他的深度，他那份深沉之爱就是这样，多么深刻啊！我们的父亲，我们的长辈，是这样的态度。这是强制和强权的输出，强权的输出——"你就要这样"，一个孩子的心灵因此有了隐痛，有了伤痕。《朝花夕拾》在说"我"就是这样在夹缝中扭曲地生长，这就是它的主题。

同学们，能简单说说《父亲的病》吗？鲁迅的父亲是怎么死的？不要告诉我他是病死的。你来答。

生：被庸医医死的。

师：被昏庸的中医医死的。这个社会病了，因为医生都病了。病的又仅仅是医生吗？还有那么多精神领域的医生，他们也是病人。《朝花夕拾》整体的风格，同学们抬头看黑板，读下面这个形容词。

生（齐）：醇厚沉郁。

师：这不是简单的爱，不是都充满爱与美好，鲁迅绝不会诗化、美化、矮化任何一种感情。他临终说："不，我一个都不饶恕。"什么叫"我一个都不饶恕"，他不饶恕的是谁？有同学说是他的敌人，不对！

生：我觉得是危害社会的人。

生：我觉得是世界上的丑恶。

师：仅仅是丑恶？加大尺度，还不仅仅是丑恶。

生：我觉得是封建社会的思想。

生：我觉得是现实生活中的每一点、每一滴。

师：太深刻了，所有的一切"我"绝不简单地饶恕。

生：我觉得是所有对人性的摧残。

生：我觉得他不饶恕的是精神的病态。

师（指示大屏幕）：看一看，我的朋友、老师、保姆……所有的一切"我"都纯客观地看，不仅看表面，还看内涵。小时候看电影你会问妈妈："这个是好人？那个是坏人？"（生笑）多么简单的二分法，简单地评价好与坏。长大后的现实生活还会如此简单地评定吗？那你指着他会问他是好人还是坏人吗？（生大笑）生活不是这样，你想说什么？

生：我一个都不饶恕。（课堂笑）

师：你再重新表达一下这句话，绝不饶恕的是什么？

生：我觉得是人性的一切。

师：人性的一切及其他，社会的一切及其他。太阳与月亮，白昼与黑夜，宏观与微观。这是鲁迅先生灵魂所抵达的地方。

（大屏幕显示）

《朝花夕拾》的结构

线性结构：时间为序

环状结构：◯◯◯◯◯◯◯

师：一本书拿来之后，首先看结构。中国一向喜欢时间结构，比如《水浒传》环状结构。《朝花夕拾》这十个环我选择让它们紧密连接在一起。你认为，我将十个环分开还是连接更加科学？

生：连接，散文要环环相扣。像长妈妈的出场就是连贯的。

师：长妈妈在哪几个故事中有？

生：《阿长与〈山海经〉》《狗·猫·鼠》。

师：比如那个邻居衍太太，邻居的象征意义就更到位了，邻居象征社会环境，象征 S 小城——绍兴城。两个词可以概括衍太太丑陋的嘴脸：诲淫与诲盗。哪个"诲"？

生：污秽的"秽"。

师：教诲的"诲"，教鲁迅看黄色小说，偷盗妈妈的首饰。透过这个邪恶的女人来映射 S 城，也反映我们的社会。一个孩子从童年起，心中结满血痂，长成了范爱农那么优秀的青年，在这样的死地，在这样的中国，能活下去吗？范爱农投河而死，死的时候站着，有多少不甘，有多大屈辱。用《狂人日记》的结尾，我们来说——

生（齐）：救救孩子。

师：这就是它的主题与结构。从《狗·猫·鼠》中，我们可以看出鲁迅先生绝不人云亦云，永远有自己的思想、自己的心灵，值得敬重。人的成长是灵魂的成长，是不屈的成长。刚刚有位同学说最不理解《二十四孝图》，那请你来读一段。

生（读）：如"子路负米""黄香扇枕"之类。"陆绩怀橘"也并不难，只要有阔人请我吃饭。"鲁迅先生作宾客而怀橘乎？"我便跪答云，"吾母性之所爱，欲归以遗母。"阔人大佩服，于是孝子就做稳了，也非常省事。"哭竹生笋"就可疑，怕我的精诚未必会这样感动天地。但是哭不出笋来，还不过抛脸而已，一到"卧冰求鲤"，可就有性命之虞了。

师：字正腔圆。"吾母性之所爱，欲归以遗（wèi）母""性命之虞（yú）"读得很标准。那你明白鲁迅怎样翻出新意了吗？

生：鲁迅对封建的愚孝进行了批判与否定，他认为封建的"孝"是不可取的。真正的孝不应该带有鬼神色彩，"孝"是体现在现实生活中的。

师："孝"建立在亲子的平等之上，为了"孝"就可以偷橘子吗？就可以不顾生命危险吗？每个生命都是平等的，现在我们懂得。但是在二十世纪二十年代是没人敢言说的，也没有人可以抵达如此高度、厚度、深度和广度。

鲁迅永远是"俯首甘为孺子牛"，他非常爱他的学生柔石，左联五烈士之一。柔石有部小说叫《二月》，他认为那样一个男子与女子真诚相爱的故事，却为世人所不容。在那样的小镇，在春寒料峭的二月，双双陨灭。他呼唤，他期待我们中国的春天早日来临。

（大屏幕显示）

第一，有人说，鲁迅先生的作品是五味杂陈，结合文本谈一谈。

第二，如果用色彩来比喻鲁迅的《朝花夕拾》，你会用什么颜色？

第三，有人说，《朝花夕拾》的主题还是"救救孩子"，你有何看法？

同学们任选问题来回答一下。

生：我想回答第二个问题。我认为《朝花夕拾》有黑和白两种颜色。我的生活经验是所有颜色混在一起是黑色的，所以黑色包括了人生的很多颜色。鲁迅文章里面有很多内涵与人生阅历，而且，他讽刺的是当时黑暗的社会。把三原色的色光混合在一起是白色，所以白光能照透一切虚幻的颜色。鲁迅的文章是很尖锐的，能戳穿一切虚幻。

（掌声响起）

师：向你学习，思想的深度直抵鲁迅。

生：老师，我想回答第三个问题。我想从广义的角度来分析"孩子"是指什么。孩子是指比较小的幼儿，会成长为青年。鲁迅在整个文章中写的是从幼童到参与革命的爱国青年的变化。为什么要"救救孩子"？因为孩子会发育为青年，而青年是民主革命的根本力量，只有青年无畏无惧，充满青春活力。他们用自己的生命、青春去革命来换取自由、解放和真理。所有的封建主义都在扼杀孩子的天性，以至于孩子变成像他们父母一样没有灵魂的机器，而"救救孩子"这响彻云霄的呐喊，就是从幼苗起就开始呵护他们，让他们成长为壮硕的青年，引领新的时代。

（生热烈鼓掌）

师：如果我们都像这位同学一样懂得鲁迅，就不会有人喊"鲁迅需要下课了"。居然有人喊"鲁迅需要下课了""中学课本不要学鲁迅了"，我只能说他不懂鲁迅。鲁迅在《狂人日记》中说，在五千年的文化中，在字里行间，在字缝中就他读出两个字"吃人"。他希望未来的青年，是没有被人吃过，也没有吃过人，没有参加过这人肉的宴席的人。他要肩住黑暗的闸门，让孩子走到光明的地方，大悲悯，大情怀。我们这个民族因为鲁迅而走向崇高，我们不能忘记。我再倾听最后一个精彩的论证。

生：我来谈第一个问题。我理解的五味杂陈是说他的感情是复杂的。对长妈妈的感情，刚开始是比较厌恶的，长妈妈睡觉会把手脚摆成"大"字，还有一些封建迷信思想。后来通过《山海经》看到了长妈妈的善良与美好，产生了变化，对长妈妈有了爱。

师：这是什么味道？

生：由咸变甜。

师：变化的过程，很好！

生：对于父亲，《五猖会》中父亲要求自己背书，鲁迅不记得五猖会的内容，背书却印象深刻。最后是《父亲的病》，在弥留之际封建习俗要求他大喊"父亲"，他这样做了，后来感觉到对父亲十分愧疚。所以，他对父亲也许是有一些不满的，但也看到了一种对父亲的爱。

师：酸、甜、苦、辣、咸，什么味道？真是难以把握，也许还有一种"涩"。

生：开始是"辣"，因为他的愧疚留下的是"苦"。《从百草园到三味书屋》看起来是在回忆童年捕鸟与学习快乐的事。其实从背后我们可以读出他成年后步入社会所经历的不如意的事，所以才会回忆童年的美好生活，有一种对童年逝去的"酸"在里面。我认为这就是酸、甜、苦、辣、咸。

（掌声响起）

师：同学们，继续研读下去，这堂课就会变成鲁迅的专题研究。致敬你们，致敬你们的语文老师。（指向大屏幕）这是鲁迅的《自题小像》，这是他的担当，这是大写的人，全班站起来读好吗？

（大屏幕显示）

自题小像

鲁迅

灵台无计逃神矢，

风雨如磐暗故园。

寄意寒星荃不察，

我以我血荐轩辕。

（生齐读）

师："我以我血荐轩辕"，多么宏大、高远的人格。鲁迅，永远的孤独者，却因为同学们的存在，变得不再孤独。齐读最后一句话，让它成为我们的座右铭，不要成为"小我"，要成为一个大写的人。

生（齐）：我以我血荐轩辕。

师：谢谢同学们！下课！

教 学 反 思

整本书导读教学，首先，要求教者对"整本书"内容及作者相关的作品做到较为透彻的阅读。其次，学生对整本书也要有相对的了解。虽然是"导读"，师生也要在对"整本书"有一定阅读基础之上建立对话，而对话的质量决定于学生的"读过"。

在学生有了一定阅读基础后，整本书导读课就成为一种真正有品位的对话。教师、学生、作者、作品，多维互动。语言、思维、审美、文化，多边多元共振与生成。这样，方能和学生一起最大限度地接近鲁迅，接近《朝花夕拾》的文心文脉。

流畅圆融的师生对话的前提是问题引导，要化繁为简，引导学生由浅入深地了解作品。炼字谋篇熟蕴巧，能察善悟道生禅。《朝花夕拾》这本书，我反复读下来，大致经过了阅读的三个境界。

第一个境界：看山是山，看水是水。认为《朝花夕拾》只是鲁迅的散文集而已。散文应该比小说易读，比他的杂文更具亲和力。对《朝花夕拾》的认识停留在对《从百草园到三味书屋》《藤野先生》的认识上——回忆性的散文，易懂。

第二个境界：当然是看山不是山，看水不是水。为"教"而"读"的"读"，不再是一般意义的浅读了。我发现《朝花夕拾》比《呐喊》《彷徨》有着更加隐微的幽愤，更象征，更抽象。那份老辣博杂，顺势一击，儿童和成人的视角交替，冷峻彻骨，一度让我心生怀疑——《朝花夕拾》是否适合中学生阅读？那份炽热，那份九曲回肠，那份"一个也不饶恕"的"敢于直面惨淡的人生，敢于正视淋漓的鲜血"的情怀，难以捕捉，却又分明还是，让我想逃跑，让我想放弃，想改弦易辙。

第三个境界：看山还是山，看水还是水。终于了悟。起于《呐喊》，终于《彷徨》的鲁迅，在《朝花夕拾》里表达的还是那永远的主题：在中国，偌大的中国，没有让一个孩子成长的阳光地带。鲁迅要"肩住了黑暗的闸门，放他们到宽阔光明的地方去"。他从不自怨、自伤、自怜，他把自己成长的隐痛、伤痕揭开来给人看。他绝不妥协，绝不原谅，绝不美化、诗化、软化、奴化自己的童年。自己艰难几近病态的成长环境，就是几代的中国孩子成长的缩影——在强权专制的夹缝中畸形地长大。对于"守候护卫我们的孩子"这一主题，《朝花夕拾》较《呐喊》更振聋发聩，较《彷徨》更沉郁顿挫。

这种深沉与绝望的表达，如何让中学生懂得，对于"导读"的确是一个问题。过浅难以言说鲁迅，过深则容易成为教师尴尬的演讲与独白。

从这一点上来说，做好导读课教学前，教师就要先把书读"厚"，再把书读"薄"。也正是基于自己的阅读经历，教学问题设计三易其稿之后如下：

1. 导读题目：《朝花夕拾》题目较之《旧事重提》好在哪里？

2. 导读目录：《朝花夕拾》十篇文章，你最不解、最好奇、最想读的是哪一篇？为什么？

3. 导读作者的思想感情、艺术风格。

4. 任选一题。第一，有人说，鲁迅先生的作品是五味杂陈，结合文本谈一谈。第二，如果用色彩来比喻鲁迅的《朝花夕拾》，你会用什么颜色？第三，有人说，《朝花夕拾》的主题还是"救救孩子"，你有何看法？

问题设计需化繁为简，尊重学生的认知规律、思维特点，由浅入深。从知人论世到具体篇目内容导读，再到艺术特点与思想价值的引导，学生经历三层认知境界会渐渐贴近《朝花夕拾》的文心文脉。令我欣喜的是，课堂上学生在问题引领下产生的思考，确实在逐渐贴近《朝花夕拾》的真山真水之境。

教学中，学生提出了这样的一些问题：

1. 我想读《二十四孝图》，因为我们都知道"二十四孝"，我想知道鲁迅先生是怎样写的。

2. 众所周知，"无常"是中国古代神话中地府的一种鬼怪，我很好奇，鲁迅先生通过"无常"能写些什么？

3. 在《朝花夕拾》里有个日本名字，所以我很好奇，作为一个爱国作家，鲁迅会怎样写《藤野先生》，写的是什么？

4. 我特别好奇《狗·猫·鼠》……用三种动物作为题目，题目显得比较含蓄，我想知道表达了什么。

应该说，这些问题非常有分量，直抵《朝花夕拾》的主旨。

巧设曲问，以问激活学生已有的知识，或者令其温故而知新。当学生亦开始发问，师生的思想通过文本开始交流碰撞，发现文本，发现自我，深入作品，提升自我，不亦快哉！这节课这样的瞬间很多，以问引发对文本的探索，以问触发对主旨的深思。

师生相携，美美互生，穿越语文的层峦叠嶂，抵达经典的文心文脉，抵达那份花团锦簇。教学是遗憾的艺术。一节课中，我的教学有机智，还有那么多的愚钝，我的倾听很多时候还不够平心静气。教学的一招一式还是那么粗糙，还有那么多未尽的意味。教学环节还做不到简约扼要。轻重缓急的节奏还不能处理到满意的程度。另外，"我以我血荐轩辕"的鲁迅先生，我又究竟懂得你几分呢？

同 行 悟 课

在诗意与理性中读懂鲁迅

辽宁省营口市第二十九中学　张彬彬

鲁迅，是个孤独而伟大的战士，他之于文学，高标而独立，冷峻而深邃。如何让花季少年读懂鲁迅？董一菲老师在《朝花夕拾》导读课中为我们指明了一条诗意而理性的阅读之路。

一、家国情怀，生命底色

真正的诗意来源高贵的灵魂，鲁迅的文字里潜藏着一条悲愤的诗流，非有一颗敏感的诗意之心不能读懂他的家国之情。董老师从鲁迅的作品开始铺就一片生命的底色，《且介亭》前问语"租界"，《呐喊》中剑击长空，《彷徨》里荷戟失向，《热风》里风悲日曛，《药》有多重的意象，《阿 Q 正传》是小人物的哀歌，董老师让学生从鲁迅作品的题目中读懂树人之"民族魂"，读懂《朝花夕拾》背后浓烈的家国情怀，从而"拾起"一段独属于"我"的"朝花"时光，这是导读的大视野和大背景。

二、理性思维，成长之光

董老师的课堂诗意为宗，而又不乏理性之光。她引导学生对《朝花夕拾》的十篇散文的内容进行猜想，靠近鲁迅的心灵。读《无常》而感"孔夫子不谈的，我来谈，这是鲁迅先生的气魄胸襟"，《藤野先生》让学生看到了"跨越国界的鲁迅"，《狗·猫·鼠》体现一种价值观，《阿长与〈山海经〉》告诉学生"人的一生要修炼一种爱的能力"，《父亲的病》揭示了"这个社会病了，因为医生都病了。病的又仅仅是医生吗？还有那么多精神领域的医生，他们也是病人"。《二十四孝图》说出"每个生命都是平等的"。《五猖会》质问："是谁？是谁赋予父亲这样的权力？专制，强权。"……十篇散文，角度各异，却又环环相关。董老师说："鲁迅追求的永远是变化……艺术与文学追求的是个性，科学求同，文学艺术求异。"这种整本书阅读思维的培养是董老师诗意语言中的理性之光，在不同的文章里体会"变"，在同一篇文章里学会"思"。于是，学生最终看到《朝花夕拾》里的黑、白两色，体会到作品"救救孩子"的深沉情怀，品味出文字里的人生百味。种种思考，都指向鲁迅的人格，让学生因读懂鲁迅而感悟成长，让鲁迅因被读懂而"不再孤独"。

董一菲老师在《朝花夕拾》导读课中给予学生的是诗意的灵魂和理性的思维，这既是一节课，也是一种人生的导向。

云在青天水在瓶
——董一菲语文诗意课堂 15 例

（扫码看视频）

• 课例 1 •
"咏梅诗"
群诗阅读

• 课例 2 •
《飞鸟集》
整本书导读

• 课例 3 •
《诗经·郑风》
爱情诗群文阅读

• 课例 5 •
《红楼梦》
整本书导读

• 课例 15 •
《朝花夕拾》
整本书导读

寻找中国好课堂

丛书书目

云在青天水在瓶
——董一菲语文诗意课堂 15 例

文化自信　以诗为魂
——首届中国诗词教学大会实录

情趣·智慧·创新
——支玉恒经典语文课堂 180 例

向美而生　诗哲一体
——王崧舟诗意语文经典课堂 13 例

教师生命中最好的时光
——王君青春语文代表课 11 例

唤醒诗心　传承风雅
——王海兴中小学对联诗词创作 30 课

绿色语文　诗意课堂
——赵谦翔绿色语文 12 例

行走的课堂
——张玉新原生态语文经典课堂 10 例

情思激荡　高潮迭起
——孙双金情智教育语文课堂 12 例

改变思维习惯　唤醒学习潜能
——王红梅全脑语文课堂 15 例

如歌的行板
——彭才华古诗文课堂 15 例

情味习作　至味文言
——罗才军问道课堂 12 例

和而不同　雅学课堂
——盛新凤和美课堂 24 例

名篇教学　余味悠长
——余映潮经典课文审美教学 16 例

推开窗儿望月
——祝禧文化语文经典课堂 15 例

去其浮华　归其本真
——汪智星本真语文课堂 18 例

让学生雄踞课堂的中央
——龚雄飞学本教学小学语文 12 讲

慧读教学
——张学伟统编语文课堂教学 16 例

切问近思　向真而行
——邱晓云求真语文课堂 16 例

言语的森林
——王良生长语文课堂 12 例

人本共文本　花开总有时
——尤立增学情核心语文课堂 12 例

快乐的意义
——虞大明快乐教育经典课堂 18 例

无痕，教育的最高境界
——徐斌无痕教育数学课堂 18 例

玩出来的数学思维
——任勇品玩数学 108 例

让思维之花精彩绽放
——任勇名师指导初中数学 15 例

生成，让学生更精彩
——潘小明生成教学数学课堂 16 例

思维改变课堂
——唐彩斌小学几何图形金课 20 例

人人为师　个个向学
——贲友林学为中心数学课堂 15 例

当阳光亲吻乌云
——华应龙化错数学经典课堂 16 例

奠基学力　为学赋能
——张齐华为学习力而教数学课堂 10 例

让我先试一试
——邱学华尝试教学数学课堂 20 例

素养为根　为学而教
——赵艳辉践行学科素养创新课堂 15 例

度量天下
——俞正强小学数学计量单位教学 20 例

因材循导　自觉建构
——潘建明自觉教育初中数学课型 15 例

魅力教育　激活成长动力
——曾军良魅力初中物理教学 16 例